पन्त, प्रसाद और मैथिलीशरण

पन्त, प्रसाद और मैथिलीशरण

रामधारी सिंह 'दिनकर'

लोकभारती प्रकाशन

लोकभारती प्रकाशन
पहली मंजिल, दरबारी बिल्डिंग, महात्मा गांधी मार्ग
प्रयागराज-211 001
वेबसाइट : www.lokbhartiprakashan.com
ईमेल : info@lokbhartiprakashan.com

शाखाएँ : 1-बी, नेताजी सुभाष मार्ग, दरियागंज
नई दिल्ली-110 002
अशोक राजपथ, साइंस कॉलेज के सामने
पटना-800 006
1, अनमोल सोराबजी संतुक लेन, धोबी तलाव,
मरीन लाइंस, मुम्बई-400 002

पहला संस्करण : 1958
पुनर्नवा संस्करण : 2022
दूसरा संस्करण : 2024

मुद्रक : बी.के. ऑफसेट
नवीन शाहदरा, दिल्ली-110 032

PANT, PRASAD AUR MAITHILISHARAN
Criticism by Ramdhari Singh 'Dinkar'

ISBN : 978-81-8031-318-9

मूल्य : ₹695

दो शब्द

प्रस्तुत पुस्तक में हिन्दी के तीन सुप्रसिद्ध आधुनिक कवियों पर स्वतन्त्र रूप से अलग-अलग लिखित मेरे तीन निबन्ध संगृहीत हैं।

मैथिलीशरण जी की कविताओं का अध्ययन इस दृष्टि से किया गया है कि उन्नीसवीं सदी में आरम्भ होने वाले हिन्दू-जागरण अथवा भारतीय पुनरुत्थान की अभिव्यक्ति उनमें कैसे और किस गहराई तक हुई है।

पन्त-साहित्य में *पल्लव, वीणा, गुंजन* और *ग्रन्थि* को जो प्रसिद्धि मिली, वह पन्त जी की बाद की पुस्तकों को नसीब न हुई। अतएव मैंने *पल्लव, वीणा, गुंजन* और *ग्रन्थि* को छोड़ दिया है। इस निबन्ध में मेरा मुख्य ध्येय इस बात का अनुसंधान रहा है कि *गुंजन* के बाद से लेकर अब तक पन्त जी क्या कार्य करते रहे हैं। पन्त जी का गुंजनोत्तर साहित्य भी काफी सुन्दर, सुगम्भीर और विशाल है। केवल एक निबन्ध में उनकी सभी प्रवृत्तियों को समेटने का काम स्वभाव से ही कठिन था। तब भी, मेरा खयाल है, इस निबन्ध ने गुंजनोत्तर पन्त-साहित्य की एक छोटी-सी पीठिका तैयार कर दी है।

प्रसाद जी पर जो निबन्ध है उसमें केवल *कामायनी* का अध्ययन प्रस्तुत किया गया है। *कामायनी* काव्य मुझे पसन्द भी है और नापसन्द भी और अपने दोनों ही प्रकार के मतों का मैंने सप्रमाण उल्लेख किया है। निबन्ध की पांडुलिपि देखकर मेरे एक मित्र ने कहा कि *कामायनी* में भाषा अथवा शैली के जो दोष तुम्हें दिखाई देते हैं, वे तो अनेक कवियों में मिलेंगे और खुद तुम्हारी रचनाएँ भी उनसे मुक्त नहीं हैं। बात ठीक है। लेकिन दोष तो दोष ही रहेंगे–चाहे वे मेरी कविताओं में हों अथवा मेरे गुरुओं की रचनाओं में। *कामायनी* देश के अनेक

विश्वविद्यालयों में विधिवत् पढ़ाई जाती है और इसमें कोई सन्देह नहीं कि इस सुगम्भीर ग्रन्थ के अध्ययन के क्रम में छात्रों और विद्वानों को विचारों के ऊँचे धरातल पर विचरण करने का अवसर प्राप्त होता है। मेरा प्रयास भी इस काव्य के अध्ययन-क्षितिज को विस्तृत बनाना रहा है।

पहले ये निबन्ध 'काव्य की भूमिका' नामक मेरे नये ग्रन्थ में जानेवाले थे, किन्तु कई कारणों से दोनों पुस्तकों को दो कर देना पड़ा। आशा है, आधुनिक हिन्दी कविता के ऊँचे छात्र और विद्वान् इन दोनों पुस्तकों को उलट-पलटकर देख जाएँगे।

कलकत्ता

5 जुलाई, 1958 ई.

—दिनकर

अनुक्रम

दो शब्द *5*

पुनरुत्थान के कवि श्री मैथिलीशरण गुप्त 9

कामायनी, दोषरहित-दूषणसहित 54

विचारक कवि पन्त 116

पुनश्च 164

पुनरुत्थान के कवि श्री मैथिलीशरण गुप्त

1. पुनरुत्थान का स्वरूप

पुनरुत्थान से मेरा तात्पर्य उस वैचारिक आन्दोलन से है जो भारत में, भारत और यूरोप के सम्पर्क के साथ आरम्भ हुआ और जो कदाचित् आज भी चल रहा है। यह आन्दोलन भारत में नई मानवता के जन्म का आन्दोलन है एवं उसके प्रवाह के साथ केवल यूरोपीय विचार ही भारत में नहीं आ रहे हैं, बल्कि इस देश के बहुत-से प्राचीन विचार भी नवीनता प्राप्त कर रहे हैं। पौराणिक कथाओं पर इस आन्दोलन ने नई आभा बिखेरी है एवं इसके आलोक में हमारे इतिहास की अनेक घटनाएँ और अनेक नायक नई ज्योति से जगमगाने लगे हैं।

इस आन्दोलन के आदि-पुरुष राजा राममोहन राय माने जाते हैं। वे संस्कृत, अरबी, फारसी और हिब्रू के बहुत अच्छे विद्वान थे तथा अपने देश के लिए उनके हृदय में असीम प्यार था। किन्तु जब शिक्षा का प्रश्न आया, वे अंग्रेजी सरकार से लड़ पड़े कि भारतवासियों को अंग्रेजी अनिवार्य रूप से पढ़ाई जानी चाहिए जिससे वे विज्ञान की विविध शाखाओं एवं यूरोप में विकसित समाजशास्त्र का सम्यक् ज्ञान प्राप्त कर सकें। राममोहन राय वेद और उपनिषदों के परम भक्त थे और भारतवासियों को भी वे धर्म पर आरूढ़ रखना चाहते थे। अतएव उनकी शिक्षा का निचोड़ यह था कि नवीन भारत के एक हाथ में उपनिषदों का गूढ़ सत्य और दूसरे में विज्ञान की मशाल होनी चाहिए। राममोहन के बाद देश में पुनरुत्थान के जो भी बड़े नेता उत्पन्न हुए, उनमें से प्रायः सबका यही दृष्टिकोण रहा। केशवचन्द्र सेन, स्वामी दयानन्द, परमहंस

रामकृष्ण, स्वामी विवेकानन्द, महादेव गोविन्द रानाडे, श्रीमती एनी बेसेंट, लोकमान्य बालगंगाधर तिलक, योगी अरविन्द, महर्षि रमण, पं. मदनमोहन मालवीय, रवीन्द्रनाथ ठाकुर, महात्मा गांधी और डॉ. राधाकृष्णन्—इनमें से प्रत्येक ने यह माना कि वेद और उपनिषदों से अलग भागना भारत के लिए अशक्य है। वेद और उपनिषदों के सत्यों को छोड़ने से भारत उस वस्तु से वंचित हो जाएगा जो उसके समग्र इतिहास का निचोड़ है, जो उसके सम्पूर्ण व्यक्तित्व का सार है। किन्तु प्रत्येक ने यह भी कहा कि भारत का प्राचीन ज्ञान चाहे जितना भी महार्घ हो, किन्तु वह यथेष्ट नहीं है। इस प्राचीन ज्ञान का सामंजस्य हमें उस नवीन ज्ञान से बिठाना चाहिए जो यूरोप में जनमा और वहीं विकसित हुआ है; अर्थात् पुनरुत्थान के इस महाव्यापक आन्दोलन की शिक्षा का सार यह है कि प्राचीन भारत और नवीन यूरोप के समास से जो व्यक्तित्व उत्पन्न होगा, वही आगामी भारत का असली व्यक्तित्व होगा।

पिछले सौ वर्षों में भारत ने जिस स्वप्न को जन्म दिया, वह यही स्वप्न है और पिछले सौ वर्षों में हम जो कुछ कहते आए हैं, उसमें सबसे अधिक आख्यान इसी स्वप्न का हुआ है। पिछले सौ वर्षों में हम जो कुछ करते आए हैं, उसमें सबसे अधिक प्रयास इसी स्वप्न को आकार देने के निमित्त है और पिछले सौ वर्षों में हम जो कुछ सोचते आए हैं, उसमें अधिक-से-अधिक विचार इसी स्वप्न के विचार रहे हैं। यह कोई आकस्मिक बात नहीं है कि भारत अहिंसा के मार्ग से स्वाधीन हुआ और अहिंसा के द्वारा ही वह अपनी ऐसी सारी समस्याओं का समाधान खोज रहा है जिनके हल के लिए संसार भर में युद्ध और हत्या का आश्रय लिया जाता है। और यह भी आकस्मिक बात नहीं है कि स्वाधीन होते ही बाहर शान्ति की सेवा का बीड़ा इसी देश ने उठाया और घर में वह जिस समाजवाद को रूप देने में लगा हुआ है, उसका उदाहरण समाजवाद की पोथियों में नहीं मिलता, न किसी अन्य देश ने उसका प्रयोग ही किया है। संसार भर की समस्याएँ चारों ओर से बहकर भारत-महानगर में आ गई हैं और यहाँ वे एक अप्रतिम रासायनिक प्रक्रिया में खौल रही हैं। भारत में आज धर्म और विज्ञान, राष्ट्रीयता और अन्तर्राष्ट्रीयता, प्राचीनता और नवीनता तथा देह और मन के बीच एक प्रच्छन्न संघर्ष छिड़ा हुआ है और हमारी सारी क्रियाएँ इस संघर्ष से प्रभावित हो रही हैं। व्यक्तित्व केवल मनुष्य का ही नहीं होता, युग और इतिहास भी व्यक्तित्व से युक्त होते हैं। भारत के पिछले सौ वर्षों

के इतिहास ने प्राचीन भारत और नवीन यूरोप के ज्ञान और साधनों को एकत्र करके हमारे भविष्य की पीठिका तैयार कर दी है। इस पीठिका से हम भाग नहीं सकते। हम अपने सुदूर तथा आसन्न इतिहास की पकड़ में हैं। वह हमें अपनी पकड़ से बाहर जाने नहीं देगा। और कहीं हम अपने पिछले सौ वर्षों की चिन्ता-धारा को ठीक से पहचान लें तथा स्वेच्छया उसके अनुशासन में रहना आरम्भ कर दें तो आश्चर्य नहीं कि भारत फिर कोई ऐसा प्रयोग सिद्ध कर दिखाए जिससे सारी मानवता का कल्याण हो सकता है, जिससे धर्म हास्यास्पद न रहकर फिर से आदरास्पद बन सकता है, जिससे राजनीति का शुद्ध रूप निखर सकता है तथा जिससे विज्ञान से आग्नेयता का लोप हो सकता है। अस्तु।

किन्तु ये सब कुछ दूर की बातें हैं। देखना हमें यह है कि पिछले सौ वर्षों के भीतर पुनरुत्थान के क्रम में देश के हृदय और मस्तिष्क में जो आन्दोलन मचे हैं, उनसे हमारे संस्कारों के भीतर कौन-से परिवर्तन घटित हुए हैं। हमारा यह पुनरुत्थानकारी आन्दोलन बहुत कुछ उसी आन्दोलन के समान है जो यूरोप में 'रेनेसाँ' नाम से आया था और इसके प्रभाव भी बहुत सारे वैसे ही हैं, जैसे तत्कालीन यूरोप में दिखाई पड़े थे। इस आन्दोलन का सबसे बड़ा प्रभाव बुद्धि की स्वतन्त्रता और प्रवृत्ति का उत्थान है। पौराणिक और मध्यकालीन संस्कारों में जकड़ी हुई बुद्धि परवश और परतन्त्र थी। उसमें यह साहस नहीं था कि वह चाहे जिस किसी विषय पर अथवा जिस किसी दिशा में निर्भीक होकर सोच सके। बुद्धि को कई प्रकार के भय थे। यह अंधविश्वासों से दबी हुई थी। इस कारण वह न तो शास्त्रों की आज्ञा के विरुद्ध सोच सकती थी, न किसी ऐसे ढंग से जिससे ईश्वर, देवता, ब्राह्मण अथवा धर्म-ग्रन्थों का किंचित् भी अनादर होता हो। किन्तु पुनरुत्थान के क्रम में उसकी शक्ति और निर्भीकता इतनी निखर आई कि अब वह सबके विरुद्ध सोच सकती है। इसी का यह परिणाम है कि पुराणों के कितने ही प्रसंग नवीन हो उठे हैं और इतिहास के नायक एवं देवी-देवता नई व्याख्याओं के कारण नवीन होकर पहले की अपेक्षा हमारे अधिक समीप पहुँच गए हैं। हिन्दू धर्म का यह एक विचित्र लक्षण है कि वह जितना ही बदलता है, उतना ही अपने मूल रूप के अधिक समीप पहुँच जाता है। पुनरुत्थान के क्रम में उसकी जो नई व्याख्याएँ प्रस्तुत हुईं, उनसे हिन्दुत्व का मूल-रूप कुछ और उद्‌भासित हो उठा है।

प्रवृत्ति के प्रसंग में जानने की बात यह है कि जब यूरोप भारत पहुँचा, उस

समय यहाँ के लोग जीवन की सत्यता में प्रबलता से विश्वास करना छोड़ चुके थे। 'जीवन असत्य है, जीवन क्षणभंगुर है एवं मनुष्य का सबसे बड़ा काम अपने परलोक की चिन्ता करना है', इस निवृत्तिवादी दर्शन का बीज पहले-पहल उपनिषदों में दिखाई पड़ा था। किन्तु जैन और बौद्ध मतों के दर्शन में यह बीज बढ़कर विशाल वृक्ष हो गया और कालक्रम में इस देश की जनता लोक को परलोक के सामने हीन मानने लगी। निवृत्तिवादी दर्शन के इस अंधकार पर प्रकाश के बाण पहले-पहल स्वामी दयानन्द और स्वामी विवेकानन्द ने बरसाए और विवेकानन्द ने ही पहले-पहल लोगों को यह बतलाया कि वेदान्त जीवन से भाग खड़ा होने की शिक्षा नहीं देता, प्रत्युत् वह तो जीवन की कठिनाइयों के साथ अनवरत संग्राम सिखाता है। हिन्दू-धर्म की ऐसी ही व्याख्या केशवचन्द्र सेन, रामकृष्ण, एनी बेसेंट, अरविन्द, रानाडे और गांधी जी ने भी की। किन्तु इस दिशा में हिन्दुत्व को माँजकर चमका देने का सबसे बड़ा कार्य लोकमान्य तिलक ने किया जिनका ग्रन्थ *गीता-रहस्य* अथवा *कर्मयोग-शास्त्र* अभिनव हिन्दुत्व का सबसे प्रामाणिक ग्रन्थ है। तिलक के समकालीन अथवा उनके बाद के भारतीय चिन्तकों और कवियों में से विरला ही कोई होगा जिस पर *गीता-रहस्य* का प्रभाव न पड़ा हो। छोटी-सी पोथी 'गीता' हिन्दुत्व के हाथ में सबसे बड़ी मशाल थी, किन्तु निवृत्तिमार्गी व्याख्याओं के कारण उसका तेज मन्द पड़ गया था। तिलक जी ने उसे फिर से स्वच्छ बनाकर देश के हाथों में रख दिया। इसीलिए कहा जाता है कि *गीता* एक बार तो भगवान श्रीकृष्ण के मुख से कही गई थी किन्तु दूसरी बार वह तिलक के ही द्वारा उद्गीत हुई है।

प्रवृत्ति को उत्तेजना मिलने से लोक सत्य हो उठा एवं कर्मठता का सिद्धान्त आदर पाने लगा तथा लोक को छोड़कर परलोक की कल्पना में ग्रस्त रहनेवाले व्यक्तियों की समाज में हँसी उड़ाई जाने लगी। समाज में यह भावना पनप उठी कि गृहस्थ का स्थान सर्वोपरि है एवं जो लोग संन्यास लेकर संसार से अलग हो गए हैं, उन्हें भी लोक-सेवा का कोई-न-कोई काम करना ही चाहिए। यह ध्यान देने की बात है कि आधुनिक युग के संन्यासी भी (उदाहरणार्थ रामकृष्ण मिशन के साधु) समाज की सेवा को अपना प्रमुख व्रत मानते हैं एवं अरविन्द-आश्रम के साधक वेशभूषा से गृहस्थ ही दिखाई देते हैं। प्रवृत्ति के उत्थान के कारण जीवन से भागने की भावना और वैराग्य, दोनों ही मन्द पड़ने लगे। शास्त्र-प्रमाण और परम्परा के बन्धन ढीले होने लगे एवं स्वर्ग और नरक की

कल्पनाएँ निस्सार मानी जाने लगीं। धीरे-धीरे जीवन बहिर्मुखी होने लगा जिसके कुछ दुष्परिणाम भी निकले हैं किन्तु भारत के मानस में मध्यकालीनता का जो कुहरा व्याप्त था, वह बहुत दूर तक छँट गया है। जंजीरों से छूटी हुई बुद्धि अनेक ऐसे क्षेत्रों में विचरण करने लगी जहाँ पहले उसका प्रवेश भी निषिद्ध था। जीव-विज्ञान और मनोविज्ञान के प्रचार से यौनाचार के पाप तथा कितने ही अन्य पाप भी बहुत दूर तक क्षम्य माने जाने लगे। शिक्षितों के समाज में धर्म के बदले प्रतिभा और बुद्धि की पूजा होने लगी एवं साहित्य और कला में लेखक और कलाकार का व्यक्तित्व अपने-आपको प्रतिष्ठित करने लगा।

स्वर्ग और नरक की कल्पना के निस्सार होने से अमरता की इच्छा इसी भूमि पर अनन्त काल तक टिकनेवाली कीर्ति की कामना बन गई। साहित्य में साहित्यकार के व्यक्तित्व की खोज की प्रवृत्ति इसी कीर्ति-कामना का परिणाम है। मध्यकालीन नैतिकता के पीछे अतिप्राकृतिक (सुपरनेचुरल) विश्वासों का बल था। उस बल के क्षीण होते ही नैतिकता के रूप में परिवर्तन आने लगा। फिर भी समाज का जो भाग ईश्वर, स्वर्ग और नरक में विश्वास करता था, मुख्यतः उस जनता के भय से भारत में अनैतिकता की वह बाढ़ नहीं आई जो 'रेनेसाँ' आन्दोलन के बाद इटली में आई थी। किन्तु कुछ थोड़े लोगों के बीच वह नैतिकता या अनैतिकता अब भारत में भी सिर उठा रही है जो बुद्धि के बिलकुल आत्मतन्त्र हो जाने से इटली में दिखाई पड़ी थी। इटली में 'रेनेसाँ' के बाद अचानक धन में भी वृद्धि आई और धन की वृद्धि से अनैतिकता को प्रोत्साहन मिलने लगा। समाज का जो वर्ग सबसे अधिक सुखी था, वहाँ बुद्धिवाद का विकास भी उसी के बीच हुआ था। जब भीतर आनन्द भोगने की उद्दाम इच्छा और बाहर सुख के सभी साधन उपलब्ध हों, तब विरला ही व्यक्ति होगा जो संयम के उपदेश से रुष्ट न हो। 'रेनेसाँ' के समय इटली के सम्पन्न लोगों ने भी यही किया। वे उस धर्मशास्त्र के विरोधी हो गए जिसका जन्म भय और निर्धनता के बीच हुआ था क्योंकि अब वे अभावों से मुक्त थे एवं उनकी बुद्धि भय के सभी प्राचीरों को तोड़कर बाहर आ गई थी। परिणाम यह हुआ कि वे भोगवादी दर्शन की ओर उत्साह से दौड़ पड़े जिसकी शिक्षा यह थी कि जीवन आनन्द भोगने को प्राप्त हुआ है तथा विश्व के सभी आनन्द निर्दोष हैं जब तक यह प्रमाणित न हो जाए कि उनमें दोष या पाप भी होता है। निर्बन्ध बुद्धि से उच्छल समाज पर नारियों की मोहकता का ऐसा जादू चढ़ा कि

उसके आगे धर्मशास्त्रों के निषेधों के पाँव उखड़ गए।

प्रवृत्ति और निवृत्ति में से कौन श्रेष्ठ और कौन हीन है, यह सरलता से नहीं जाना जा सकता। ये दोनों धार्मिक विश्वासों के दो छोर हैं और अति तक पहुँचने पर दोनों के दोनों दूषित हो जाते हैं। किन्तु एक हद तक जीवन में दोनों की आवश्यकता होती है। निवृत्ति एक हद तक आवश्यक है क्योंकि वह यह बताती है कि सभी ऐश्वर्य नाशवान् हैं अतएव उनका संचय अधर्म पर चलकर नहीं करना चाहिए। साथ ही निवृत्ति की भावना से ग्रसित समाज निर्धन और दास हो जाता है, इसके उदाहरण भी इतिहास में अनेक बार मिले हैं। किन्तु प्रवृत्ति भी सीमातीत होने पर भोगवाद का पर्याय बन जाती है। जीवन का धर्म कदाचित् भोग ही है किन्तु उसे अधिक-से-अधिक निष्काम होना चाहिए। 'तेन त्क्तेन भुंजीथा:'।—भोग तो करना है किन्तु उसके साथ त्याग का पुट भी आवश्यक है। त्रिवर्ग में गिनती केवल अर्थ, धर्म और काम की है। यदि अर्थ और काम का भोग हम धर्म की भावना से करें तो मोक्ष उसका स्वाभाविक परिणाम होगा।

प्रवृत्ति के उत्थान का एक परिणाम यह भी निकला कि मनुष्य भला बनने के बदले शक्तिशाली होने को अधिक बेचैन रहने लगा। उसकी बौद्धिकता में उन्नति हुई, उसके नैतिक साहस में वृद्धि हुई, उसकी चिन्तन-शक्ति पहले से अधिक तीव्र एवं उसकी वृत्तियाँ बहुमुखी हो उठीं। इसी का यह परिणाम है कि अब वह प्रत्येक विचार और प्रत्येक बिम्ब को ग्रहण करने की उत्सुकता से चंचल तथा सौन्दर्य से प्रभावित होने की क्षमता से प्रमत्त है। उसकी कीर्ति-कामना इतनी उद्दाम है कि चिन्तन और कला, दोनों के द्वारा वह जितना कल्याण विश्व का करता है, उससे अधिक वह अपने-आपको अमरता प्रदान करने की चेष्टा करता है। पहले के युगों में कई कलाकार मिलकर कोई एक वस्तु तैयार करते थे किन्तु नाम उसमें किसी का नहीं जाता था। किन्तु अब प्रत्येक कृति के साथ हर कारीगर अपना नाम लिखकर या खोदकर सही करने लगा है।

और नैतिकता का स्थान धीरे-धीरे सौन्दर्य-बोध लेने लगा। मध्यकालीन नैतिकता के भीतर कहीं-न-कहीं यह संशय काम करता था कि जहाँ आनन्द है, वहाँ रोग बसता है और जहाँ सुन्दरता है, वहाँ पाप भी होगा। किन्तु आज की नैतिकता सौन्दर्य और आनन्द को निर्दोष, पावन तथा सुसेव्य मानती है। बुद्धि के सर्वथा स्वतन्त्र हो जाने से वह संशय और भय समाप्त हो गया जिसके कारण मनुष्य सौन्दर्य एवं आनन्द की ओर निश्शंक होकर नहीं बढ़ पाता था

तथा प्रवृत्ति के उत्थान से प्रभावित होकर वह जीवन से आनन्द निचोड़ने को सर्वश्रेष्ठ कर्म मानने लगा। परिणाम यह हुआ कि संन्यास की तुलना में गार्हस्थ्य उज्ज्वल हो उठा एवं गार्हस्थ्य को आध्यात्मिक स्वीकृति मिलने से नारियों की मर्यादा में अपरिमित वृद्धि हो गई। सच पूछिए तो प्रवृत्ति का उत्थान, बुद्धि की स्वतन्त्रता और नारियों की मर्यादा-वृद्धि—ये तीनों पुनरुत्थानकारी आन्दोलन के सबसे बड़े परिणाम हैं। शूद्रों और नारियों के प्रति समाज में जो सम्मान के भाव बढ़े हैं, उनके कुछ मूलकारण पश्चिमी जगत के प्रजातांत्रिक विचारों एवं उदार भावनाओं के आयात भी हैं। किन्तु विशेषतः नारियों के प्रति देश में जो औदार्य जाग्रत हुआ, उसकी प्रेरणा बुद्धि की स्वतन्त्रता एवं प्रवृत्ति के उत्थान से ही आई है। प्राचीन नैतिकता ने जब अपना आसन सौन्दर्य-बोध के लिए रिक्त कर दिया, तब नारियों का सम्मान किसी के भी रोके नहीं रुक सकता था। इस कथन का सबसे अधिक समर्थन भारतीय पुनरुत्थान के मुख्य कवि रवीन्द्रनाथ ठाकुर की कविताओं में मिलेगा जहाँ कवि ने नारियों की पूजा उनके सौन्दर्य के कारण की है। और हिन्दी के छायावादी काव्य में नारियों को जो सौरभ तथा आलोक की प्रतिमा के रूप में चित्रित किया गया, उसकी प्रेरणा भी इसी सिद्धान्त में थी कि संसार की सभी सुन्दरताओं के बीच सुन्दर नारी सबसे अधिक सुन्दर वस्तु है। पुनरुत्थान की धारा में पड़कर हम कई क्षेत्रों में परिवर्तित हो चुके हैं किन्तु सबसे बड़ा परिवर्तन कदाचित् वही है जो नारियों को देखनेवाली हमारी दृष्टि में आया है।

2. पुनरुत्थान और हिन्दी साहित्य

ऊपर पुनरुत्थान का जो अत्यन्त संक्षिप्त विवरण दिया गया है, उसका प्रभाव भारतेन्दु से लेकर आज तक के प्रत्येक लेखक ओर कवि की कृतियों में खोजा जा सकता है और इसी प्रक्रिया से वह भिन्नता भी समझी जा सकती है जो प्राचीन और नवीन कवियों की दृष्टियों में प्रत्यक्ष है। उदाहरणार्थ, जिस स्थिति की चोट खाकर प्राचीन कवियों ने ये पंक्तियाँ लिखीं कि :

कोउ नृप होय हमहिं का हानी, चेरि छाँरि न होउब रानी।

अथवा

अजगर करै न चाकरी, पंछी करै न काम,

दास मलूका कहि गए सब के दाता राम।

उसी स्थिति की चोट खाकर आज के कवि यह लिखते हैं कि :

ब्रह्मा से कुछ लिखा भाग्य में मनुज नहीं लाया है,
अपना सुख उसने अपने भुजबल से ही पाया है।
प्रकृति नहीं डर कर झुकती है कभी भाग्य के बल से,
सदा हारती वह मनुष्य के उद्यम से, श्रमजल से।

[कुरुक्षेत्र]

अथवा

जिस नारी को देखकर कबीर ने यह लिखा था कि :

नारी तो हम हूँ करी, तब न किया विचार,
जब जानी तब परिहरी, नारी महा विकार।

उसी नारी को देखकर आज के कवि यह लिखते हैं कि :

यदि स्वर्ग कहीं है पृथ्वी पर तो वह नारी-उर के भीतर।

तथा

तुम्हारे रोम-रोम से नारि[1]! मुझे है प्रेम अपार।
तुम्हारा उर-गृह ही सुकुमारि! मुझे है स्वर्गागार।।

—पन्त

यह भेद प्राचीन और नवीन भारत का भेद है; यह भिन्नता प्राचीन और नवीन मनुष्य की भिन्नता है। प्राचीन तथा मध्यकालीन मनुष्य की मानसिकता पुराणों से बनी थी, शास्त्रों की विधि-निषेधवाली आज्ञाओं से बनी थी, धर्माचार्यों के उपदेशों और सन्तों की अनुभूतियों एवं उनकी देहदंडनपूर्ण कृच्छ तपश्चर्याओं से बनी थीं। उस मानसिकता का कुछ अमिट अंश तो अब भी हमारे साथ है किन्तु हम नये भारतवासियों की नई मानसिकता अनेक अन्य प्रभावों से भी युक्त है। ये प्रभाव जीवविज्ञान के हैं जो हमें यह बताता है कि मनुष्य के स्खलनों को देखने की एक दृष्टि यह भी है कि किसी विशिष्ट अवस्था में पड़ जाने से मनुष्यों

1. यहाँ एक और उद्धरण बहुत सटीक बैठता है। तुलसीदास जी ने 'कामिहि नारि पियारि जिमि लोभिहिं प्रिय जिमि दाम' कहकर कामुकता की निन्दा की है। किन्तु तुलसीदास पर कविता लिखते हुए बच्चन जी कहते हैं : 'याद तुम्हें आया, मैं तो वह कामी जिसको नारि पियारी'।

के आचार स्खलित हुए बिना नहीं रह सकते। ये प्रभाव विज्ञान मात्र के हैं जो हमें यह सिखाता है कि प्राचीन मानव बहुत-सी ऐसी चीजों को भी ईश्वरीय चमत्कार समझकर अवाक् रह जाता था जो अब आसानी से सबकी समझ में आ रही हैं। ये प्रभाव बुद्धिवाद के हैं जो हमें ऐसी घटनाओं अथवा वस्तुओं में अपनी आस्था जमाने से रोकता है जो तर्क-बुद्धि से परखी नहीं जा सकतीं। और इस नई मानसिकता का प्रभाव केवल हमारे विचारों पर ही नहीं, प्रत्युत् हमारी भावनाओं पर भी पड़ा है, हमारी कल्पनाओं पर भी पड़ा है। यही कारण है कि हमारा नवीन साहित्य हमारे प्राचीन साहित्य से उतना भिन्न हो गया है।

पुनरुत्थान की पृष्ठभूमि पर भारत के प्रत्येक नये कवि और लेखक का अध्ययन किया जा सकता है। किन्तु यहाँ मेरा अभीष्ट राष्ट्रकवि श्री मैथिलीशरण जी गुप्त की रचनाओं पर दृक्पात करना है क्योंकि वे ऐसे कवि हैं जिनमें भारत की प्राचीन परम्परा अभी तक सर्वाधिक जीवित और चैतन्य है तथा दूर से देखने पर वे नवीनता नहीं, प्राचीनता के प्रतिनिधि मालूम होते हैं। अतएव नवीनता के जो प्रभाव गुप्त जी की कृतियों में मिलेंगे, वे अन्यत्र पाए जानेवाले प्रभावों से अधिक विलक्षण और रोचक होंगे।

भारत में पुनरुत्थान या 'रेनेसाँ' का आन्दोलन सबसे पहले बंगाल में उठा क्योंकि अंग्रेजी शिक्षा का प्रचार सबसे पहले बंगाल में ही हुआ था। पीछे ज्यों-ज्यों अंग्रेजी का प्रसार अन्य क्षेत्रों में होता गया, वहाँ भी पुनरुत्थान के लक्षण प्रकट होने लगे। हिन्दी प्रान्तों में अंग्रेजी का व्यापक प्रचार बाद को हुआ। अतएव इन प्रान्तों में पुनरुत्थान का आन्दोलन भी बाद को आया। यह भी ध्यान देने की बात है कि बंगाल में पुनरुत्थान के नेता राममोहन राय, केशवचन्द्र सेन, रामकृष्ण परमहंस और स्वामी विवेकानन्द थे। अतएव बंगाल में उस आन्दोलन के कवि श्री रवीन्द्रनाथ ठाकुर हुए। किन्तु हिन्दी प्रान्तों में पुनरुत्थान का नेतृत्व मुख्यतः स्वामी दयानन्द ने किया था। अतएव यहाँ पुनरुत्थान के कवि श्री मैथिलीशरण जी गुप्त हुए। यह बात सुनने में कुछ विचित्र-सी लगती है क्योंकि गुप्त जी आर्यसमाजी नहीं, सनातनी कवि हैं। यही नहीं, उनकी कविताओं में ऐसे भाव भी प्रकट हुए हैं जो स्वामी दयानन्द के मतों के ठीक विपरीत हैं :

कृष्ण अवैदिक? और राम भी? ठहरो, धीरज धारो,
वेदवादरत! ठंढे जी से सोचो और विचारो।
राम-कृष्ण का रूप कहाँ से देखे दृष्टि तुम्हारी?

इन्द्र-वरुण तक ही परिमित है यह श्रुति-सृष्टि तुम्हारी।

[द्वापर]

किन्तु स्वामी जी का महत्त्व केवल इतना ही नहीं है कि उन्होंने निराकार मत का प्रचार किया। वे यूरोपीय बुद्धिवाद के भी प्रेमी थे और बुद्धिवाद के ही आलोक में वे हिन्दुत्व के समग्र-रूप का परिमार्जन करना चाहते थे। पुराणों की कथाओं पर शंका करके हिन्दी प्रान्तों में उन्होंने ही यह प्रवृत्ति जगाई कि पुराणों को देखने की प्राचीन दृष्टि यथेष्ट नहीं है। पौराणिक कथाओं, देवताओं और पौराणिक मानवों को नये ढंग से समझने के लिए बुद्धिवाद की नई दृष्टि चाहिए। अन्धविश्वासों के बहिष्कार की शिक्षा भी हिन्दीवालों को पहले पहल उन्हीं के उपदेशों से प्राप्त हुई और उन्हीं को देखकर हिन्दी-प्रान्तों में पहले पहल यह भाव जाग्रत हुआ कि यूरोप से आनेवाले ज्ञान के प्रकाश में हमें अपने सम्पूर्ण जीवन, सम्पूर्ण इतिहास और सभी आदतों में संशोधन लाना चाहिए। यह ठीक है कि हिन्दी प्रान्तों में जब पुनरुत्थान की इस प्रक्रिया का आरम्भ हुआ तब देश-विदेश के सभी अभिनव चिन्तकों का प्रभाव यहाँ भी पड़ा। किन्तु पुनरुत्थान की ध्वजा हिन्दी प्रान्तों में सबसे पहले स्वामी दयानन्द अथवा उनके शिष्यों ने उठाई, इस निष्कर्ष से भागना कठिन है और उतना ही कठिन इस बात से भी भागना है कि हिन्दी में इस पुनरुत्थान के प्रतिनिधि कवि श्री मैथिलीशरण जी गुप्त हुए। केवल निराकार-साकार की दृष्टि से देखें तो हमारी दृष्टि पं. नाथूराम जी शर्मा शंकर पर पड़ती है क्योंकि जिस आन्दोलन के नेता स्वामी दयानन्द हुए, उसके कवि शंकर जी माने जाएँ, यह सम्भव दिखता है। किन्तु शंकरजी आर्यसमाजी आन्दोलन के कवि भले ही माने जाएँ, सम्पूर्ण पुनरुत्थान की तो उनकी रचनाओं में झाँकी भी नहीं मिलती। पुनरुत्थान ने हमारी सारी संस्कृति, सम्पूर्ण इतिहास और समग्र विश्वास पर जो नया आलोक फेंका, उसकी अधिक-से-अधिक अभिव्यक्ति सबसे प्रथम श्री मैथिलीशरण जी गुप्त की कविताओं में ही हुई। इसलिए हिन्दी में पुनरुत्थान के कवि वे ही माने जाएँगे ठीक उसी प्रकार, जैसे बंगला में पुनरुत्थान के कवि श्री रवीन्द्रनाथ ठाकुर हुए हैं।

हाँ, आधुनिकता की दृष्टि से गुप्त जी की कविताएँ रवीन्द्रनाथ की कविताओं से पिछड़ी हुई इसलिए रह गईं कि गुप्त जी अंग्रेजी नहीं जानने के कारण जीवन और साहित्य की नई प्रवृत्तियों से उतने प्रभावित न हो सके, जितने

प्रभावित रवीन्द्रनाथ हुए थे। और गुप्त जी के काव्य में उपदेशात्मकता का प्राचुर्य इसलिए हुआ कि स्वामी दयानन्द के नेतृत्व में चलने से हिन्दी का पुनरुत्थानकारी आन्दोलन उपदेशों से लदा हुआ था। यह भी कि ब्रह्म-समाजियों में भक्ति और रहस्य-भावना का अत्यन्त गहरा पुट था किन्तु स्वामी दयानन्द तर्कों पर सबसे अधिक बल देते थे तथा रहस्यलोक की ओर संकेत न देकर वे भारतवासियों के इहलौकिक जीवन को ही शक्तिशाली बनाने के निमित्त सबसे अधिक बेचैन थे। और यह तो था ही कि रवीन्द्रनाथ ठीक उसी भाषा में कविता लिख रहे थे जिसमें उनके पूर्ववर्ती कवि लिखते आए थे किन्तु गुप्त जी के हाथ में वह भाषा आई जो कविता के लिए अभी बिलकुल कच्ची और नवीन थी।

हिन्दी में पुनरुत्थान के भाव भारतेन्दु तथा उनके समकालीन कवियों के साथ ही प्रकट होने लगे थे और तभी से हिन्दीभाषी जनता के बीच एक नई रुचि भी उदित होने लगी थी। कविता में नये विषयों (देशभक्ति आदि) का प्रवेश अंग्रेजी और संस्कृत कविताओं के अनुवाद तथा श्रीधर पाठक और जगमोहन सिंह के नये प्रयोग ये सब-के-सब इस अर्धोदित नवीन रुचि को ही सन्तुष्ट करने के प्रयास थे। सच पूछिए तो ब्रजभाषा को छोड़कर खड़ीबोली को काव्य-भाषा बनाने की उमंग भी इसी नवीन रुचि से निकली थी। अतएव कहा जा सकता है कि जब मैथिलीशरण जी का आविर्भाव हुआ, उसके पूर्व ही पुनरुत्थान ने हिन्दी में नये क्षितिज का निर्माण कर दिया था। किन्तु उस क्षितिज पर खड़े होकर गुण और परिणाम, दोनों ही दृष्टियों से पुनरुत्थान को जितनी अभिव्यक्ति गुप्त जी ने दी, उतनी उनके पूर्व का कोई भी कवि नहीं दे सका था।

और जो सीमा गुप्त जी के पूर्ववर्ती कवियों की थी, गुप्त जी की आरम्भिक रचनाएँ भी उसी सीमा के भीतर सिकुड़ी दिखाई देती हैं। विषय की दृष्टि से 'किसान' आधुनिक काव्य अवश्य था किन्तु 'शकुन्तला', 'तिलोत्तमा', 'रंग में भंग' आदि काव्य केवल खड़ी बोली में विरचित होने के कारण नये लगते हैं। अन्यथा नवयुग की छाप उनपर बहुत कम मिलती है। यहाँ तक कि 'जयद्रथ-वध' भी महाभारतीय कथा की आवृत्ति मात्र है यद्यपि उसके भीतर रस-निष्पत्ति इतनी अधिक है कि उस काव्य ने सहज ही मैथिलीशरण जी की कृतियों की प्रथम पंक्ति में स्थान बना लिया है। फिर भी, 'जयद्रथ-वध' में यह नवीनता अवश्य है कि उसके भीतर से कवि पारस्परिक कलह से पीड़ित स्वदेश को एकता का संदेश देता है तथा स्थान-स्थान पर उसमें वीर रस का जो उद्रेक

हुआ है, उसका लक्ष्य भी देश-भक्ति को उत्तेजित करना है। इसके अतिरिक्त 'जयद्रथ-वध' में और कोई नवीनता दिखाई नहीं देती। 'जयद्रथ-वध' के अर्जुन और श्रीकृष्ण बिलकुल महाभारत के ही अर्जुन और श्रीकृष्ण हैं तथा उसकी कथा अथवा चरित्र-चित्रण के भीतर कोई भी नई अनुभूति नहीं मिलती।

संस्कृति का प्रत्येक आन्दोलन धीरे-धीरे चलता है। पुनरुत्थान का रस भी हिन्दी में बहुत धीरे-धीरे पका। मेरा अनुमान है कि मैथिलीशरण जी में यह रस पहले-पहल *साकेत* में आकर अपने परिपाक पर मिलता है।

3. साकेत में नवयुग का प्रतिबिम्ब

साकेत रामकथा का काव्य है और रामकथा भारतीय साहित्य के दो सर्वस्वों में से एक है क्योंकि रामायण और महाभारत, ये ही दो महाकाव्य हैं जो अत्यन्त प्राचीन काल से सम्पूर्ण भारतीय साहित्य के उपजीव्य रहे हैं। किन्तु रामकथा की अनुभूति प्रत्येक युग और समाज में बदलती आई है। यही कारण है कि रामायण के विभिन्न भाषाओं में इतने प्रकार मिलते हैं। यदि केवल संस्कृत और हिन्दी साहित्य को ही लें तब भी भवभूति के राम वे ही नहीं हैं जो वाल्मीकि के राम थे तथा तुलसी के राम वाल्मीकि और भवभूति, दोनों के रामों से ईषत् भिन्न हैं। उदाहरणार्थर : शूद्र तपस्वी शम्बूक का वध करते समय वाल्मीकि के राम के हृदय में कोई पीड़ा नहीं हुई, कोई द्विधा नहीं जगी किन्तु भवभूति के राम जब शम्बूक का वध करने को उद्यत होते हैं तब शम्बूक पर उनका हाथ नहीं उठता और वे मानो अपने आपको धिक्कारते हुए कह उठते हैं :

हे हस्त दक्षिण! मृतस्य शिशोर्द्विजस्य
जीवातवे विसृज शूद्रमुनौ कृपाणम्।
रामस्य बाहुरसि निर्भरगर्भखिन्न-
सीताविवासनपटो: करुणा कुतस्ते?

[ओ मेरे दाहिने हाथ! मरे हुए ब्राह्मण-शिशु को जीवन-दान देने के लिए शूद्र मुनि पर कृपाण चला। तू तो राम का बाहु है जिसने पूर्ण गर्भ से पीड़ित सीता का छल से परित्याग किया। तुझमें करुणा कहाँ से आ गई?]

यह और कुछ नहीं, वाल्मीकि और भवभूति के युगों की मान्यताओं का भेद है जो एक राम को कठोर और दूसरे को कोमल करके दिखाता है। आज हमें यह मानने में कठिनाई होती है कि जो कर्म द्विजों के लिए धर्म है,

वह शूद्रों के लिए पाप कैसे बन सकता है। किन्तु वाल्मीकि के युग में लोगों की यह सार्वभौम मान्यता थी कि शूद्र को तपस्या करने का अधिकार नहीं है। अतएव, शम्बूक का वध कराते समय आदि कवि के हृदय में द्विधा या करुणा नहीं जगी और चूँकि कवि का हृदय अविचलित रह गया इसलिए उसके पात्र में भी हिचकिचाहट नहीं आई किन्तु वाल्मीकि और भवभूति के युगों के बीच सबसे बड़ी घटना यह घटी कि उस काल में महात्मा गौतम बुद्ध का आविर्भाव हुआ जिन्होंने ब्राह्मण-सत्ता को चुनौती दी, जिन्होंने भारत में बृहत् मानवता का आन्दोलन चलाया और जिन्होंने बार-बार यह घोषणा की कि जन्मना सभी मनुष्य समान होते हैं तथा धर्म का मार्ग सबके लिए खुला हुआ है—चाहे वह ब्राह्मण-वंश का हो अथवा श्वपच-वंश का। यह इसी बृहत् मानवतावादी आन्दोलन का प्रभाव था जिसने भवभूति के काल में आकर ब्राह्मणों के भीतर भी यह शंका उत्पन्न कर दी कि हो न हो, शम्बूक के साथ अन्याय किया गया था। इस शंका ने पहले तो भवभूति के हृदय को पकड़ा और तब वह स्वयं राम के मुख से भी निकल पड़ी। और इतना ही नहीं, भवभूति के राम जो वचन कहते हैं, उससे उनका सीता-परित्याग-जनित पश्चात्ताप भी व्यंजित होता है।

किन्तु तुलसीदास का उद्देश्य राम को देवता बनाकर लोगों के सामने लाना था। अतएव, उन्होंने शम्बूक-वध और सीता-परित्याग का प्रसंग ही नहीं उठाया। यदि ये दो प्रसंग उन्होंने लिखे होते तो कौन जानता है कि भवभूति के समान वे भी करुणा से विचलित न हो जाते? और तब तुलसी के राम इतनी आसानी से जनता को ग्राह्य होते या नहीं, यह कहना कठिन है। सीता के परित्याग का प्रसंग करुणा का वह समुद्र है जिसमें रामकथा का पर्यवसान होता है। गोसाईं जी ने कुछ सोच-समझकर ही इस समुद्र से अपने को दूर रखा होगा।

भारत के इतिहास में आर्यों के आगमन, बुद्ध के आविर्भाव और मुसलमानों के आगमन का जो महत्त्व है, उन्नीसवीं सदी के सांस्कृतिक जागरण का उन सबकी अपेक्षा कुछ अधिक महत्त्व माना जाना चाहिए। यह इसलिए कि विज्ञान की वृद्धि के कारण सभ्यता जिस क्षिप्रता से परिवर्तित हुई है, उस क्षिप्रता से वह पहले के युगों में कभी भी परिवर्तित न हुई थी। पहले के युगों में सांस्कृतिक परिवर्तन इतनी मन्द गति से होते थे कि उनकी

प्रगति प्राय: अदृश्य रहती थी। बलिहारी है भवभूति की जागरूकता और उनकी कवि-चेतना की सजीवता की कि सातवीं शताब्दी में उन्होंने नारी और शूद्र की पीड़ा को उतनी स्पष्टता से सुन लिया।

किन्तु पिछली शताब्दी से अपने देश के विचारों पर विज्ञान, बुद्धिवाद और प्रजातांत्रिक भावनाओं का जो प्रभाव पड़ा है, उससे हमारी संस्कृति में आमूल परिवर्तन घटित होने लगे हैं और इसके फलस्वरूप अपने इतिहास और पुराण को देखने की हमारी दृष्टि में बहुत बड़ा परिवर्तन आ गया है। वर्तमान सदैव अतीत पर नया प्रकाश फेंकता रहता है और इसी प्रक्रिया के कारण अतीत का जीवित अंश बराबर वर्तमान के साथ रहता है। पुनरुत्थान के क्रम में रामकथा-विषयक हमारी अनुभूति में जो परिवर्तन आया, वह सारा-का-सारा मैथिलीशरण जी के *साकेत* में व्यक्त हुआ है।

प्राचीन कथानक पर विरचित होने पर भी *साकेत* आधुनिक काव्य है। उसके राम और लक्ष्मण त्रोताकालीन होते हुए भी हमारे समय में पूर्ण रूप से खप जाते हैं। और *साकेत* में ऐसी पंक्तियाँ अनेक हैं जो त्रोता-युग के प्रसंग में लिखी जाने पर भी हमारे अपने समय की समस्याओं पर चोट करती हैं। पंडित रामचन्द्र शुक्ल ने एक स्थान पर लिखा है कि नई बात कहने के लिए प्राचीन घटनाओं अथवा पात्रों के चरित्र में फेर-फार करना बिलकुल अनाड़ीपन है। *साकेत* पर इस अनाड़ीपन का दोष रंच भर भी नहीं लगाया जा सकता। जहाँ तक कथा-प्रसंग का सम्बन्ध है, *साकेत* की रामकथा परम्परा के अनुसार चलती है। और पात्रों के चरित्र में नवयुग की झाँकी दिखाने के लिए कवि ने घटनाओं में फेर-फार नहीं किया है। यह ठीक है कि *साकेत* की कैकेयी के प्रति पाठकों की सहानुभूति उमड़ती है किन्तु पाठकों की सहानुभूति जगाने के लिए कवि ने कैकेयी के विषय में यह नहीं कहा है कि राम को बनवास देने के पीछे कैकेयी का कोई महत् उद्‌देश्य था। उलटे वन-गमन के प्रसंग में कैकेयी का जो रूप *साकेत* में चित्रित हुआ है वह उतना ही कठोर है जितना परम्परा से चित्रित होता आया था। हाँ, चित्रकूट में कैकेयी अपने दुष्कृत्य पर जो पश्चात्ताप करती है उससे हम उसके दोष को भूलने को विवश हो जाते हैं। 'वह सिंही अब है हहा! गोमुखी गंगा।" साकेत में रामकथा से नवयुग की शिक्षा घटनाओं को मोड़कर नहीं, प्रत्युत् उनकी नवीन व्याख्याएँ करके निकाली गई है। और व्याख्या करते समय कवि को बराबर इस बात का ध्यान रहा है कि वह व्याख्या त्रोताकाल

समाज के लिए बिलकुल अकल्पनीय न हो जाए।

उदाहरण के लिए, सबसे प्रथम हम *साकेत* के राम को लेंगे। *साकेत* के राम हैं तो वही पात्र जिनके दर्शन हमें वाल्मीकिय अथवा तुलसी-कृत *रामायण* में होते हैं। किन्तु पुनरुत्थान के भावों से प्रभावित कवि ने उन्हें सर्वथा भिन्न दृष्टि से देखा है। पंडित नन्ददुलारे वाजपेयी ने लिखा है कि तुलसी-कृत *रामायण* में राम के रूप में ईश्वर की मानवता का चित्रण हुआ है किन्तु *साकेत* में राम के बहाने मानव की ईश्वरता चित्रित की गई है।[1] मैथिलीशरण जी का हृदय भक्त का हृदय है एवं राम को वे अपने परम इष्टदेव के रूप में भजते हैं। उनका प्रत्येक काव्य राम या सीता के नाम-स्मरण के साथ आरम्भ होता है। यदि उनका आविर्भाव पुनरुत्थान के पूर्व हुआ होता तो *साकेत* में निश्चित रूप से वे राम के ईश्वरत्व का ही आख्यान करते। तुलसीदास ने जैसे राम को अपना परमाराध्य एवं लोक-परलोक का नियंता मानकर *रामचरितमानस* की रचना की, मैथिलीशरण जी का हृदय उससे भिन्न मार्ग लेनेवाला नहीं था। किन्तु बुद्धिवादी युग ने उनकी कृति को अपने प्रभुत्व में ले लिया और यद्यपि कवि की सुदृढ़ आस्था ने राम के ईश्वरत्व में सन्देह करनेवाले युग को बड़े जोर से ललकारा[2] किन्तु राम का रूप उन्होंने वैसा ही अंकित किया, जैसा उनका युग चाहता था। अपने हृदय के मूल में राम को परब्रह्म का अवतार मानते हुए भी बुद्धिवादी युग के इस परम आस्तिक कवि ने *साकेत* में उन्हें अवतार के रूप में कम, युग-पुरुष के रूप में अधिक चित्रित किया है। और पुनरुत्थान के क्रम में भारत ने जो यह मान्यता पकड़ी कि प्रत्येक व्यक्ति किसी-न-किसी मात्र में ईश्वर का अवतार है, अतएव अवतार और युग-पुरुष के बीच बहुत कुछ समता होती है, यह मान्यता भी राम के व्यक्तित्व के पीछे काम करती है।

---

1. *भव में नव वैभव व्याप्त कराने आया;*
   नर को ईश्वरता प्राप्त कराने आया।
   [साकेत, अष्टमसर्ग]
2. ग्रन्थारंभ से पूर्व 'साकेत' में यह आदर्श पद आता है :
   राम, तुम मानव हो? ईश्वर नहीं हो क्या?
   विश्व में रमे हुए नहीं सभी कहीं हो क्या?
   तब मैं निरीश्वर हूँ, ईश्वर क्षमा करे;
   तुम न रमो तो मन तुम में रमा करे।

मैं आर्यों का आदर्श बताने आया,
जन-सम्मुख धन को तुच्छ जताने आया।
सुख-शान्ति हेतु मैं क्रान्ति मचाने आया,
विश्वासी का विश्वास बचाने आया।
मैं आया उनके हेतु कि जो तापित हैं,
जो विवश, विकल, बलहीन, दीन, शापित हैं।
भव में नव वैभव व्याप्त कराने आया,
नर को ईश्वरता प्राप्त कराने आया।
संदेश यहाँ मैं नहीं स्वर्ग का लाया,
इस भूतल को ही स्वर्ग बनाने आया।
अथवा आकर्षण पुण्यभूमि का ऐसा,
अवतरित हुआ मैं आप उच्च फल-जैसा।
जो नाम मात्र ही स्मरण मदीय करेंगे,
वे भी भवसागर बिना प्रयास तरेंगे।
पर, जो मेरा गुण, कर्म, स्वभाव धरेंगे,
वे औरों को भी तार पार उतरेंगे।

यह उद्धरण मैथिलीशरण जी की अवतारवाद-विषयक मान्यताओं की कुंजी के समान है। राम स्वयं परब्रह्म हैं, इस बात में उनका विश्वास उतना ही अचल है जितना गोसाईं तुलसीदास जी का था। किन्तु अवतारों के कर्तव्य क्या होते हैं, इस विषय में गुप्त जी नवयुग की विचारधारा से प्रेरणा लेते हैं। मनु-शतरूपा को दिये गए वरदान की पूर्ति अथवा रावण का वध, रामावतार के लिए अब इतने ही कारण यथेष्ट नहीं माने जा सकते। 'परित्राणाय साधूनां विनाशाय च दुष्कृताम्', ये कारण भी अब मद्धिम पड़ गए हैं। अवतारों की उपयोगिता अब धर्मसंस्थापन को लेकर ही कुछ समझी जा सकती है। और धर्म भी बिलकुल वही नहीं है जो दो या चार हजार वर्ष पहले कहा गया था। सभी वस्तुओं के समान धर्म भी परिवर्तनशील है और प्रत्येक युग में प्रसंगानुसार उससे नये-नये अर्थ प्रकट होते रहते हैं। प्राचीन और मध्यकालीन युगों में लोक हीन तथा परलोक श्रेष्ठ माना जाता था। स्वयं तुलसीदास जी ने लिखा था : 'गो-गोचर जहँ लगिमन जाई, सो सब माया जानहु भाई'। किन्तु नये युग की मान्यता इससे सर्वथा भिन्न है। भारत में प्रवृत्ति-मार्गी दर्शन का

जो उत्थान हुआ है, उससे प्रेरित होकर अब हम लोक को सत्य तथा अत्यन्त श्रेष्ठ मानने लगे हैं और जो लोग परलोक की सत्ता में विश्वास करते हैं, उनकी भी मान्यता अब यह है कि परलोक-सुधार का भी एकमात्र साधन इस लोक की ही सेवा तथा सुधार है। इसी नये धर्म का आख्यान करते हुए 'साकेत' के राम कहते हैं :

संदेश यहाँ मैं नहीं स्वर्ग का लाया,
इस भूतल को ही स्वर्ग बनाने आया।[1]

आज का सच्चा धर्म वह नहीं है जो कर्मठ नवयुवकों को गेरुआ पहनाकर उन्हें समाज की कर्मधारा से विच्छिन्न करता है परन्तु वह जो संन्यासियों से भी यह कहता है कि अरण्यवास को छोड़कर जन-समाज के भीतर जाकर मनुष्यों की सेवा किये बिना तुम्हें शान्ति नहीं मिलेगी। और भगवान का अवतार अब साधुओं और ब्राह्मणों की रक्षा के लिए नहीं प्रत्युत 'विवश, विकल, बलहीन, दीन' लोगों के उद्धार के निमित्त होना चाहिए। इसी प्रकार अवतारों के नाम-स्मरण की अपेक्षा उनके गुण, कर्म और स्वभाव का अनुकरण कहीं अधिक फलदायी है। यह भी कि मनुष्य यदि अपनी पतित

---

1. 'द्रौपदी और सत्यभामा' शीर्षक कविता में अर्जुन द्रौपदी से कहते हैं :

पर, मैं पृथिवी-पुत्र, अन्त में जगती ही गति मेरी,
जहाँ साधना है इस तनु की, रहे वहीं रति मेरी।"

[जयभारत]

और 'दिवोदास' (पृथिवी-पुत्र) में ये पंक्तियाँ आती हैं :

चला जाए मेरी धरती से सारा सुर-समुदाय।

* * *

कर दी है देवावलम्ब ने नर की निजता भ्रष्ट।

* * *

सिद्ध एक पुरुषार्थ हमारी भुक्ति-मुक्ति का मंत्र।

* * *

ऊपर शून्य तको क्यों? नीचे भरे सिन्धु गम्भीर,
करो सींचने के उपाय ही, अक्षय है निज नीर।

और 'जयभारत' की 'नहुष' शीर्षक कविता में :

ऊँचा रहे स्वर्ग, नीचे भूमि को क्या टोटा है?
मस्तक से हृदय कभी क्या कुछ छोटा है?

स्थिति में ही पड़ा रह गया तो ईश्वर का नर-शरीर धारण करना व्यर्थ है। मनुष्य-योनि में ईश्वर के अवतार का स्वाभाविक परिणाम यह होना चाहिए कि मानव ईश्वरत्व की ओर बढ़ना आरम्भ कर दे। 'नर को ईश्वरता प्राप्त कराने आया'—यह भारतीय पुनरुत्थान की सबसे बड़ी शिक्षा है। विचित्र संयोग की बात है कि यह भाव महर्षि अरविन्द के यहाँ दर्शन (आरोह के सिद्धान्त) के रूप में विकसित हो गया है।

भारत में देश-भक्ति की धारा भी पुनरुत्थान के साथ अथवा ठीक उसकी पीठ पर आई थी। अतएव 'साकेत' के राम, व्याजान्तर से देश-भक्ति को भी प्रेरणा देते हैं :

अथवा आकर्षण पुण्य भूमि का ऐसा
अवतरित हुआ मैं आप उच्च फल-जैसा।

यहाँ स्पष्ट ही पुण्यभूमि से तात्पर्य भारतवर्ष से है और 'आकर्षण' शब्द के पीछे उस श्लोक की प्रेरणा छिपी हुई है जिसमें यह कहा गया है कि भारत इतना पवित्र देश है कि देवता भी यहाँ जन्म पाने को तरसते रहते हैं।[1] इसी प्रकार 'सुख-शान्ति हेतु मैं क्रान्ति मचाने आया' के भीतर से स्वाधीनता-संघर्ष का औचित्य ध्वनित होता है।

किन्तु इससे भी विचित्र यह बात है कि *साकेत* के राम स्वामी दयानन्द के मतों से प्रभावित दीखते हैं। साकेत से पूर्व रामकथा-विषयक किसी भी साहित्य में यह नहीं कहा गया था कि राम के लंकाभियान का एक उद्देश्य दक्षिण भारत में आर्य-सभ्यता का प्रचार करना था। और पुनरुत्थान के पूर्व यह बात कही भी कैसे जा सकती थी? पुनरुत्थान से पूर्व भारत में इतिहास-विषयक अज्ञान का

---

1. गायन्ति देवाः किल गीतकानि धन्यास्तु ते भारतभूमिभागे
स्वर्गापवर्गास्पदहेतुभूते भवन्ति भूयः पुरुषाः सुरत्वात्।

अपरंच :

अहो अमीषां किमकारिपुण्यं प्रसन्न एषां स्विदुतः स्वयं हरिः
यैर्जन्मलब्धं नृषु भारताजिरे मुकुन्दसेवोपयिकं स्पृहाहिनः।

* * *

तरस-तरस कर रह जाते हैं सुरगण तुझ में तन धरने को,
परमेश्वर तक प्रकटित होते तुझ में लीलाएँ करने को।

[गुप्त जी का कोई समकालीन कवि]

अन्धकार छाया हुआ था किन्तु उस अन्धकार की एक अच्छाई भी थी। जैसे हम अपने इतिहास के सम्बन्ध में बहुत-सी बातों से अनभिज्ञ थे, वैसे ही हम यह भी नहीं जानते थे कि इस देश में आर्य और आर्येतर (आर्येतर के बदले उस समय दुर्भाग्यवश अनार्य शब्द चल पड़ा था) नामक दो जातियों के लोग निवास करते हैं तथा इस देश की सभ्यता में जो भी ऊँचे और अच्छे उपकरण हैं, वे आर्यों के लाए हुए हैं एवं उसके सारे अधम पक्ष आर्येतर जातियों की देन है। सौभाग्य की बात है कि इधर हाल के अनुसन्धानों से इस मत की प्रबलता मिटने लगी है। किन्तु उन्नीसवीं सदी में वेदों का जो महत्त्व बढ़ा तथा भारत के अतीत में जो चमक आई, उससे सभी लोग यह मानने लगे थे कि आर्य श्रेष्ठ एवं अनार्य हीन हैं, (अनार्य का अर्थ ही हीन होता है।) राममोहन राय, दयानन्द, विवेकानन्द, एनी बेसेंट, लोकमान्य तिलक और यूरोप के बहुतेरे विद्वान् वेदों और उपनिषदों पर इस प्रकार मुग्ध हो उठे कि इस बात पर उनकी दृष्टि ही न जा सकी कि जब आर्य भारतवर्ष में आए थे, उसके पूर्व भी यहाँ बहुत ऊँची सभ्यता का निर्माण हो चुका था। और दृष्टि जाती भी तो कैसे? तब तक तो मोहनजोदड़ो और हरप्पा की खुदाई भी नहीं हुई थी। परिणाम यह हुआ कि सारे देश में वेदों की उत्तमता और आर्य-संस्कृति की अप्रतिमता की धूम मच गई तथा स्वामी दयानन्द ने तो इस वैचारिक आन्दोलन को और भी शक्तिशाली बना दिया। 'साकेत' के राम इस आन्दोलन से पूर्ण रूप से प्रभावित दीखते हैं।

कहते हैं, अत्यन्त प्राचीनकाल में अगस्त्य ऋषि विंध्याचल से दक्षिण गए थे और उनके अभियान का लक्ष्य दक्षिण भारत में आर्य-संस्कृति का प्रचार था। फिर एक बार परशुराम दक्षिण गए और उन्होंने समुद्र को पार कर नई भूमि की रचना की, जिसका नाम अब केरल प्रान्त है। भगवान रामचन्द्र को भी दक्षिण भारत होकर लंका जाना पड़ा था। प्राचीन और मध्यकालीन भारतवासियों को इतना ही विदित था कि रामचन्द्र रावण से लड़ने को दक्षिण गए थे। किन्तु पुनरुत्थान का प्रकाश जब अतीत पर पड़ने लगा तब राम की लंका यात्रा की एक और व्याख्या निकल आई कि वे वेद तथा आर्यत्व का भी प्रचार करने को दक्षिण गए थे। 'साकेत' के राम वैदिक धर्म तथा आर्य-सभ्यता के प्रचारक हैं, यह बात पूरे काव्य में कई स्थलों पर सुनाई देती है :

बहु जन वन में हैं बने ऋक्ष-वानर-से,

मैं दूँगा अब आर्यत्व उन्हें निज कर से।
उच्चारित होती चले वेद की वाणी,
गूँजे गिरि-कानन-सिन्धु-पार कल्याणी।
अम्बर में पावन होम-धूम घहरावे,
वसुधा का हरा दुकूल भरा लहरावे।
मुनियों को दक्षिण देश आज दुर्गम है,
बर्बर कौणपगण वहाँ उग्र यम-सम है।
वह भौतिक मद से मत्त यथेच्छाचारी,
मेटूँगा उसकी कुगति-कुमति मैं सारी।

[*साकेत*, अष्टम सर्ग]

जय-जयकार किया मुनियों
ने, दस्युराज यों ध्वस्त हुआ,
आर्य-सभ्यता हुई प्रतिष्ठित,
आर्य-धर्म आश्वस्त हुआ।

[उप., एकादश सर्ग]

किसका कुल है आर्य बना अपने कार्यों से?
पढ़ा न किसने पाठ अवनितल में आर्यों से?

[उप., द्वादश सर्ग]

राष्ट्रीयता भारतवर्ष में पुनरुत्थान की कुक्षि से उत्पन्न हुई। यहाँ पहले राममोहन, केशवचन्द्र, दयानन्द, विवेकानन्द और एनी बेसेंट हुए, तब अरविन्द, वारीन्द्र, तिलक, गोखले और गांधी का आगमन हुआ। यही कारण है कि भारतीय राष्ट्रीयता के सर्वोच्च पुरुष महात्मा गांधी राजनीति से अधिक संस्कृति के नेता दिखाई देते हैं। *साकेत* के भीतर भारत की राष्ट्रीयता एवं स्वाधीनता-संग्राम, दोनों की पदचाप स्पष्ट सुनाई देती है। ननिहाल से वापस आने पर शत्रुघ्न जब क्रोध से काँपते हुए कहते हैं :

वह प्रलोभन हो किसी के हेतु,
तो उचित है क्रान्ति का ही केतु।
दूर हो ममता, विषमता, मोह
आज मेरा धर्म राजद्रोह।

तब पहले पद से तो भारतीय क्रान्ति का औचित्य एवं उसकी आवश्यकता ध्वनित होती है तथा दूसरे पद में उस नारे की ध्वनि सुनाई पड़ती है जिसका उद्देश्य लोगों के हृदय पर यह विश्वास जमाना था कि पराधीन देश में राजद्रोह पाप नहीं, पुण्य का कर्म होता है।[1]

इसी प्रकार जब राम वन जा रहे हैं तब बहुत-से अयोध्यावासी यह कहकर उनके आगे लेट जाते हैं कि :

राजा हम ने राम! तुम्हीं को है चुना,
करो न तुम यों हाय! लोकमत अनसुना।
जाओ, यदि जा सको रौंद हम को यहाँ,
यों कह पथ में लेट गए बहुजन वहाँ।

यह और कुछ नहीं, सविनय-अवज्ञा की प्रतिध्वनि है। स्वयं राम ने भी इसे 'विनत विद्रोह' ही कहा है :

उठो प्रजाजन, उठो, तजो यह मोह तुम,
करते हो किस हेतु विनत विद्रोह तुम?

और द्वादश सर्ग में ऊर्मिला जब अयोध्या की उद्वेलित सेना को सम्बोधन करती हुई यह कहती है कि :

पावें तुम से आज शत्रु भी ऐसी शिक्षा,
जिसका अथ हो दण्ड और इति दया-तितीक्षा।

तब इस उपदेश को हम शुद्ध अहिंसा का उपदेश भले न मानें किन्तु उसके भीतर अहिंसा का स्पर्श अवश्य है।

4. गुप्त जी की नारी-भावना

किन्तु पुनरुत्थान का इन सबसे कहीं गम्भीर प्रभाव वह है जो मैथिलीशरण जी की, नारियों को देखने की दृष्टि में लक्षित होता है। पुराने समय में नारियाँ सारे संसार में दबाकर रखी गई थीं, प्रत्युत् कहना चाहिए कि भारत में वे कुछ अधिक ही दबी हुई थीं। किन्तु बुद्धिवाद के उत्थान के साथ यह बात अमान्य होने लगी कि नैतिकता के नियम पुरुषों के लिए एक और नारियों के लिए दूसरे रखे जाएँ।[1] भारतवर्ष में नरों और नारियों के लिए नैतिकता के अलग-अलग

1. सत्याग्रह के दिनों में देशरत्न राजेन्द्रप्रसाद ने यह नारा दिया था कि 'इन इंडिया सेडिशन इज़ नाट ए क्राइम, बट धर्म' अर्थात् भारत में राजद्रोह अपराध नहीं, धर्म है।

नियम थे, इस निष्कर्ष पर सन्देह नहीं किया जा सकता। पुरुष वेद पढ़ सकता था किन्तु नारी को वेद पढ़ने का अधिकार नहीं था। बुद्धदेव ने जब यह घोषणा की कि मनुष्य का चरम लक्ष्य मोक्ष है और मोक्ष की साधना संन्यास लेकर ही की जा सकती है, तब बहुत-सी नारियों ने भी तथागत से प्रार्थना की कि हमें भी भिक्षुणी होने का अधिकार दिया जाए किन्तु तथागत ने बहुत दिनों तक नारियों को भिक्षुणी होने का अधिकार नहीं दिया। और अन्त में, आनन्द के कहने से जब उन्होंने नारियों को भी भिक्षुणी होने की अनुज्ञा दे दी तब एक दिन स्वयं उन्होंने पश्चात्ताप किया कि "आनन्द, मैंने जो धर्म चलाया था, वह पाँच सहस्र वर्षों तक चलनेवाला था, किन्तु अब वह केवल पाँच सौ वर्ष चलेगा क्योंकि मैंने नारियों को भिक्षुणी होने का अधिकार दे दिया है।" और यही बात जैन सम्प्रदाय में भी हुई। यह ठीक है कि जैन सम्प्रदाय में आरम्भ से ही नारियों को भिक्षुणी होने का अधिकार था किन्तु जब दिगम्बर-सम्प्रदाय निकला, उसने उन्हें इस अधिकार से वंचित कर दिया जो बिलकुल स्वाभाविक बात थी। तब से जैन भिक्षुणी केवल श्वेताम्बर-सम्प्रदाय में ही होती है।

वैदिक, अवैदिक, बौद्ध और जैन, वैदिक काल के उपरान्त कम-से-कम एक बात में नारियों की उपेक्षा और उन पर अत्याचार सभी धर्मों ने किया। जब जीवन का सर्वोच्च ध्येय मोक्ष और मोक्ष का उपाय संन्यास हो गया तब समाज के हट्टे-कट्टे नवयुवक भी पत्नियों को छोड़कर संन्यास लेने लगे। उस विवशता-भरी वेदना की तनिक कल्पना कीजिए जो उन पत्नियों के हृदय को दग्ध करती होगी, जिनके पति जीवन के सर्वोच्च ध्येय की खोज में उनका त्याग कर रहे थे। वे अपने पतियों की निन्दा नहीं कर सकती थीं क्योंकि पति तो बहुत बड़े उद्देश्य की सिद्धि के लिए संन्यास लेते थे। दूसरी ओर वे पतियों के साथ संन्यासिनी भी नहीं हो सकती थीं क्योंकि वह संन्यास संन्यास नहीं होता जिसमें माया भी संन्यासी के साथ चलती है[1]। कोई आश्चर्य नहीं कि नारियों ने मन-ही-मन अपने को अधम मानना स्वीकार कर लिया। नारियों पर अत्याचार

---

1. *नारी निकले तो असती है, नर यती कहा कर चल निकले।*

[*विष्णुप्रिया*]

* * *

नर-कृत शास्त्रों के सब बंधन हैं नारी को ही लेकर,
अपने लिए सभी सुविधाएँ पहले ही कर बैठे नर।

[*पंचवटी*]

सभी देशों के पुरुषों ने किया था किन्तु उन पर जैसा अत्याचार भारतवर्ष में हुआ, वैसा कदाचित् अन्यत्र नहीं हुआ होगा।

नारियों की अवज्ञा सिखानेवाली इस कुत्सित परम्परा का मूल भारतवर्ष में पुनरुत्थान ने हिलाया। इसी आन्दोलन के क्रम में भारतवासियों के भीतर यह अनुभूति जगी कि नारी निन्दा की पात्री नहीं, प्रत्युत् पूजा की अधिकारिणी है। इसी आन्दोलन के क्रम में वह परम प्राचीन विख्यात श्लोकार्द्ध पुनरुज्जीवित होकर फिर से प्रचलित हो गया जो यह बताता है कि 'यत्र नार्यस्तु पूज्यन्ते रमन्ते तत्र देवता।' निवृत्ति के साथ संन्यास और प्रवृत्ति के साथ गार्हस्थ्य की महिमा बढ़ती है। और जब-जब गार्हस्थ्य के गौरव में वृद्धि होती है, नारियों की पद-मर्यादा आप से आप बढ़ जाती है। पुनरुत्थान ने प्रवृत्ति की जो महिमा जगाई उससे गार्हस्थ्य गौरवपूर्ण हो उठा और उसके स्वाभाविक परिणाम के रूप में नारियाँ आदरणीया हो उठीं।

भारतवासियों के नारी-विषयक दृष्टिकोण में परिवर्तन कैसे-कैसे आया, यह बात पिछले सौ वर्षों की हिन्दी-कविता के अवलोकन से स्पष्ट समझ में आती है। हमारी पहली प्रतिक्रिया रीति-कालीन कवियों की नारी-भावना के विरुद्ध उठी क्योंकि उन्होंने नारी को केवल काम-क्रीड़ा का साधन समझा था। और इसमें कोई संदेह नहीं कि नारी को केवल कामिनी मानने से बढ़कर उसकी और कोई निन्दा नहीं हो सकती।[2] उसके बाद दूसरा परिवर्तन यह आया कि साहित्य में नारियों के वे रूप चित्रित किए जाने लगे जो सती-साध्वी, वीरा, बलिदानी और त्यागमयी नारियों के रूप थे।[1] इसके साथ ही साहित्य में यह विलाप भी सुनाई पड़ने लगा कि भारत के पुरुषों ने ही नारियों को अशिक्षित,

---

1. *हाय, मेरे कारण ही छोड़ गए घर वे,*
गृहिणी ही त्यागते हैं नर गृह कहके।

[*विष्णुप्रिया*]

2. *देखा न आपने कि जमाना कहाँ है अब,*
रस-रास का जगत में ठिकाना कहाँ है अब।
भूषण न आप बन सके, मतिराम की बने,
कामारि आप बन न सके, काम ही बने।

सब और काम भूल कर रसधाम ही बने,
क्यों राम आप बन न गए, श्याम ही बने?

[*त्रिशूल-तरंग* में कवियों को सम्बोधित]

अपाहिज और पंगु बना रखा है।[2] नारी नर की समकक्षिणी एवं उसका पूरक अंश है, यह अनुभूति ठीक उसके बाद ही उत्पन्न होने लगी।[3] और उसके बाद तो नारी के प्रति पुरुष की उदारता और न्याय-भावना का द्वार ही उन्मुक्त हो गया, यहाँ तक कि छायावाद के आते-आते हिन्दी में यह भावना जग पड़ी कि नारी नर से श्रेष्ठ है, वह पुरुष में प्रेरणा भरनेवाली शक्ति है, वह विश्व की रमणीयता में वृद्धि करनेवाली किरण है तथा यह उचित है कि हम उसकी आराधना किंचित् इस भाव से भी करें कि वह स्वप्नों की देवी है जिसे पुष्प तो अर्पित किया जा सकता है किन्तु अपनी उँगलियों के स्पर्श से उसे कलंकित बनाना पाप है।[4]

भारत-भारती में मैथिलीशरण जी की अनुभूति केवल इस बात तक सीमित रही कि भारतीय नारियों की दुरवस्था असहनीय है एवं इस स्थिति का दायित्व

---

1. (क) लाला भगवानदीन की 'वीर क्षत्रणी'
   (ख) शुचिता-सीम, पुण्य-पथ-प्रेमिनि, नेमिनि, नेह-निवाज।
   जयति भुवि भारत-सती-समाज। *[श्रीधर पाठक]*
2. *क्या दोष उनका, किन्तु, जो उनमें गुणों की है कमी?*
   हा! क्या करें वे, जब कि उनको मूर्ख रखते हैं हमीं।
   विद्या हमारी भी न तब तक काम में कुछ आएगी,
   अर्धांगियों को भी सुशिक्षा दी न जब तक जाएगी।
   सर्वांग के बदले हुई यदि व्याधि पक्षाघात की,
   तो भी न क्या दुर्बल तथा व्याकुल रहेगा वातकी? *[भारत-भारती]*
3. रामनरेश त्रिपाठी-कृत 'पथिक' और 'स्वप्न' नामक खंड-काव्यों में नायिकाओं का चरित्र। हरिऔध-कृत 'प्रियप्रवास' में राधिका का चरित्र।
4. *तुम्हीं हो स्पृहा, अश्रु और हास,*
   सृष्टि के उर की साँस;
   तुम्हीं इच्छाओं की अवसान,
   तुम्हीं स्वर्गिक आभास।
   तुम्हारी सेवा में अनजान, हृदय है मेरा अन्तर्धान।
   देवि! माँ! सहचरि! प्राण! *[पल्लव]*
   न छू सकते जिसको हम देवि!
   कल्पना वह तुम अगुण, अमेय,
   भावना अन्तर की वह गूढ़
   रही जो युग-युग अकथ अगेय। *[रसवंती]*
   मैं देख रहा हूँ जो कुछ भी वह सब क्या छाया उलझन है?
   सुन्दरता के इस परदे में क्या अन्य धरा कोई धन है?
   मेरी अक्षय निधि! तुम क्या हो पहचान सकूँगा क्या न तुम्हें? *[कामायनी]*

यहाँ के पुरुषों पर डाला जाना चाहिए।[1] शकुंतला और तिलोत्तमा में कदाचित् इतनी-सी अनुभूति की भी अभिव्यक्ति के लिए अवसर नहीं था। हाँ, 'केशों की कथा' नामक कविता में द्रौपदी का जो रूप निखरा है वह नारी का चंडी-रूप अवश्य है।[2] वैसे है तो यह भारवि की ही द्रौपदी, किन्तु नारी-जागरण काल में नवनिर्मित होने के कारण मैथिलीशरण जी की द्रौपदी भारत की नई नारी का भी कुछ प्रतिनिधित्व करती है।

वस्तुतः गुप्त जी की नारी-भावना की पूरी अभिव्यक्ति इन कविताओं में नहीं प्रत्युत् *साकेत, यशोधरा, द्वापर* और *विष्णुप्रिया* में हुई है। *साकेत, यशोधरा* और *विष्णुप्रिया* में से प्रत्येक काव्य की मूल-प्रेरणा ही किसी-न-किसी नारी के प्रति कवि की एकान्त भक्ति थी। उर्मिला, यशोधरा और विष्णुप्रिया—ये तीनों सन्नारियाँ पुरुषों के वैराग्य से पीड़ित नारियाँ हैं और इस रूप में वे भारत की उन असंख्य नारियों का प्रतिनिधित्व करती हैं जिनके पतियों ने उन्हें अपनी मोक्ष-सिद्धि के मार्ग की बाधा मानकर छोड़ दिया अथवा जिनका वैवाहिक जीवन इसलिए कष्टमय हो गया कि उनके पति किसी बड़े लक्ष्य की सिद्धि में जा लगे थे। इन तीनों नारियों में से केवल उर्मिला ही ऐसी थी जिसका वियोग निरवधि नहीं रहा। बाकी दोनों नारियाँ तो विरह के बाद आजीवन जीवित वैधव्य झेलती रहीं। ये तीनों नारियाँ भारतवासियों की स्मृति में व्यक्तित्वविहीन होकर जीती चली आ रही थीं। यह बहुत अच्छा हुआ कि राष्ट्रकवि के हाथों उनमें से प्रत्येक को उनका व्यक्तित्व प्राप्त हो गया। और यहाँ भी जिसके जीवन में जितनी करुणा थी, उसके व्यक्तित्व में चमक भी उतनी ही आई है। मैथिलीशरण जी ने इन तीनों में से उर्मिला के व्यक्तित्व को सँवारने पर जितना

---

1. ऐसी उपेक्षा नारियों की जब स्वयं हम कर रहे,
   अपना किया अपराध उनके शीश पर हैं धर रहे।
   भागें न फिर हम से भला क्यों दूर सारी सिद्धियाँ?
   पातीं स्त्रियाँ आदर जहाँ रहतीं वहीं सब ऋद्धियाँ।

   [भारत-भारती]

2. करुणा-सदन! तुम कौरवों से सन्धि जब करने लगो,
   चिन्ता-व्यथा सब पांडवों की शान्त कर हरने लगो,
   हे तात! तब इन मलिन मेरे कृष्ट केशों की कथा
   मैं और क्या विनती करूँ, भूले तूम्हें न यथा-तथा।

   [जय-भारत]

प्रयास किया, उतना प्रयास वे *यशोधरा* और *विष्णुप्रिया* के लिए नहीं कर सके। फिर भी यशोधरा और विष्णुप्रिया के व्यक्तित्व में जो चमक है वह उर्मिला के व्यक्तित्व में नहीं मिलती। कारण स्पष्ट है कि वनवास की समाप्ति के बाद उर्मिला का कष्ट भी एक प्रकार से समाप्त हो गया। किन्तु यशोधरा और विष्णुप्रिया की वेदना दिन-दिन अथाह होती चली गई।

साकेत का नवम सर्ग सबसे सुन्दर और वही सबसे दीर्घकाय भी है। किन्तु अचरज की बात है कि एक ही पात्र पर पूरे के पूरे सर्ग के समर्पित हो जाने पर भी उर्मिला का चरित्र उतना नहीं चमका जितना इस बड़े काव्य को देखते हुए आशा की जा सकती थी। किन्तु इसमें कवि-प्रतिभा का कोई दोष नहीं माना जाना चाहिए। पात्र-विशेष के चरित्र को चमकाने के लिए घटनाओं में तोड़-मरोड़ करना सत्कवि का काम नहीं है। उलटे इससे तो इतिहास के साथ अन्याय ही होता है। पुनरुत्थान की प्रेरणा से चालित होकर कवि ने उर्मिला को अपनी सहानुभूति दी तथा उसके व्यक्तित्व को जगाने एवं सँवारने का प्रयास किया। अपनी ओर से वह इतना ही कर सकता था। उर्मिला का बाकी चरित्र तो वही रहेगा जो परम्पराओं से सूचित होता है अथवा उसके बाकी चरित्र की उतनी ही कल्पना की जा सकती है जो परम्परा की पृष्ठभूमि पर सम्भाव्य लगे। 'अमुक व्यक्ति ठीक-ठीक ऐसा था'—यह कहना इतिहास की रचना करना है। किन्तु 'अमुक व्यक्ति सम्भवतः ऐसा रहा होगा' यह उक्ति साहित्य है। उर्मिला पर सोचते-सोचते कवि ने यह कल्पना की कि भरी जवानी में पति से वियुक्त हो जाने के कारण उर्मिला को विरह ने बहुत सताया होगा। यह कल्पना संभाव्य कोटि में आती है और हम इसे अनायास स्वीकार कर लेते हैं। हम यह भी स्वीकार करते हैं कि 'साकेत' का नवम सर्ग खड़ी बोली की श्रेष्ठ कविता का श्रेष्ठ उदाहरण है। किन्तु इतने से उर्मिला का व्यक्तित्व नहीं बनता। उलटे, इससे तो वह विरहिनियों के उस बड़े झुंड में जा मिलती है जिनकी कल्पना रीतिकालीन कवियों ने की थी। अतएव मेरा मत है कि 'साकेत' की उर्मिला का व्यक्तित्व उसकी विरहाभिव्यक्ति से नहीं चमकता प्रत्युत् वह उन थोड़े-से पदों में व्यंजित होता है जिनमें यह संकेत है कि यह महानारी अपने विरह-जनित क्लेश को किस प्रकार झेल रही थी तथा उसके विरह की विशेषताएँ क्या थीं। संक्षेप में, उर्मिला का व्यक्तित्व 'मेरे चपल यौवन बाल' जैसे पदों में नहीं प्रत्युत् उन पदों में निखार पाता है जिनमें विरह के साथ उसके त्याग का उल्लेख है

जिनमें उसके विरह की विशेषता झलक मारती है। जैसे :

मेरे उपवन के हरिण, आज वनचारी,
मैं बाँध न लूँगी तुम्हें, तजो भय भारी।

* * *

साल रही सखि, माँ की
झाँकी वह चित्रकूट की मुझको,
बोली जब से मुझसे
'मिला न वन ही न भवन ही तुझको'।
न कुछ कह सकी अपनी,
न उन्हीं की कुछ पूछ सकी भय से,
अपने को भूल वे,
मेरी ही कह उठे सखेद हृदय से।

* * *

रस पिया सखि, नित्य जहाँ नया,
अब अलभ्य वहाँ विष हो गया,
मरण-जीवन की यह संगिनी
बन सकी वन की न विहंगिनी।

'बन सकी वन की न विहंगिनी' उर्मिला की सारी वेदना सिमटकर इस एक बिन्दु में समाई हुई है। इसकी वेदना का वेधक अंश यह है कि जब राम के साथ सीता वन चली गईं तब लक्ष्मण ने उर्मिला को अपने साथ क्यों न लिया? किन्तु लक्ष्मण करते भी क्या? वे जिस उद्देश्य से प्रेरित होकर वन जा रहे थे, वह राम की एकान्त सेवा का उद्देश्य था। यदि उर्मिला उनके साथ जाती तो लक्ष्मण का सेवा-भाव कम-से-कम एकान्त तो नहीं ही रहता। उर्मिला अपने प्रियतम के इस भाव को भलीभाँति जानती होगी। तभी उसने अपने वन-गमन का प्रस्ताव भी नहीं रखा। किन्तु भीतर ही भीतर उसके मन में जो कई प्रकार के तूफान उठे, उनके घात-प्रतिघातों से वह मूर्च्छित होकर गिर पड़ी। अपनी सारी विवशताओं को उसने 'हाय'—इन दो अक्षरों में अभिव्यक्त किया। इस स्थिति से लक्ष्मण को इतनी चोट लगी कि उनके वीर-नयन आँसू बरसाने लगे। किन्तु, लक्ष्मण और सुमित्रा को वह भाषा नहीं मिली, जिसमें उर्मिला की पीड़ा व्यक्त की जा सकती थी। अन्त को वह भाषा सीता जी को सूझती है और वे

ही उर्मिला को सम्बोधन करके कहती हैं :

आज भाग्य जो है मेरा,
वह भी हुआ न है, तेरा।

और इसी भाषा में राम भी उर्मिला एवं लक्ष्मण की पीड़ा का उल्लेख करते हैं :

लक्ष्मण तुम तो तपस्पृही,
मैं वन में भी रहा गृही।
वनवासी हे निर्मोही
हुए वस्तुतः तुम दो ही।

किन्तु बात राम के मुख से आती हो अथवा सीता के मुख से, उसका निचोड़ एक ही है : 'मिला न वन ही, न भवन ही तुझको'। और इसी भाव को राम उस समय भी दुहराते हैं जब वे लंका को जीत कर अयोध्या वापस होते हैं यद्यपि वह उक्ति वेदना नहीं, बधाई के रूप में है :

तूने तो सहधर्मचारिणी के भी ऊपर
धर्मस्थापन किया भाग्यशालिनि, इस भूपर।

उर्मिला ने पति से वियुक्त होकर किस धर्म को बल दिया? उत्तर स्पष्ट है कि लक्ष्मण के सेवाधर्म को। और पति के सेवाधर्म को अक्षुण्ण रखने के उद्देश्य से उसने अपने यौवन के चौदह वर्ष विरह में दग्ध कर दिए, यही उसके व्यक्तित्व की विशेषता है।

यशोधरा पर लिखने की प्रेरणा कवि को साकेत से मिली[1] और इसमें सन्देह नहीं कि यशोधरा का चरित्र उर्मिला के चरित्र की अपेक्षा अधिक गम्भीर रूप से चित्रित हुआ है। यह भी कि यशोधरा के बहाने कवि ने नारी-समस्या पर अनेक ऐसे संकेत देने तथा अनेक ऐसी बातें कहने का सुयोग निकाल लिया है जिनके लिए उपयुक्त अवसर उसे *साकेत* में नहीं मिले थे। केवल नारी-समस्या की पृष्ठभूमि पर देखें तो 'साकेत' के उर्मिला-सम्बन्धी अंशों की अपेक्षा यशोधरा अधिक प्रौढ़ कृति है। उर्मिला को लेकर कवि ने इस प्रश्न पर सोचना आरम्भ किया कि नारियों की समस्या क्या है, पतियों के वैराग्य के साथ उसका क्या सम्बन्ध है तथा नवयुग की दृष्टि से इस समस्या का समाधान क्या

1. कवि ने यशोधरा की भूमिका में स्वयं लिखा है : 'और उनका श्रेय भी 'साकेत' की उर्मिला देवी को ही है जिन्होंने कृपापूर्वक कपिलवस्तु के राजोपवन की ओर मुझे संकेत किया।'

हो सकता है। इस चिन्तन का आरम्भिक रूप उर्मिला के व्यक्तित्व में मिलता है। किन्तु उसकी पूर्ण परिणति यशोधरा में हुई है। वास्तव में, उर्मिला, यशोधरा और विष्णुप्रिया—ये एक ही चिन्तन के तीन सोपान हैं तथा क्रमशः उनमें एक ही भाव का उत्तरोत्तर विकास होता गया है। हाँ, उर्मिला और यशोधरा के व्यक्तित्व प्रतापपूर्ण हैं एवं उनके सामने विष्णुप्रिया बहुत ही विनम्र-सी लगती है। किन्तु विष्णुप्रिया, उर्मिला और यशोधरा की तुलना में अधिक निःस्व है क्योंकि उर्मिला और यशोधरा तो पत्नी होने के साथ माता भी बन चुकी थीं किन्तु विष्णुप्रिया को मातृत्व का सुख भी नसीब न हुआ।[1] कदाचित् यही निःस्वता, यही अकिंचनता उसे कविता का अधिक अनुकूल विषय बना देती है। राष्ट्रकवि ने इस विनम्र पात्री के माध्यम से नारियों पर जो सहानुभूति उँडेली है, वह परिमाण में अल्प होने पर भी सघनता में किसी से भी न्यून नहीं है।

इन तीनों नारियों के भीतर से वास्तव में वही करुणा बोलती है जो उन असंख्य पत्नियों की आँखों से बरसती होगी जिनके पति किसी बड़े लक्ष्य की सिद्धि के लिए वैराग्य लेते होंगे। अचरज की बात है कि नवयुग से पूर्व का कोई भी कवि इस करुणा को वाणी न दे सका था। विरह-वर्णन की भारतीय साहित्य में न्यूनता नहीं है। किन्तु करुणा की वह चोट, जो सीधे पतियों की वैराग्य-भावना पर पड़ती हो, अब तक नहीं लिखी गई थी। और वह लिखी जाती भी तो कैसे? नवयुग से पूर्व यह जानता ही कौन था कि वैराग्य केवल पुण्य ही पुण्य नहीं, उसका एक पाप-पक्ष भी है जो पत्नियों को जीवित वैधव्य झेलने को विवश करता है। और नवयुगीन भारत में भी, जहाँ तक मुझे ज्ञात है, इस करुणा को अधिक-से-अधिक विदग्धता और विशालता से केवल राष्ट्रकवि श्री

---

1. *'मैं हूँ अवशा-सी सखि, तू समीप रहना,*
राहुल की भेंट दी थी गौतम ने गोपा को।
मैं उन्हें क्या दूँगी भला?'
अयि ऊर्मिले, धैर्य रख मन में कट जावेगा काल,
भद्रे, ऊँचा हुआ और भी जग में तेरा भाल।
यशोधरे, रख तू सँभाल कर राहुल-सा निज लाल,
उसे माँगने को आवेंगे तेरे बुद्ध विशाल।
पर, यह विष्णुप्रिया करे क्या लेकर शून्य कपाल?
कापालिक थोड़े हैं उसके प्राणों के प्रतिपाल।

[विष्णुप्रिया]

मैथिलीशरण जी गुप्त ने लिखा है।

उर्मिला में यह करुणा अवाक् है। जब लक्ष्मण वन जा रहे थे, उर्मिला कुछ बोल न सकी। न जाने, उसके मन में किन भावों के तूफान उठे कि वह केवल 'हाय' कहकर बेहोश हो गई और चित्रकूट में जब एकान्त कुटी के भीतर लक्ष्मण से उसका मिलन हुआ, वह केवल इतना ही कह सकी :

मैं बाँध न लूँगी तुम्हें, तजो भय भारी।

किन्तु यशोधरा में यह करुणा मुखर हो उठी है। मोक्ष यदि जीवन का सर्वोच्च ध्येय है तो हम नारियाँ उससे वंचित क्यों रहें—यह शंका उन सभी नारियों में उठती होगी जिनके पति वैराग्य ले लेते थे। सम्भवतः वे यह भी सोचती होंगी कि क्या पति और पत्नी साथ रहकर मुक्ति की साधना नहीं कर सकते? उर्मिला का ध्यान इस शंका की ओर नहीं गया अथवा गया भी हो तो उसे वह अपने भीतर ही दबाकर रह गई किन्तु यशोधरा गर्विणी नारी है। जो विपत्ति उसके सिर पर आ पड़ी है, उसके सभी पहलुओं पर वह गम्भीरता से विचार करती है :

मैं अबला, पर वे तो विश्रुत वीर बली थे मेरे।
मैं इन्द्रियासक्ति, पर, वे कब थे विषयों के चेरे?

* * *

सिद्धि-मार्ग की बाधा नारी, फिर उसकी क्या गति है?
पर, उनसे पूछूँ क्या जिनको मुझसे आज विरति है?
अर्द्ध विश्व में व्याप्त शुभाशुभ मेरी भी कुछ मति है,
मैं भी नहीं अनाथ, जगत में मेरा भी प्रभु पति है।

और इतना ही नहीं, यशोधरा यह भी कह डालती है कि :

जाओ नाथ, अमृत लाओ तुम, मुझ में मेरा पानी,
चेरी ही मैं बहुत तुम्हारी, मुक्ति तुम्हारी रानी।
प्रिय, तुम तपो, सहूँ मैं भरसक, देखूँ बस हे दानी!
कहाँ तुम्हारी गुणगाथा में मेरी करुण कहानी?
तुम्हें अप्सरा-विघ्न न व्यापे यशोधराकरधारी!

कितनी गहरी चोट है? बुद्ध के अमृत और यशोधरा के आँसू में से किसका मूल्य अधिक माना जाए? और जो वस्तु यशोधरा जैसी पत्नी को ढकेलकर चेरी क्या, उपेक्षित के पद पर डाल देती हो, उसकी अपनी महत्ता क्या अक्षुण्ण रहती है? पुरुषों की कीर्ति के पीछे नारियों का बलिदान काम करता है।[1] फिर

भी, यशोधरा यही चाहती है कि सिद्धार्थ को कोई अप्सरा न लुभा ले। पत्नी की सबसे बड़ी शंका और हो भी क्या सकती थी?

और 'विष्णुप्रिया' चूँकि 'यशोधरा' के भी बाद की रचना है इसलिए राष्ट्रकवि के एतत्सम्बन्धी विचार उसमें और भी चमक उठे हैं। वे और भी वेधक एवं निर्भीक हो उठे हैं। यही कारण है कि विनम्र नारी विष्णुप्रिया के मुख से इस विषय में जो उद्‌गार निकलते हैं, वे ऐसे लगते हैं, मानो वनफूल के मुख से अंगारे छूट रहे हों!

अबला के भय से भाग गए, वे उससे भी निर्बल निकले,
नारी निकले तो असती है, नर यती कहा कर चल निकले।

* * *

यह बलिपूर्व बलि-पशु को खिलाना है,
शाक्त तुम मेरे क्यों न वैष्णव हो औरों के।
पशु नहीं, नर-बलि देते नहीं, लेते हो![1]

* * *

हाय मेरे कारण ही छोड़ गए घर वे,
गृहिणी ही त्यागते हैं नर गृह कह के।

* * *

राधा ऐसी सम्पत्ति न थी जिसका संग्रह हो त्याग हेतु,
क्या किया हाय, रणछोड़ रथी फहराया तुमने कौन केतु?

* * *

स्वीकृत स्वबलि मुझे सिद्ध हो तुम्हारा याग,
सर्वलोक-संग्रह में क्या है एक मेरा त्याग?

---

1. इष्ट वही व्यष्टि, जय उस शुभशीला की,
अपने दृगम्बु से समष्टि को है धोती जो।
माँग भर पाती राम! क्या तुम्हारी लीला की,
मैथिली की करुणा न देती तुम्हें मोती जो?

[*विष्णुप्रिया* का मंगलाचरण]

2. वैराग्य भी एक प्रकार का पत्निघात है, इसका संकेत एक स्थान पर राहुल भी देता है।
मुझको प्रतीति हुई आज इस बात की,
मैं वर बनूँ तो मुझे हत्या वधूघात की।

[*यशोधरा*]

अनन्त काल से सन्त यह सिखाते आए हैं कि जो भी व्यक्ति परमार्थ-सिद्धि चाहता है, उसे नारी का त्याग कर देना चाहिए। किन्तु किसी भी सन्त ने यह नहीं कहा कि परमार्थ-सिद्धि यदि नारी का काम्य हो तो उसे किसका त्याग करना चाहिए। किन्तु इसका जो स्वाभाविक उत्तर हो सकता है, उसे कोई भी पुरुष प्रसन्नता से स्वीकार नहीं कर सकता। अतएव उसने षडयंत्रपूर्वक नारियों के मन पर यह प्रभाव जमा दिया है कि परमार्थ-सिद्धि का कार्य मुख्यतः पुरुषों का कार्य है। किन्तु यह मान्यता अब टूट चली है। अब तो हम यह मानते हैं कि जो भी क्षेत्र पुरुष का क्रियाक्षेत्र हो सकता है, वह नारियों का भी कर्मक्षेत्र है। फिर भी, जिस भय के कारण सन्त नारियों से भागने का उपदेश देते थे, वह भय आज भी विद्यमान है। किन्तु उसका समाधान अब संयम का अभ्यास माना जाता है, पलायन नहीं। इसीलिए गांधी और अरविन्द ने यह पद्धति चलाई कि पति-पत्नी दोनों साथ रहकर परमार्थ की साधना कर सकते हैं।

राष्ट्रकवि ने इस समाधान को स्वीकार किया है या नहीं, इसका संकेत नहीं मिलता। किन्तु उनका मत यह दीखता है कि बुद्ध और गौरांग, दोनों को गृह-त्याग के पूर्व अपनी पत्नियों की सहमति प्राप्त कर लेनी चाहिए थी। यशोधरा के मुख से तो यह बात बार-बार सुनाई देती है :

सिद्धि-हेतु स्वामी गए, यह गौरव की बात,
पर चोरी-चोरी गए, यही बड़ा व्याघात।
सखि! वे मुझसे कह कर जाते;
कह, तो क्या मुझको वे अपनी पथ-बाधा ही पाते?

* * *

सास ससुर पूछेंगे
तो उनसे क्या अभी कहूँगी मैं?
हा! गर्विता तुम्हारी
मौन रहूँगी सहूँगी मैं।

* * *

देती उन्हें विदा मैं गा कर,
भार झेलती गौरव पा कर।

* * *

हाय! स्वार्थिनी ऐसी थी मैं, रोक तुम्हें रख लेती?
जहाँ राज्य भी त्याज्य, वहाँ मैं जाने तुम्हें न देती?

यशोधरा के व्यक्तित्व के गम्भीर्य का एक कारण उसकी चिन्तनशीलता भी है। कवि ने यशोधरा के दार्शनिक चिन्तन के भीतर से हिन्दुत्व के प्रवृत्तिमार्गी रूप के दर्शन करवाए हैं। यह स्पष्ट ही पुनरुत्थान का प्रभाव है। और उसे हम बहुत अस्वाभाविक भी नहीं कह सकते। बौद्ध धर्म की शिक्षाएँ तो गौतम ने बुद्धत्व-प्राप्ति के बाद निकालीं। किन्तु जनमे तो वे हिन्दू ही थे और उनकी पत्नी, पिता आदि कुल-परिवार की मान्यता तो हिन्दुत्व की ही मान्यता रही होगी। यही नहीं, प्रत्युत् उनकी शिक्षाओं पर विचार करनेवाले कितने ही दर्शनाचार्यों का मत है कि बुद्ध अपने समय के सबसे बड़े हिन्दू थे और उनके द्वारा प्रवर्तित धर्म हिन्दू धर्म का ही संशोधित रूप था। अतएव यह अधिक अस्वाभाविक नहीं लगता कि बुद्ध की सहधर्मिणी यशोधरा एक ऐसे धर्म का आख्यान करे जो प्रवृत्तिमार्गी होने के कारण निवृत्तिवादी बौद्ध मत के किंचित विपरीत पड़ता है।

यशोधरा के चिन्तन का क्रम यह है कि हाथ में आए हुए जीवन की उपेक्षा करके मुक्ति खोजने का प्रयास व्यर्थ है। धर्म की दृष्टि से अर्थ और काम का उपभोग करने से मोक्ष तो आप-से-आप प्राप्त हो जाता है। फिर जीवन को त्यागने की आवश्यकता क्या है? माना कि जीवन नश्वर है और दुःखपूर्ण भी, किन्तु जीवन का सर्वथा नाश नहीं होता, न जीवन के उपवन में केवल शूल ही शूल हैं। जब तक बीज (आत्मा) का अस्तित्व है, हम सार्थक हैं। निरर्थक तो हम तभी होते हैं जब हम बीज में विश्वास करना छोड़ देते हैं (अनात्मवाद पर चोट)। यदि हम शम, दम, नियम और संयम का पालन कर सकें तो फिर जीवन का उपभोग करने में कोई दोष नहीं है। यह संसार आनन्दमय है और मुझे यदि बार-बार जन्म लेकर संसार में आना पड़े तो इसे मैं बुरा नहीं मानती।

रह गई बात यह कि शैशव और यौवन, दोनों ही क्षणभंगुर हैं तथा मनुष्य वृद्ध होता और फिर मृत्यु को भी प्राप्त होता है। किन्तु इतने से घबराना क्या? तुम यह क्यों नहीं देखते कि मृत्यु व्यक्ति की होती है, समष्टि की धारा तो सदा

अप्रतिहत होकर चलती रहती है?

चन्द्र और सूर्य, ये तो निर्वापित नहीं होते। वे अस्त होकर उदित होते रहते हैं। आत्मा भी निर्वाण क्यों खोजे? वह बार-बार पृथ्वी पर अवतरित हो तो इसमें दोष क्या है?

और कैवल्य-प्रेमी लोग जो यह कहते हैं कि इच्छा दु:ख है तो क्या कैवल्य की कामना इच्छा से कोई भिन्न वस्तु है? जीवन की हीनता तभी है, जब हम केवल अपने लिए जीते हैं। किन्तु दूसरों के निमित्त जीवन धारण करना तो परम कल्याण का कार्य है। संसार की सेवा करते हुए हम बार-बार क्यों न जनमें और क्यों न मरें?

कैवल्य काम भी काम, स्वधर्म धरें हम,
संसार हेतु शत बार सहर्ष मरें हम।[1]

यशोधरा के इस दार्शनिक चिन्तन से दो-एक और अनुमान निकलते हैं। एक तो यह कि चूँकि सिद्धार्थ का गृहत्याग यशोधरा को अच्छा नहीं लगा इसलिए सोचते-सोचते वह यह भी सोच गई कि बुद्ध ने जो धर्म चलाया है, वह प्रवृत्तिमार्गी वैदिक धर्म से श्रेष्ठ नहीं है। दूसरे, सम्भव है, यशोधरा के आस्थावान् हिन्दू कवि ने *यशोधरा* काव्य के भीतर वैदिक धर्म की ध्वजा फहराने के विचार से यह प्रसंग जानबूझकर रखा हो! किन्तु दोनों ही अवस्थाओं में यह प्रसंग प्रवृत्तिमार्गी हिन्दुत्व के पुनरुत्थान का प्रभाव है।

यशोधरा ने अपने विरह को बड़ी वीरता से झेला। जब उसने सुना कि सिद्धार्थ अपना केश उतारकर संन्यासी हो गए हैं, उसने भी अपने बाल कटवाकर फेंक दिये और वह बिलकुल आभूषणविहीन हो गई। शुद्धोदन जब सिद्धार्थ की खोज करवाने को बेचैन होने लगे, उसने उन्हें समझाया कि आपके पुत्र किसी बड़े संकल्प से निकले हैं, अत: उन्हें खोजकर लौटाने का श्रम व्यर्थ होगा। उचित तो यही है कि हम घर रहकर ही उनकी सफलता की कामना करें।

उनकी सफलता मनाओ तात, मन से,
सिद्धि लाभ करके वे लौटें शीघ्र वन से।

किन्तु यशोधरा इतनी ही नहीं है। वह अत्यन्त स्वाभिमानिनी भी है और स्वाभिमान भी ऐसा, जिससे बुद्ध के प्रति उसकी श्रद्धा को कोई आँच नहीं

1. पूरी कविता के लिए दे. 'यशोधरा' का पृष्ठ 207

पहुँचती। एक बार शुद्धोदन को पता चला कि तथागत मगध में विराज रहे हैं। पुत्र को इतना समीप जानकर उन्हें इच्छा हुई कि वे एक बार उससे मिल आवें। किन्तु जभी उन्होंने यशोधरा से मगध चलने का प्रस्ताव किया, यशोधरा का स्वाभिमान जाग उठा :

किन्तु तात! उनका निदेश बिना पाए मैं
यह घर छोड़ कहाँ और कैसे जाउँगी?[1]

यह भाषा कुल-ललना की भाषा है। किन्तु उसके भीतर लौह-सी दृढ़ता भी है। बुद्धदेव यशोधरा से कहकर क्यों नहीं गए? और यदि वे चोरों की तरह बिना कुछ आदेश दिये ही भाग गए तो कुल-ललना का तो यही धर्म हो सकता है कि वह उसी घर में बैठकर प्रतीक्षा में अपनी आयु समाप्त कर दे, जिसमें उसका पति उसे छोड़ भागा है। अपने विरह के आरम्भ में ही यशोधरा मन-ही-मन एक व्रत ठान चुकी थी :

भक्त नहीं जाते कहीं, आते हैं भगवान,
यशोधरा के अर्थ है अब भी यह अभिमान।

उस व्रत का आलोक पूर्णरूप से उस समय प्रस्फुटित हुआ जब तथागत कपिलवस्तु पधारकर अपने पिता के घर गए। क्षण भर में सारा नगर, सारा परिवार उनके चरणों में जा गिरा। किन्तु यशोधरा वहाँ नहीं आई।

प्रभु उस अजिर में आ गए, तुम कक्ष में अब भी यहाँ?
हे देवि! देह धरे हुए अपवर्ग उतरा है वहाँ।
सखि! किन्तु, इस हतभागिनी को ठौर हाय, वहाँ कहाँ?
गोपा वहीं है छोड़कर उसको गए थे वे जहाँ।
यदि वे चल आए हैं इतना,
तो दो पग उनको है कितना?

---

1. कुलललना का यह शील *विष्णुप्रिया* में भी प्रकट हुआ है। यथा :

चले गए माधव मुँह मोड़ राधा जा न सकी ब्रज छोड़!
कुल छोड़ा, ब्रज क्यों न छोड़ती, पर, था कौन उपाय?
उनका पीछा कर क्या उनकी हँसी कराती हाय!

[*विष्णुप्रिया*]

क्या भारी वह, मुझको जितना?
पीठ उन्होंने फेरी।
रे मन आज परीक्षा तेरी।

और हम तथागत की भी महत्ता को नहीं भूल सकते कि क्षणभर को वे यह भूल ही गए कि वे संन्यासी हैं, गृहत्यागी और विश्व के नवीन भिक्षु-धर्म के प्रणेता हैं। गोपा का मान रखने को वे स्वयं उसके भवन में जा पहुँचे :

मानिनि! मान तजो, लो, रही तुम्हारी बान।
दानिनि! आया स्वयं द्वार पर तब यह तत्रभवान।

कहते हैं, इस अवसर पर भगवान बुद्ध ने एक विलक्षण बात कही थी : "आनन्द, संसार के लिए मैं बुद्ध हूँ। किन्तु गोपा के लिए मैं अभी भी सिद्धार्थ ही हूँ।" और गोपा ने क्या उन्हें किसी अन्य भाव से भजा था? पत्नी की दृष्टि में पति तो पति ही रहेगा, चाहे वह योगी, महात्मा या पैगम्बर ही क्यों न हो जाए।

चाहे तुम सम्बन्ध न मानो,
स्वामी! किन्तु न टूटेंगे ये, तुम कितना ही तानो।
पहले हो तुम यशोधरा के, पीछे होगे किसी परा के,
मिथ्या भय हैं जन्म-जरा के, इन्हें न उसमें सानो।
वधू सदा मैं अपने वर की, पर, क्या पूर्ति वासना भर की?
सावधान! हाँ, निज कुलघर की जननी मुझको जानो।

पुनरुत्थान ने हमारे हृदयों में नारी-जाति के प्रति जिस सहानुभूति और सम्मान की भावना को जाग्रत किया, वह युग-कवि के भीतर से अनेक रूपों में व्यक्त हुई किन्तु उन सबका जैसा पूर्ण प्रतिनिधित्व यशोधरा करती है, वैसा और कोई पात्री नहीं करती। यशोधरा के भीतर मातृत्व की उज्ज्वलता, गृहवधू की विनयशीलता और प्रबन्धकुशलता एवं पत्नी की एकाग्र पतिपरायणता का अद्‌भुत संयोग है। किन्तु इन सबसे ऊपर उसका कोमल-उज्ज्वल स्वाभिमान है जो समस्त नारी-जाति का मस्तक ऊँचा करता है, जो भारतीय ललनाओं में यह प्रेरणा भरता है कि विषम से विषम परिस्थितियों में भी वे अपने व्यक्तित्व की स्वाधीनता को कैसे ऊँचा उठाए रह सकती हैं। गोपा प्रशंसनीय ही नहीं, पूर्णरूप से श्रद्धेय है। उसके श्वसुर ने 'गोपा बिना गौतम भी ग्राह्य नहीं मुझको' कहकर अपनी पुत्रवधू के साथ कोई पक्षपात नहीं किया है।[1]

पिछले सौ वर्षों में जिस वैचारिक आन्दोलन ने नारियों के उत्थान को सम्भव किया, उसके तीन सोपान दिखाई देते हैं। पहले तो नारियों के प्रति सहानुभूति जगी, तब नर-नारी समानता के भाव जगने लगे और तीसरे सोपान पर पहुँचकर नारी विद्रोहपूर्वक अपने अधिकार माँगने लगी। इस दृष्टि से गुप्त जी का भाव-जगत् पहले दो सोपानों का भाव-जगत् है। उन्होंने नारी-जाति के प्रति अपनी निश्छल सहानुभूति प्रकट करके पुरुषों के भीतर यह प्रेरणा जाग्रत की कि हमें स्वेच्छया नारियों को उनके अधिकार समर्पित कर देने चाहिए। यह गांधी-मार्ग है और राष्ट्रकवि साहित्य के भीतर गांधी-भावनाओं के प्रतिनिधि रहे भी हैं। इसीलिए उनके द्वारा चित्रित नारियाँ करुणा की सजीव प्रतिमाएँ हैं जो बोलती तो कुछ नहीं, किन्तु अपने करुणा-विगलित आनन मात्र से पुरुषों की कठोरता को गला देती हैं।

किन्तु माँ हैं वृद्धा, हतपुत्र और विधवा,
मैं हूँ परित्यक्ता वधू भिक्षु हुए पति की।
अब निज निःस्वता ही सम्पदा हमारी है,
यह तो तुम्हारे यशःपट के ही योग्य है।

[*विष्णुप्रिया*]

हा, अबला! आ, अरी अनादर, अविश्वास की मारी,
मर तो सकती है अभागिनी, कर न सके कुछ नारी।

[*द्वापर*]

कंठ जब रुँधता है, तब कुछ रोती हूँ,
होंगे गत जन्म के ही मैल उन्हें धोती हूँ।

1. इसी प्रकार का गौरव विष्णुप्रिया को भी उसकी सास ने दिया है। एक बार ऐसा हुआ कि गौरांग महाप्रभु शान्तिपुर आए हुए थे। नित्यानन्द ने आकर यह सूचना गौरांग की माता को दी और उन्हें शान्तिपुर चलने को कहा। पालकी द्वार पर आ गई सब लोग घर से बाहर चले। साथ में विष्णुप्रिया भी चली। तब नित्यानन्द ने यह बताया कि गौरांग ने विष्णुप्रिया को साथ लाने को नहीं कहा है। यह सुनते ही विष्णुप्रिया 'माँ'—इतना कहकर अर्द्धमूर्च्छित होकर बैठ गई और माँ ने यह कहकर यात्रा स्थगित कर दी कि :

'लौट जा निताई, तब मैं भी नहीं जाऊँगी।
यह नहीं उसकी तो मैं भी कह, कौन हूँ?
अब अधिकार इसे रोकने का क्या उसे?
देखूँ मुख मैं ही तब क्यों उस कृतघ्न का?'

[यशोधरा]

और सबसे अधिक मर्मवेधी तो यह उक्ति है कि :

अबला-जीवन, हाय, तुम्हारी यही कहानी,
अंचल में है दूध और आँखों में पानी।

विवशताओं से घिरी, शास्त्रों के अत्याचारों से पीड़ित एवं पुरुषों की उपेक्षा और निर्दयता से दलित नारी की ओर से मैथिलीशरण जी ने मुख्यतः पुरुषों से सहानुभूति की भीख माँगी है :

छाया घनतम अन्धकार है, बहती विषम बयार है,
सबकी सहज सहानुभूति है, इतना ही आधार है।

[विष्णुप्रिया]

किन्तु सहानुभूति यदि विफल हुई, यदि वह पुरुषों के हृदय के वज्र-कपाट को गलाने में असमर्थ रही तो विद्रोह का आश्रय लेना पड़ सकता है, राष्ट्रकवि ने अभी हाल में यह संकेत भी दिया है :

व्यथित हो रहा मेरे कारण सारा स्त्री-संसार है,
मुझ पर कृपा कोप स्वामी पर करताब बारम्बार है।
कहता है 'नारी पर नर का कितना अत्याचार है!
लगता है विद्रोह मात्र ही अब इसका प्रतिकार है।'

[विष्णुप्रिया]

किन्तु विष्णुप्रिया के मुख से विद्रोह के जो संकेत अब दिलाए गए हैं, उनकी झाँकी 'द्वापर' में ही मिल चुकी थी। नारी की सारी पराधीनता इस बात को लेकर है कि पुरुष उसे आँख से ओझल होने देना नहीं चाहता, घर से बाहर जाने देना नहीं चाहता, न वह इस बात के लिए तैयार है कि नारी स्वेच्छानुसार जहाँ चाहे, वहाँ घूम सके। विधृता कृष्ण के रास में सम्मिलित होना चाहती थी, किन्तु उसके वैदिक पति ने उसे घर से बाहर जाने से रोक दिया। कथा है कि विधृता इस अपमान को न सह सकी और तत्क्षण उसका देहान्त हो गया एवं उसकी आत्मा रास में जा सम्मिलित हुई। 'द्वापर' में कवि ने इस प्रसंग पर अपने जो अभिमत प्रकट किये हैं, वे बड़े ही नवीन एवं कुछ दूर तक विद्रोही भी हैं। विधृता की निर्जीव देह पति के सम्मुख पड़ी हुई है और उसकी आत्मा उसके पति से फटकार कर कहती है :

कामुक चाटुकारिता ही थी क्या वह गिरा तुम्हारी?
'एक नहीं, दो दो मात्राएँ नर से भारी नारी।"
मैं पुण्यार्थ जा रही थी, तुम पाप देख बैठे हा!
और आप अवसर के वर को शाप लेख बैठे हा!
अधिकारों के दुरुपयोग का कौन कहाँ अधिकारी?
कुछ भी स्वत्व नहीं रखती क्या अर्द्धांगिनी तुम्हारी?
हाय, वधू ने क्या वर-विषयक एक वासना पाई?
नहीं और कोई क्या उसका पिता, पुत्र या भाई?
नर के बाँटे क्या नारी की नग्नमूर्ति ही आई?
माँ, बेटी या बहिन हाय, क्या संग नहीं वह लाई?
अविश्वास, हाँ, अविश्वास ही नारी के प्रति नर का,
नर के तो सौ दोष क्षमा हैं, स्वामी है वह घर का।
उपजा किन्तु, अविश्वासी नर हाय, तुझी से नारी।
जाया होकर भी जननी है तू ही पाप-पिटारी।
जाती हूँ, जाती हूँ, अब मैं और नहीं रुक सकती,
इस अन्याय समक्ष मरूँ मैं, कभी नहीं झुक सकती।

इन कठोर पंक्तियों में उन सभी नारियों का आक्रोश गरजता है जिन पर शंका की गई होगी अथवा स्वतन्त्रता चाहने पर जिनका अपमान किया गया होगा। यह ठीक है कि समस्या का समुचित समाधान इतने से ही नहीं होता किन्तु इस दिशा में भारतीय परम्परा के सबसे प्रबल केतुधारी कवि ने इतनी दूर तक नवयुग का साथ दिया, यह कम आश्चर्य की बात नहीं है। अपने कवि-जीवन के यौवनकाल में गुप्त जी ने पं. रामचरित उपाध्याय की ये पंक्तियाँ पढ़ी होंगी कि :

स्त्री जग में स्वच्छन्द चारिणी कभी न यश पाती है,
तरुवर के आश्रित हो करके लतिका रस पाती है।

[*रामचरित्र-चिन्तामणि*]

और आज गुप्त जी स्वयं विस्फोट का संकेत दे रहे हैं :

कहता है : 'नारी पर नर का कितना अत्याचार है,
लगता है विद्रोहमात्र ही अब उसका प्रतिकार है'।

रामचरित-चिन्तामणि से *विष्णुप्रिया* तक की यात्रा बहुत लम्बी है, इससे इनकार नहीं किया जा सकता। किन्तु विद्रोह के ये स्फुलिंग प्रायः आकस्मिक

रूप से ही छिटके हैं। वस्तुत: राष्ट्रकवि ने सहनशीलता को नारी का परम धर्म माना है। और उनका विश्वास है कि नारी इसी गुण से नर को जीत सकती है।

नारी लेने नहीं, लोक में देने ही आती है,
अश्रु शेष रखकर वह उनसे प्रभु-पद धो जाती है।
पर, देने में विनय न होकर जहाँ गर्व होता है,
तपस्त्याग का पर्व हमारा वहीं खर्व होता है।

[*जयभारत* में द्रौपदी और सत्यभामा]

और विष्णुप्रिया कहती है :

सहने के ही लिए बनी है, सह तू दुखिया नारी।

[*विष्णुप्रिया*]

5. काल-देवता के साथ

मैथिलीशरण जी की उपलब्धियाँ बहुत बड़ी हैं। खड़ी बोली का आज का कोमल रूप पंडित सुमित्रानन्दन पन्त की रसायनशाला में तैयार हुआ किन्तु उसके आरम्भिक अनगढ़ रूप से लेकर 'पल्लव' की रचना के पूर्व तक हिन्दी में भाषा-संस्कार के जो भी प्रयत्न हुए, उनमें सबसे अधिक अंशदान गुप्त जी का ही माना जाएगा। इस प्रकार से खड़ी बोली की उँगली पकड़कर उन्होंने उसे चलना सिखाया। और 'पल्लव' की रचना के बाद खड़ी बोली ने जो कोमल-मृदुल रूप पकड़ा, गुप्त जी ने उसे भी स्वीकृति प्रदान की। 'साकेत' के नवम सर्ग और 'द्वापर' तथा 'झंकार' के कुछ गीतों की भाषा को देखते हुए छायावाद-युग की भाषा अनायास याद आ जाती है :

श्रम कर जो क्रम खोज रही हो, उस भ्रमशीला स्मृति-सी,
एक अतर्कित स्वप्न देखकर चकित चौंकती धृति-सी,
हो हो कर भी हुई न पूरी, ऐसी अभिलाषा-सी,
कुछ अटकी आशा-सी, भटकी भावुक की भावा-सी।
अवश अचलता-सी जिससे हो रस चंचलता चूती,
कठिन मान की हठ समाप्ति-सी खोज रही जो दूती।
उस उत्कंठा-सी जो क्षण-क्षण चौंक उठे एणी-सी,
खुलकर भी जो सुलझ न पाई उस उलझी वेणी-सी।

[*द्वापर*]

यह भाषा पन्त जी की नहीं, मैथिलीशरण जी की है। किन्तु वह पन्त जी के प्रयोग का अभिनन्दन करती है; अथवा हम यह भी कह सकते हैं कि यह छायावाद की सभा में द्विवेदी-युग के प्रत्यागमन का दृश्य है। छायावाद ने कोमलता की आराधना में अपनी शक्ति न्यून कर दी थी। द्विवेदी-युग की भाषा में शक्ति तो थी, किन्तु वह अनगढ़ रूप की शक्ति थी। मैथिलीशरण जी ने दोनों की कमियों को पहचान कर छायावाद के समय अपनी भाषा में जो परिवर्तन किया, उससे उनकी अपनी कविताओं में तो नया निखार आया ही, वह हम जैसे छायावादोत्तर कवियों के लिए भी प्रेरणाप्रद सिद्ध हुआ जो सन् 1930 ई. के आसपास भाषा के छायावादी रूप को असमर्थ मानकर एक नई भाषा का अनुसन्धान कर रहे थे। इस दृष्टि से 'द्वापर' और 'झंकार' के कितने ही पदों को मैं खड़ी बोली कविता के अच्छे उदाहरणों में गिनता हूँ।

त्याग न तप केवल यह तूँबी अब रह गई हाथ में मेरे,
आ बैठा हे राम! आज मैं लेकर इसे द्वार पर तेरे।
दे तू मुझको दण्ड विधाता पर, कोदण्ड गुणों से दाता,
एक तार भी दे बन त्राता बजे वेदना साँझ-सवेरे।

[झंकार]

बीत चुकी है बेला सारी, किन्तु, न आई मेरी वारी,
करूँ कुटी की अब तैयारी वहीं बैठ गुण गाऊँ मैं।
तेरे घर के द्वार पर बहुत हैं किसमें होकर आऊँ मैं।

[झंकार]

और राधा की इस उक्ति पर तो बड़े-बड़े महाकाव्य न्योछावर किये जा सकते हैं :

शरण एक तेरे मैं आई, धरे रहें सब धर्म हरे!
बजा तनिक तू अपनी मुरली, नाचें मेरे मर्म हरे!
नहीं चाहती मैं विनिमय में उन वचनों का वर्म हरे!
तुझको, एक तुझी को अर्पित राधा के सब कर्म हरे!
यह वृन्दावन, यह वंशीवट यह यमुना का तीर हरे!
यह तरते ताराम्बरवाला नीला निर्मल नीर हरे!
यह शशि-रंजित, सित-धन-व्यंजित, परिचित त्रिविध समीर हरे!
बस यह तेरा अंक और यह मेरा रंक शरीर हरे!

झुक वह वाम कपोल चूम ले यह दक्षिण अवतंस हरे!
मेरा लोक-लाज इस लय में हो जावे विध्वंस हरे!

[द्वापर]

कविता में भाषा और भाव के बीच होड़ होनी चाहिए और इस होड़ में प्रत्येक के भीतर जितनी शक्ति हो, उतनी दूर तक आगे बढ़कर उसे अपना विकास करना चाहिए। किन्तु इतना ही यथेष्ट नहीं है। इस होड़ में भाषा और भाव चाहे जितना भी आगे बढ़ जाए किन्तु कविता सफल तभी होगी जब दोनों एक धरातल पर पहुँचे हों। भाव और भाषा के बीच 'परस्परस्पर्धि-सम-भाव' कविता की सफलता की पहचान है। ऊपर की पंक्तियों में भाषा और भाव के बीच सन्तुलन की यह अवस्था प्रत्यक्ष दिखाई देती है।

राष्ट्रकवि का सबसे विशिष्ट गुण यह है कि वे पुराना होना नहीं जानते। उनकी चेतना का यंत्र सजीव है। वे कोई साठ वर्षों से लिखते रहे हैं किन्तु इस लम्बी अवधि में उन्होंने कभी भी दम नहीं लिया। इस बीच विश्व से बहकर जो भी विचार भारत पहुँचे, उनका कुछ-न-कुछ प्रभाव उन पर अवश्य पड़ा है। इस बीच जो भी बड़ी घटनाएँ घटीं, उनका कोई-न-कोई बिम्ब गुप्तजी के काव्य में अवश्य पहुँचा है। उनकी कविताएँ जेनी और मार्क्स पर भी हैं और अणु बम पर भी। जब देशी राजवाड़े समाप्त होने लगे, उन्होंने 'राजा-प्रजा' नामक काव्य लिखा। उनके विशाल काव्य-ग्रन्थ *जयभारत* में महाभारत के चरितों और घटनाओं के भीतर से स्थान-स्थान पर नवयुग की किरणें झलक मारती हैं। और युद्ध की जो समस्या आज सारे विश्व को अपनी विकरालता से ग्रसे हुए है, उस पर भी उनका चिन्तन *पृथिवीपुत्र* नामक कविता में चला है, जहाँ उन्होंने युद्धोन्मादी अभिनव मनुष्य की आलोचना उसकी माता (माताभूमि) द्वारा करवाई है।

अन्य भूत-दृष्टि-बाधा व्यापे नहीं तुमको,
तेरे सिर यों ही एक प्रेत चढ़ा बैठा है।
सर्वथा अबोध मारा-मारी करता हुआ
डोलता है, खेलता है गोलियों से अभी भी।
मैं तो देखती हूँ लाख-लाख गुना तुम में
विकसित गृध्र वही साधनों के साथ है।

[पृथिवीपुत्र]

और पृथिवीपुत्र के यह कहने पर कि 'युद्ध से ही युद्ध को समाप्त कर दूँगा मैं' माता भूमि कहती है :

एक के अनन्तर अपेक्षा एक युद्ध की
देखती मैं आ रही हूँ ज्ञात नहीं कब से,
एक सदुद्देश्य कह के ही सभी जूझे हैं,
किन्तु, एक इति में जुड़ा है अथ दूसरा।

[पृथिवीपुत्र]

अर्थात् युद्ध से युद्धों का अन्त नहीं होगा।

इसी प्रकार मार्क्स के जो प्रभाव भारत में गृहीत हुए हैं, उनका उल्लेख भी राष्ट्रकवि ने बड़ी विशदता के साथ किया है। 'जयिनी' शीर्षक कविता में जेनी के यह कहने पर कि 'मार्क्स, उन दीनों पर आती है दया मुझे', मार्क्स कहते हैं :

आती अपने पर मुझे तो घृणा आप ही,
पाते पराधीन वे हमारा महा पाप ही।
और हम भोगते हैं जो उनका भाग है,
बलि उनकी है और हा, हमारा याग है।
पशु वे हमारे हम उनके वधिक हैं,
शून्य हाथ वाले वे ही संख्या में अधिक हैं।

(पृथिवीपुत्र)

इस कविता में अन्यत्र भी मार्क्स के मुख से कितने ही ऐसे भाव और विचार उद्गीर्ण होते हैं, जिनकी सच्चाई के विषय में इस देश में भी किसी को कोई सन्देह नहीं है। वास्तव में ये भाव और विचार मार्क्स के अमिट प्रभाव के रूप में हमारे मन के भीतर घुल चुके हैं। यथा :

मार्क्स : *धनरूपी फल का परिश्रम ही मूल है।*
किन्तु श्रमियों को फल मिलता है कितना,
पूँजीपतियों का नहीं जूठन भी जितना।
जेनी : *किन्तु पूँजी?*
मार्क्स : *पूँजी नहीं, लूट ही उसे कहो,*
दूसरों को ठगकर जोड़ी गई जो अहो!
दासता की नींव यही व्यक्तिगत नीवी है,
खाता दूसरा ही है, कमाता श्रमजीवी है।

बच्चे इस ओर जब भूखे ऊँघ जाते हैं,
कुत्ते उस ओर के मलाई सूँघ जाते हैं।
जोतते हैं, बोते हैं किसान रक्त सींच के,
रिक्त कर तो भी घर आते आह खींच के।

और सर्वहारा के उद्धार के निमित्त महाभियान पर निकलने वाले महर्षि मार्क्स की यह वाणी क्या जाग्रत भारत की वाणी नहीं है?

हो कर मैं पूरा और पक्का इसी धुन का
प्रतिभू अवश्य हुआ चाहता हूँ उन का,
उग्र अनुभूति, किन्तु, वाणी नहीं जिनमें,
प्राण तो हैं, किन्तु, कोई प्राणी नहीं जिनमें,
एक हैं जो, किन्तु, ऐक्य-भाव नहीं जिनमें,
ताप से भरे हैं, किन्तु, ताव नहीं जिनमें,
जाता हूँ उठाने, उन्हें बुद्धि का वरण हो,
जागो श्रमजीवी जन! संघ के शरण हो।

गुप्त जी के सामने कविता के जितने आन्दोलन चले (प्रयोगवादी आन्दोलन को छोड़कर), उनमें से प्रत्येक का बिम्ब गुप्त जी के विशाल काव्य-समुद्र में जगमगाता मिलता है। उन्होंने कई पीढ़ियाँ देखी हैं। किन्तु परिवार का पिता होने के नाते सभी पीढ़ियों का अर्जन मानो उनके पास संचित हो गया है। साठ वर्षों तक निरन्तर वे युग की प्रगति के साथ रहे हैं। जो लोग यह सोचते हों कि युग के साथ गुप्त जी और अधिक क्यों नहीं बदले, उन्हें इस बात का भी ध्यान रखना चाहिए कि गुप्त जी की आत्मा उस विशाल देश की आत्मा है जो नगरों में नहीं, हमारे ग्रामों में छाया हुआ है। स्पष्ट ही, यह भारत अभी उतना भी नहीं बदला है, जितना परिवर्तन हम गुप्त जी की कविताओं में देखते हैं। और ग्रामों का यह विशाल देश उसी ढंग से बदल रहा है जिस ढंग से गुप्त जी में परिवर्तन आया है। गुप्त जी के साहित्य का अध्ययन अभी ठीक से नहीं हो पाया है। यह समय उथल-पुथल, हलचल और आक्रोश का है। ऐसे वातावरण में काव्य के सांस्कृतिक प्रभावों का विश्लेषण सम्भव नहीं है। आगे चलकर तटस्थ वृत्ति से आज के साहित्य का जब गम्भीर अध्ययन किया जाएगा, आलोचक स्वयमेव इस निष्कर्ष पर जा पहुँचेंगे कि श्री मैथिलीशरण गुप्त ने बड़ा भारी काम किया है।

यह मैं इसलिए कहता हूँ कि मैथिलीशरण जी का कार्यक्षेत्र मुख्यतः रामायण और महाभारत रहे हैं तथा रामायण और महाभारत, इन्हीं दो महाकाव्यों में इस देश की आत्मा निवास करती है। दर्शन को नया रूप देने का राजमार्ग यहाँ प्रस्थानत्रयी (उपनिषद, गीता और ब्रह्मसूत्र) की टीका रही है। किन्तु साहित्य के भीतर से देश के हृदय को आलोड़ित करने के साधन यहाँ *रामायण* और *महाभारत* अथवा राम और कृष्ण के ही चरित रहे हैं। भास, कालिदास, भवभूति, श्रीहर्ष, तुलसी और सूर—इस देश के सभी प्रभावशाली कवियों को देख जाइए, जनता का हृदय-मन्थन करने को उन्होंने या तो *रामायण* को उठाया अथवा *महाभारत* को। काव्य नवीन विषयों पर भी लिखे गए हैं और रवीन्द्रनाथ ने तो मुक्तकों के द्वारा ही सारे देश को मस्त कर दिया। किन्तु जाति को नवीन दृष्टि तभी प्राप्त होती है जब उसके जातीय संस्कारों की नवीन व्याख्या प्रस्तुत की जाती है। *रामायण* और *महाभारत* हमारे जातीय संस्कारों के अक्षय भंडार हैं। पुनरुत्थान के बाद भारत में जो नवीन क्षितिज प्रकट हुआ, यह आवश्यक था कि कोई कवि उस क्षितिज पर खड़ा होकर भारत के जातीय संस्कारों की नवीन व्याख्या प्रस्तुत करे। छोटे पैमानों पर यह कार्य अनेक भाषाओं में अनेक कवियों ने किया। किन्तु, हिन्दी में जिस बड़े पैमाने पर यह कार्य राष्ट्रकवि श्री मैथिलीशरण जी ने किया, वह सारे भारतीय साहित्य में बेजोड़ है। *जय भारत, जयद्रथ-वध* और *द्वापर* तथा *साकेत* एवं *पंचवटी* और *यशोधरा* का और महत्त्व चाहे कोई स्वीकार न भी करे, किन्तु इतना तो सबको मानना पड़ेगा कि इन काव्यों के भीतर से भारत की प्राचीन संस्कृति एक बार फिर से जवान हो गई है।

कामायनी, दोषरहित-दूषणसहित

अनेक आलोचकों का मत है कि *कामायनी* का कथा-तत्त्व अत्यन्त विरल है और इस महाकाव्य की प्रशंसा का मुख्य कारण उसकी सुविशाल प्रगीतात्मकता है। किन्तु *कामायनी* पर लिखित अनन्त आलोचनाओं को देख जाइए, प्राय: नब्बे प्रतिशत आलोचनाएँ उसके कथानक को लेकर लिखी गई हैं। *कामायनी* में प्रयुक्त प्रगीतों के कौशल पर तो अधिकांश आलोचकों का अभी ध्यान ही नहीं गया है। और आलोचकों की यह प्रवृत्ति अभी रोकी भी नहीं जा सकती। खड़ी बोली में पहले-पहल एक ऐसा काव्य निकला है जिसके कथा-सूत्रों की खोज में पंडितों को प्राचीन साहित्य के कानन में विचरण करने का अवसर मिलता है, पांडित्य प्रदर्शन करने और ऊँची-ऊँची बातें कहने के प्रसंग हाथ आते हैं। यही नहीं, प्रत्युत् वैदिक साहित्य के अरण्य में गए बिना *कामायनी* के कथानक को क्रमबद्ध रूप में उपस्थित कर देना भी साहित्य का अच्छा काम समझा जाता है।

स्थूल रूप में *कामायनी* की कथा मनु, श्रद्धा और इड़ा की कहानी है। किन्तु सूक्ष्म दृष्टि से देखने पर यह कथा मनुष्य के मनोवैज्ञानिक विकास की कहानी बन जाती है। अवश्य ही कवि ने मनु, श्रद्धा और इड़ा की कहानी नहीं लिखी है। उनका उद्देश्य मनुष्य की मनोवैज्ञानिक समस्याओं का चित्रण और समाधान था। अतएव उन्होंने वैदिक और पौराणिक साहित्य के वन में बिखरी हुई मन्वन्तर की क्षीण कथा-कड़ियों को जोड़कर वह माध्यम प्रस्तुत कर लिया जिसके द्वारा मनुष्य का मनोवैज्ञानिक इतिवृत्त काव्य के रूप में उपस्थित किया

जा सकता था। इस विलक्षण कथा के संधान मात्र को मैं आधी या उससे अधिक कविता मानता हूँ। *कामायनी* के कथानक के आदरणीय धरातल ने समूचे काव्य के धरातल को ऊँचा उठा दिया है। परिणाम यह है कि केवल कुछ ही लोग हैं जिन्हें *कामायनी* काव्य के दोष दिखाई पड़े हैं। अपार संख्या तो उन्हीं आलोचकों की है जो कथानक की दिव्यता और शैव दर्शन के वैभ्राज्य के सिवा *कामायनी* में और कुछ देख ही नहीं पाते।

और कथानक में भी पंडितों की रुचि स्थूल कथा में न होकर उस सूक्ष्म कथा में होती है जो काव्य के वर्णन नहीं, ध्वनि का विषय है। *कामायनी* की कहानी एक अनगढ़ मनुष्य की सिद्धि-यात्रा की कहानी है। विनाश के गर्त से मनु प्रलय के उच्छिष्ट के समान निकले हैं। प्रथम सर्ग में वे चिन्तित दिखाई देते हैं। तब उनकी भेंट श्रद्धा से होती है और वे गार्हस्थ्य-कर्म एवं यज्ञ में प्रवृत्त होते हैं। किन्तु यज्ञ का प्रभाव यह होता है कि वे मद्य एवं मांस के प्रेमी बन जाते हैं। *कामायनी* में बहुत दूर तक मनु का जो रूप दिखाई देता है, वह अनगढ़ बर्बर मनुष्य का रूप है। मनु ने श्रद्धा के मेष की केवल इसलिए बलि चढ़ा दी कि श्रद्धा उस पशु को प्यार करती थी। फिर जब श्रद्धा अपने गर्भस्थ पुत्र की बात मनु से कहती है तब वे यह सोचकर भयानक ईर्ष्या से भर जाते हैं कि यदि पुत्र जन्मा तो श्रद्धा का प्रेम विभक्त हो जाएगा। यह भी कि श्रद्धा का गर्भिणी-रूप मनु को जुगुप्सा-व्यंजक लगा और वे उसे अकारण छोड़कर भाग गए। आगे चलकर उन्होंने इड़ा की सहायता से उजड़े हुए सारस्वत नगर को बसाया और वे उसके राजा बन बैठे। फिर एक दिन इड़ा पर बलात्कार करने के प्रयास में उन्हें लड़ना, आहत, अपमानित और मूर्च्छित होना पड़ा। इसके बाद श्रद्धा फिर से उनके पास पहुँची और उसने मनु को शिवलोक पहुँचा दिया।

इस स्थूल कथा से जो सूक्ष्म कथा ध्वनित होती है, वह यह है कि मनुष्य स्वभाव से पशु होता है। मानवता और मृदुलता उसमें श्रद्धा एवं बुद्धि के संयोग से आती है। केवल बुद्धि मनुष्य को ऐहिक सम्पन्नता दे सकती है किन्तु उससे मानसिक शान्ति नहीं मिलती। कथा की दूसरी ध्वनि यह है कि मनुष्य जब पशुता से ऊपर उठने लगा तब इस उत्थान में उसकी सहायता धर्म (श्रद्धा) ने की थी। आगे चलकर उसने बुद्धि का (इड़ा का) साहचर्य प्राप्त किया। इस नई देवी ने उसे समृद्धि तो पर्याप्त प्रदान की किन्तु उसके रागों को वह परिष्कृत नहीं कर सकी। परिणामस्वरूप संसार में युद्ध और अशान्ति का बोलबाला हो गया है। इड़ा

के पास से मनु को निकालकर श्रद्धा जो उन्हें शिवलोक ले जाती है, इसके बहाने कवि यह कहना चाहते हैं कि बुद्धि यथेष्ट नहीं है। मनुष्य यदि शान्ति चाहता हो तो उसे फिर से उस धर्म का साहाय्य चाहिए जिसे वह पीछे छोड़ चुका है।

इस प्रकार *कामायनी* का कथा-सूत्र विरल होता हुआ भी लम्बाई में कम नहीं है। उसका एक छोर यदि सभ्यता के आदिकाल में है तो दूसरा भविष्य के गह्वर तक जाता है।

प्रवृत्तिमार्ग का प्रतिपादन

महाकाव्यों की एक विशेषता यह भी है कि शाश्वत-अशाश्वत कुछ भी होने के पूर्व वे अपने युग के महाकाव्य होते हैं। साहित्य काल की भावनात्मक अभिव्यक्ति का माध्यम होता है। विशेषत: कविता के मान का कारण ही कवि का मान है। कविता समाज के लिए इस कारण आवश्यक होती है कि समाज के लिए कवि आवश्यक होता है। किसी समाज की भावना किस दिशा में अथवा किस स्तर तक बढ़ी है, इसका रहस्य युग-कवि के आने पर ही खुलता है। कवि जिन शंकाओं से उलझता है, वे उसके अपने युग की शंकाएँ होती हैं और इन शंकाओं का वह जो समाधान देता है, उसके श्रोता भी सबसे पहले उसके अपने समय के ही लोग होते हैं। यदि *कामायनी* की रचना तुलसीदास अथवा बिहारी के समय की गई होती तो मूल कथानक तो प्रसाद जी के कथानक से मिलता-जुलता ही होता किन्तु उस काव्य की अनुभूतियाँ और संदेश कुछ और होते। किन्तु सौभाग्यवश प्रसाद जी उस समय जनमे, जब यूरोप से आनेवाले विचारों के सम्पर्क से भारतीय संस्कृति में नवजीवन की लहर दौड़ चुकी थी तथा राममोहन, दयानन्द, रामकृष्ण, विवेकानन्द, तिलक और गांधी के व्यक्तित्वों के भीतर से वह एक बार फिर से जवान हो चली थी। अभिनव हिन्दुत्व आगामी विश्व-धर्म की भूमिका बन गया है एवं नूतन भारतीय संस्कृति निवृत्ति को छोड़कर प्रबलता से प्रवृत्ति में विश्वास करने लगी है। संन्यास की अपेक्षा वह कर्मठ गार्हस्थ्य को श्रेष्ठ समझती है, नारियों के प्रति वह पूर्ण रूप से न्यायशील एवं उदार है तथा धर्मों के आनुष्ठानिक पक्षों को अत्यन्त गौण मानकर वह हृदय की उस गहरी अनुभूति में विश्वास करती है जिससे सभी धर्मों का जन्म होता है। भारतीय संस्कृति के इस पुनरुत्थान की कितनी ही बारीकियों की हिन्दी में सर्वाधिक सफल अभिव्यक्ति छायावाद-

काल में हुई। इसीलिए हम देखते हैं कि छायावादी कवियों का धर्म रहस्यवाद एवं नारियों को देखनेवाली उनकी दृष्टि निष्कलुष तथा समादरपूर्ण है।

पुनरुत्थान के ये लक्षण छायावादकालीन काव्य में खूब अभिव्यक्ति पाते हैं एवं छायावादी धारा की प्रतिनिधि-रचना होने के कारण *कामायनी* में भी उनकी बहुविध अभिव्यक्ति हुई है। रहस्य सर्ग से पूर्व तक धर्म और दर्शन के धरातल पर *कामायनी* का संदेश निवृत्ति नहीं, प्रवृत्ति का संदेश है। वह गीता की उस व्याख्या से उद्भूत होता है जो लोकमान्य तिलक ने तैयार की थी, जो मनुष्य को संघर्ष से भागने नहीं, उससे जूझने को प्रेरित करती है, जो अकर्मण्य ज्ञान की अपेक्षा सद्भाव-प्रेरित कर्म को कहीं श्रेष्ठ मानती है, जो श्मशान-वैराग्य और अस्वस्थ त्याग को पुरुष का दूषण बताती है। बुद्धदेव के समय से भारत में यतीधर्म पूजित चला आ रहा था। उसी के प्रभाव में आकर प्राचीन युग के संन्यासियों ने गीता को संन्यास का ग्रन्थ बना दिया था। यह तमिस्त्रा तब फटी जब लोकमान्य तिलक ने गीता-रहस्य लिखकर यह प्रतिपादित किया कि गीता संसार छोड़कर वैराग्य लेनेवालों का ग्रन्थ नहीं, प्रत्युत् उनका ग्रन्थ है जो जनक के समान संसार के सभी कार्य करते हुए भी संसार से अनासक्त रहने की योग्यता रखते हैं। इस यती-धर्म का खंडन *कामायनी* में भी हुआ है।

कर रहा वंचित कहीं न त्याग तुम्हें मन में धर सुन्दर वेश।
दुःख से डरकर तुम अज्ञात जटिलताओं का कर अनुमान,
काम से झिझक रहे हो आज भविष्यत् से बनकर अनजान।
काम मंगल से मंडित श्रेय सर्ग, इच्छा का है परिणाम,
तिरस्कृत कर उसको तुम भूल बनाते हो असफल भव-धाम।

[श्रद्धा-सर्ग]

श्रद्धा-सर्ग के मनु वह मनुष्य है जो अकर्मण्य चिन्तन के मारे निराश और दुखी रहता है, जो यह सोचकर सदैव उत्साहहीन और खिन्न रहता है कि सारा संसार नश्वर, दुखी और विषण्ण है अतएव यहाँ का कोई भी कर्म करणीय नहीं है।

किन्तु, जीवन कितना निरुपाय, लिया है देख, नहीं सन्देह,
निराशा है जिसका परिणाम, सफलता का वह कल्पित गेह।

{श्रद्धा-उप-सर्ग}

किन्तु *कामायनी* का सन्देश ऐसे ही चिन्ता-कातर अकर्मण्य लोगों की

उत्साहहीनता झाड़कर उन्हें कर्म के मार्ग पर अग्रसर करना है। अतएव श्रद्धा मनु से कहती है :

तप नहीं केवल जीवन-सत्य, करुण यह क्षणिक, दीन अवसाद,
तरल आकांक्षा से है भरा सो रहा आशा का आह्लाद?

* * *

और क्या, यह तुम सुनते नहीं विधाता का मंगल वरदान,
'शक्तिशाली हो, विजयी बनो' विश्व में गूँज रहा जयगान।

[श्रद्धा-सर्ग]

और यही सन्देश मनु को काम से भी दिलवाया गया है।
यह नीड़ मनोहर कृतियों का, यह विश्व कर्म-रंगस्थल है,
है परम्परा लग रही यहाँ, ठहरा जिसमें जितना बल है।

[कर्म-सर्ग]

फिर कर्म-सर्ग में जाकर श्रद्धा और मनु का जो संवाद होता है, उसमें भी श्रद्धा मनु के भीतर कर्म की ही प्रेरणा भरती है

औरों को हँसते देखो मनु, हँसो और सुख पाओ,
अपने सुख को विस्तृत कर लो, सबको सुखी बनाओ।

[कर्म-सर्ग]

और इड़ा तो कर्म की प्रतिमा ही बनकर आई है। वह भी मनु से बार-बार कहती है कि अकर्मण्य चिन्तन से जीवन का उद्धार नहीं हो सकता। मनुष्य सुखी तभी हो सकता है जब वह वीरतापूर्वक कर्म करने में प्रवृत्त हो जाए।

हाँ तुम ही हो अपने सहाय।
यह प्रकृति परम रमणीय, अखिल ऐश्वर्य-भरी, शोधक, विहीन,
तुम उसका पटल खोलने में परिकर कस कर बन कर्मलीन
सबका नियमन शासन करते, बस, बढ़ा चलो अपनी क्षमता।

[इड़ा-सर्ग]

कामायनी के भीतर कर्म और प्रवृत्ति की अवज्ञा भी ध्वनित होती है किन्तु उसका प्रसंग आगे आएगा। रहस्य-सर्ग से पूर्व तक तो इस काव्य में कर्म की प्रेरणा इस प्रकार जगमगाती है कि उसी के कारण छायावादी चिन्तन के तुषार

में चलनेवाला यह महाकाव्य स्वस्थ किरणों से संवलित दीखता है।

नारी-भावना

समाज में जब-जब निवृत्ति की भावना बढ़ती है, तब-तब गृहस्थ और नारी की मर्यादा क्षीण हो जाती है तथा जब-जब प्रवृत्ति का उत्थान होता है, गृहस्थ और नारी, दोनों का मान ऊँचा हो जाता है। पिछली सदी से भारत में प्रवृत्तिमार्गी चिन्तन का जो विकास हुआ, उसका सबसे सुन्दर परिणाम नारियों की पदोन्नति में प्रकट हुआ है। अब हम नारियों को 'अघ की खान' नहीं मानते, न हम यही विश्वास करते हैं कि नारी की सारी महिमा उसके शरीर को लेकर है। छायावाद-युग में तो बात ठीक इसके विपरीत दिखाई पड़ी। छायावादी कवियों ने सौन्दर्य-बोध को धर्म के धरातल पर अधिष्ठित कर दिया और उन्होंने नाना छन्दों में अपूर्व भंगिमा के साथ यह घोषणा की कि नारी भोग्या नहीं, प्रेरणा का पावन उत्स है; उसे दूर से देखकर प्रेरित एवं उत्फुल्ल होने में जो आनन्द है, वह और कहीं भी नहीं मिल सकता।

कामायनी में नारी के जिस रूप की कल्पना की गई है, वह उसका यही निष्कलुष रूप है। *कामायनी* के कवि का ध्येय पाठकों को नारी के उस आभ्यंतर सौन्दर्य से परिचित कराना है जो नारी के चर्म और मांस में नहीं प्रत्युत् उसकी आत्मा में बसता है, जो वासना नहीं, अर्चना का विषय है जिससे पुरुष भोग और तृप्ति नहीं, प्रेरणा और स्फुरणा की प्राप्ति करता है जिसे छूने की इच्छा तो जगती है किन्तु उस इच्छा का पर्यवसान स्पर्श नहीं, स्फूर्ति में होता है।

स्पर्श के आकर्षण से पूर्ण प्रकट करती ज्यों जड़ में स्फूर्ति।

यह नारी को देखने की छायावाद-युगीन दृष्टि है। और *कामायनी* के कवि के मन में नारी की जो निष्कलुष प्रतिमा अवस्थित थी, उसकी पवित्रता नारी-रूप-चित्रण की शैली में भी झलक मारती है। इस वर्णन में कवि ने वासना-व्यंजक विशेषणों का सर्वथा त्याग करके केवल ऐसे-ऐसे विशेषण रखे हैं जिनसे स्वत: निष्कलुषता का वातावरण प्रस्तुत हो जाता है और इस वातावरण में श्रद्धा का जो रूप प्रकट होता है, वह सचमुच ही स्पर्श से दूर और मन में अनिर्वचनीय स्फुरणा उत्पन्न करनेवाला है।

कौन तुम संसृति-जलनिधि-तीर तरंगों से फेंकी मणि एक,
कर रहे निर्जन का चुपचाप प्रभा की धारा से अभिषेक?

* * *

एक करुणामय सुन्दर मौन और चंचल मन का आलस्य।

* * *

मधु-पवन-क्रीड़ित ज्यों शिशु साल सुशोभित हो सौरभ-संयुक्त।

* * *

एक लघु ज्वालामुखी अचेत माधवी रजनी में अश्रान्त।

* * *

रचित परमाणु पराग शरीर खड़ा हो ले मधु का आधार।

[श्रद्धा-सर्ग]

इन उद्धरणों में केवल 'आलस्य' और 'मधु', ये दो ही विशेषण ऐसे हैं जिनका कुछ दूर का सम्बन्ध वासना से भी बिठाया जा सकता है। शेष विशेषण तो ऐसे ही हैं जिनसे पवित्रता की अगुरु-गन्ध निःसृत होती है। 'प्रभा की धारा', 'सुन्दर मौन', 'शिशु साल', 'अचेत ज्वालामुखी' और 'परमाणु-परागशरीर'–ये ऐसे विशेषण हैं जिनके भीतर सरस्वती अपनी पूरी सामथ्र्य को लेकर विराज रही हैं और इन विशेषणों से सौन्दर्य की जो पवित्रता ध्वनित होती है, वह अन्यविध अव्याख्येय है।

नर-नारी-सम्बन्ध किसी एक बात को लेकर पहले की शताब्दियों में विचार के स्तर पर गर्हित समझा जाता था और यतीगण इसी कारण ऐसे सम्बन्धों को घृण्य एवं त्याज्य बताते थे। किन्तु प्राणिविज्ञान एवं मनोविज्ञान के प्रचार से नवयुग में आकर यतियों की आज्ञाएँ निरर्थक प्रतीत होने लगीं। अतएव वर्तमान युग नर-नारी-मिलन को निसर्ग-सम्मत मानने लगा। यही कारण है कि गांधी जैसे सन्त ने भी नरों और नारियों को केवल इस सतर्कता के साथ मिलते रहने की अनुमति दे दी कि वे विकार से ऊपर रहें। यही सतर्कता हम छायावादी कवियों में भी देखते हैं यद्यपि यह शिक्षा छायावादियों ने गांधी जी से नहीं ली प्रत्युत् दोनों पर यह प्रभाव नवयुग की चेतना के कारण आया।

विकार से बचे रहने की बात श्रद्धा को भी याद है। इसीलिए मनु को

आत्म-समर्पण करते समय वह यह कहना नहीं भूलती कि :

आज से यह जीवन उत्सर्ग इसी पद-तल में विगत-विकार।

वासना-सर्ग के अन्त में यह संकेत किया गया है कि मनु और श्रद्धा का प्रेम शरीर के धरातल पर आने को उत्सुक है। किन्तु यह सम्भावना श्रद्धा को भयभीत कर देती है। उसे लगता है कि शारीरिक मिलन से उसके प्राणों में और भी आकुलता उत्पन्न होगी।

आह, मैं दुर्बल, कहो, क्या ले सकूँगी दान!
वह, जिसे उपभोग करने में विकल हों प्रान?

और काम के मुख से मनु को जो भर्त्सना सुनने को मिलती है, उसके भीतर भी यह संकेत है कि नारी केवल शरीर नहीं है, न पुरुष का काम्य केवल भोग है।

पर तुमने तो पाई सदैव उसकी सुन्दर जड़ देह मात्र।

* * *

वासना-तृप्ति ही स्वर्ग बनी, यह उलटी मति का व्यर्थ ज्ञान।

नारी के अतीन्द्रिय रूप-विषयक यही धारणा वहाँ भी व्यक्त हुई है जहाँ कर्म-सर्ग में मनु एकान्त कक्ष में सोई हुई श्रद्धा के पास बैठे हैं। मनु का अपना हृदय तो काम के ताप से जल रहा है किन्तु श्रद्धा का शरीर उन्हें ऐसा दिखाई देता है मानो उसके भीतर से ज्योतिस्स्फुलिंग फूट रहे हों।

वे मांसल परमाणु किरण-से विद्युत थे बिखराते,
अलकों की डोरी में जीवन-कण-कण उलझे जाते।

यहाँ सेक्स की जिस शुचिता की बात कही जा रही है, वह छायावाद का आग्रह था। कई कारण थे जिनसे प्रेरित होकर छायावाद नारी के निष्कलंक रूप पर मोहित हुआ था। एक तो छायावाद के आविर्भाव के पूर्व रीतिकालीन शृंगारिकता की बहुत ही कड़ी आलोचना हो चुकी थी जिससे आगामी कवि सतर्क हो गए। दूसरे, स्वामी दयानन्द के पवित्रतावादी प्रचार से घबराकर द्विवेदीयुगीन कविगण नारी के कामिनी-रूप से आँख चुराने लगे थे। इसलिए द्विवेदी-युग के कवियों को हम नारी के कामिनी नहीं, वीर और सती रूप की आराधना करते देखते हैं। यही प्रवृत्ति छायावाद-काल में नारियों को निष्कलुष

रखने की प्रवृत्ति में विकसित हो गई किन्तु सबसे बड़ा कारण छायावाद के भीतर रोमांटिक भावों का जोर था। सभी देशों में रोमांटिक चिन्तक नारियों को स्पर्श से दूर रखना चाहते थे। भारत में भी रवीन्द्रनाथ ने यही किया था। अतएव छायावादी कवियों ने भी उसी संस्कार को अपना लिया जिसका आरम्भ प्लेटो ने किया था तथा जिस संस्कार से विश्व का सारा रोमांटिक साहित्य व्याप्त था।

नारी के वासनोद्दीपक रूप का वर्णन तुलसीदास ने भी नहीं किया है। किन्तु तुलसीदास और छायावादी कवियों में एक भेद है। तुलसीदास जी सन्त थे और समस्त नारी जाति को कदाचित् वे माता के रूप में देखते थे। किन्तु, छायावादी कवि कलाकार थे एवं नारियों को वे सौन्दर्य की प्रतिमा के रूप में देखना चाहते थे। तुलसीदास के मन पर धर्म का बन्धन था। छायावादी कवि निर्बन्ध थे और धर्म के स्थान पर उन्होंने सौन्दर्य-बोध को प्रतिष्ठित कर दिया था। तुलसीदास का हृदय सेक्स के मामले में शान्त था किन्तु छायावादी कवि सेक्स की भावनाओं से उद्वेलित हो रहे थे। यही कारण है कि 'विगत-विकार' रहने का जो व्रत उन्होंने लिया, उसका सम्यक् निर्वाह उनसे न हो सका। स्वयं प्रसाद जी ने श्रद्धा के रूप-वर्णन में जो संयम बरता है, वह केवल छायावाद के आग्रह के कारण। अन्यथा वासनामूलक सौन्दर्य का उद्वेलन *कामायनी* में भी मिलता है।

फटा हुआ था नील वसन क्या ओ यौवन की मतवाली?
देख अकिंचन जगत लूटता तेरी छवि भोली-भाली।

* * *

जब कामना सिन्धु-तट आई ले सन्ध्या का तारा-दीप,
फाड़ सुनहली साड़ी उसकी तू हँसती क्यों अरी प्रतीप?

[आशा-सर्ग]

छायावाद ने अपने वासना-दमन-व्रत का निर्वाह किया हो या नहीं किन्तु नारी को देखने की उसने जो अद्भुत दृष्टि निकाली, उसका पूर्ण परिपाक *कामायनी* में हुआ है। यह बात दूसरी है कि नर-नारी समस्या का छायावादी समाधान, सचमुच का कोई समाधान नहीं है क्योंकि नर-नारी-सम्बन्ध को 'विगत-विकार' रखने की बात सुन्दर चाहे जितनी भी लगे, अपार मानवों

के लिए वह अशक्य है। फिर भी छायावाद ने अपने दृष्टिकोण का जो प्रचार किया, उससे यह प्रभाव तो फैला ही कि नारी उतनी ही नहीं है जितनी वह चर्म और मांस में दिखाई देती है। उसके और भी रूप हैं जो समाज में शील, सुषमा एवं सुगन्ध बिखेरते हैं जिनसे कवियों को काव्य, चित्रकारों को चित्रकला तथा शूरमाओं को जीवन में अग्रसर होने की प्रेरणा प्राप्त होती है।

छायावाद ने नारी को केवल सौन्दर्य-बोध की दृष्टि से देखा। इसीलिए वह उसे सौन्दर्य की अकलुष प्रतिमा, चन्द्रमा की मुसकान, जूही की माला और सपनों की शोभा मानकर रह गया। *कामायनी* में श्रद्धा आरम्भ में मनु का गुरु, फिर पत्नी और अन्त में परा-शक्ति बन जाती है, वह और बात है। इसी प्रकार इड़ा का रुक्ष रूप व्यवसायात्मिका बुद्धि को चित्रित करने को विरचित हुआ है अतएव हम उसे भी नारी के औसत रूप का प्रतिनिधि नहीं मान सकते। नारी के सम्बन्ध में कामायनीकार के अपने विचार वे हैं जो लज्जा के मुख से कहलाए गए हैं।

क्या कहती हो, ठहरो नारी! संकल्प-अश्रु-जल से अपने
तुम दान कर चुकी पहले ही जीवन के सोने-से सपने।
नारी! तुम केवल श्रद्धा हो विश्वास-रजत-नग-पगतल में
पीयूष-स्रोत-सी बहा करो जीवन के सुन्दर समतल में।
आँसू से भींगे अंचल पर मन का सब कुछ रखना होगा।
तुमको अपनी स्मिति-रेखा से यह सन्धि-पत्र लिखना होगा।

[लज्जा-सर्ग]

कविता की ये पंक्तियाँ *कामायनी* की कदाचित् सर्वश्रेष्ठ पंक्तियाँ हैं और समस्त विश्व-साहित्य में भी नारी को लक्ष्य करके इतनी आकुल पंक्तियाँ कहीं लिखी गई हैं या नहीं, मैं नहीं जानता। किन्तु क्या यह उक्ति नारी-समस्या का कोई समाधान भी देती है? नारी ने चूँकि प्रेम किया है इसलिए अपने व्यक्तित्व पर उसका अपना अधिकार नहीं है। प्रेमी विश्वास का पर्वत है, प्रेमिका को उसके पाँवों पर पड़ा रहना चाहिए। उस पर चाहे लाख विपत्तियाँ आएँ किन्तु अपना सर्वस्व उसे पति के निमित्त उत्सर्ग करना ही होगा और पति चाहे जो भी विपरीत आचरण करे, उसे पत्नी को मुस्कुराकर टाल देना चाहिए। यही वह समाधान है जिसे छायावाद की रुचि पसन्द करती है। इस देश के छायावादियों

के अग्रणी आचार्य स्वयं रवि बाबू ने भी लिखा है :

नारी शुधू शोभा शुधू रजनीर आलो,

* * *

की होइबे कर्म-कीर्ति, शिक्षा-दीक्षा तार?

नारी केवल शोभा है, नारी केवल रजनी की ज्योति है, उसे कर्म-कीर्ति और शिक्षा-दीक्षा से क्या मतलब?

किन्तु नई नारी जानती है कि उसे कर्म-कीर्ति और शिक्षा-दीक्षा से उतना ही मतलब है जितना किसी भी पुरुष को हो सकता है। प्रेरणा तो नर से नारी और नारी से नर, दोनों को मिलती है। किन्तु दोनों के अस्तित्व अलग-अलग हैं और दोनों अपने-अपने वैयक्तिक विकास के लिए उत्पन्न हुए हैं, इसलिए विकास के अवसर केवल नरों को ही नहीं, नारियों को भी मिलने चाहिए। यदि मन मिलने पर प्रेम होता हो तो ठीक है। किन्तु पाँवों पर पीयूषधार बनकर बहना क्या? और हँसकर पुरुषों के अत्याचार सहने में कौन-सी बड़ाई है? ऐसी स्थिति में तो नई नारी प्रेम के नकली सूत्र को ही तोड़ देगी।

किन्तु छायावाद इन कठोर व्याप्तियों तक नहीं जा सकता था। उसका उद्‌देश्य नारियों को गौरव देना था किन्तु वह गौरव नहीं जो स्वतन्त्रता (विशेषत: आर्थिक स्वतन्त्रता) से आता है, प्रत्युत वह गौरव, जो सौन्दर्य से उद्‌भूत होता है।

लज्जा-सर्ग में श्रद्धा के मुख से एकाध ऐसी बात अवश्य निकलती है जिससे अनुमान होता है कि उसे उन पीड़ाओं का कुछ-न-कुछ ज्ञान है जिनसे विचलित होकर नई नारियाँ अपने पूरे अधिकारों की माँग कर रही हैं किन्तु इन पीड़ाओं को श्रद्धा, जैसे, विवशता में पी जाती है :

मैं जभी तोलने का करती उपचार स्वयं तुल जाती हूँ,
भुज-लता फँसाकर नर-तरु से झूले-सी झोंके खाती हूँ।
इस अर्पण में कुछ और नहीं, केवल उत्सर्ग छलकता है,
मैं दे दूँ और न फिर कुछ लूँ, इतना ही सरल झलकता है।

[लज्जा-सर्ग]

कोई और होता तो स्पष्ट कह देता कि "श्रद्धे! अपने अधिकार ले लेना भी सरल कार्य हो सकता है।" किन्तु निवेदन तो उसने लज्जा से किया था।

लज्जा ने उस विवश नारी को और भी दबोच दिया।

आँसू से भींगे अंचल पर मन का सब कुछ रखना होगा,
तुमको अपनी स्मिति-रेखा से यह सन्धि-पत्र लिखना होगा।

छायावाद नारी से यह तो कहता है कि तुम रूपवती होने के कारण दिव्य हो, स्पर्श के मैल से ऊपर रहने योग्य हो, अतः हम तुम्हें कल्पना के मन्दिर में स्थापित करके तुम्हारी अर्चना करेंगे। किन्तु वह नारी-स्वातन्त्र्य के सभी पक्षों की ओर नहीं देखता क्योंकि स्वतन्त्रता पाने को नारी यदि खेतों और कारखानों में काम करने लगी तो उसकी चमड़ी कड़ी हो जाएगी, उसके शरीर में स्वर्ण के स्थान पर ताम्र निकल आएगा और ऐसा प्रतीत होने लगेगा मानो सपने धरती पर उतरकर पसीना बहा रहे हों। और सपनों का प्रस्वेदयुक्त होना छायावाद को पसन्द नहीं था। अतएव उसने नारी को प्रशंसा का उत्कोच देना आरम्भ किया। "नारी! तुम श्रद्धा हो, तुम पीयूष हो, तुम जुही की माला और चमेली की हार हो, तुम पुरुष्र की ग्रीवा पर झूलती हुई लता हो, तुम प्रेरणादात्री देवी हो, तुम रोओ क्योंकि तुम्हारे आँसुओं से ही पुरुष की कीर्तिलता हरी होती है।" और युग-युग की वन्दिनी नारी इस नवीन उत्कोच से प्रसन्न हो रही है। स्पष्ट ही, जो नारियाँ रोमांटिक उत्कोच से प्रसन्न होती हैं, उनमें अपनी स्वतन्त्रता का पूरा मूल्य चुकाने की शक्ति नहीं है। असली स्वतन्त्रता आर्थिक होती है और आर्थिक स्वतन्त्रता तब तक प्राप्त नहीं हो सकती जब तक पसीना न बहाया जाए। मगर पसीना बहाने से मेक-अप तो धुल जाएगा न, इसीलिए नारियाँ पसीना बहाना नहीं चाहतीं क्योंकि पसीना बहाने पर वे स्वप्न के पद से च्युत हो जाएँगी और तब सम्भव है, उनके प्रति पुरुषों का लालसायुक्त आकर्षण कुछ मन्द हो जाए।

नारियों के रोमांस की दृष्टि से केवल प्रसाद और रवीन्द्रनाथ ने ही नहीं देखा, इस विषय में स्वयं प्रेमचन्द जी की दृष्टि भी रोमांस-युक्त है। एक स्थान पर उन्होंने लिखा है कि नर जब नारियों के गुण सीखता है तब वह देवता बन जाता है किन्तु नारियाँ जब पुरुषों के गुण सीखती हैं तब वे राक्षसी हो जाती हैं। विचित्र बात! नरों में ऐसे कौन-से गुण हैं जो नारियों को राक्षसी बना देंगे? फिर वही बात कि नारी चाँदनी और पुरुष धूप है। वस्तुस्थिति यह है कि नर और नारी में परस्पर एक दूसरे का गुण आ जाए तो सभ्यता की कमजोरियाँ कम होंगी। उदाहरणार्थ यदि नारियाँ पुरुषों के समान मेहनती

और साहसी हो जाएँ तो उनके स्वावलम्बन में वृद्धि होगी और पुरुष भी यदि नारियों से भीरुता सीख ले तो वह कम-से-कम अनावश्यक विनाश से तो बच ही सकता है।

किन्तु श्रद्धा की दृष्टि इतनी दूर तक नहीं जाती। वह अपने रोग को तो जानती है किन्तु उसके सम्यक् समाधान तक उसकी पहुँच नहीं है। पहुँच हो भी कैसे? वह तो जीवन को रोमांस की दृष्टि से देख रही है। पुरुष के अधीन होकर रहना कोई गौरव की बात नहीं है। किन्तु इस अधीनता में भी एक सुख है जिसे रोमांसवादी नारी नहीं छोड़ सकती। सर्वस्व समर्पण करके विश्वास के महावट के नीचे पड़े रहने में बड़ी शान्ति है, बड़ा आनन्द है।

यह आज समझ तो पाई हूँ, मैं दुर्बलता में नारी हूँ,
अवयव की सुन्दर कोमलता लेकर मैं सबसे हारी हूँ।
पर मन भी क्यों इतना ढीला अपने ही होता जाता है?
घनश्याम-खण्ड-सी आँखों में क्यों सहसा जल भर आता है?
सर्वस्व समर्पण करने की विश्वास-महातरु-छाया में,
चुपचाप पड़ी रहने की क्यों ममता जगती है माया में?

[लज्जा-सर्ग]

नई नारी मानती है कि उसके अवयव सबल भी बनाए जा सकते हैं, यदि किसी को सबल होने की कामना हो। किन्तु सबल होने के लिए जगना आवश्यक है, चुपचाप नहीं रहकर कुछ बोलना जरूरी है। लेकिन छायावाद सुप्त सौन्दर्य की महिमा पर मुग्ध था। इसीलिए छायावादिनी श्रद्धा जगना नहीं चाहती। प्रेम की कल्पना में जो सूक्ष्म रस है, वह उसे ही पीकर निश्चिन्त रहेगी, सपनों में विचरण करके जीवन समाप्त कर देगी।

छायापथ में तारक-द्युति-सी झिलमिल करने की मधु लीला
अभिनय करती क्यों इस मन में कोमल निरीहता श्रमशीला?
निस्सम्बल होकर तिरती हूँ इस मानस की गहराई में,
चाहती नहीं जागरण कभी सपने की इस सुघराई में।

[लज्जा-सर्ग]

इस रोमांसवादी चिन्तन का प्रभाव यह हुआ है कि पुरुषों और नारियों के क्षेत्र परस्पर भिन्न माने जाने लगे हैं। धूप, पत्थर, साहस, शूरता, निर्दयता और

स्वार्थ–इनसे सम्बन्ध पुरुषों का माना जाता है तथा चाँदनी, नदी, फूल, भीरुता, दया और त्याग–ये नारियों के मत्थे मढ़ दिये गए हैं। और इस विभाजन का जो परिणाम निकला है, उसके कारण मर्दाना मर्दों और औरतानी औरतों की संख्या दिन-दिन विशाल होती जा रही है।

कामायनीकार ने स्त्रियों को यद्यपि छायावादी दृष्टि से देखा है किन्तु श्रद्धा और इड़ा, ये नारियाँ ठीक-ठीक औरतानी औरतों का प्रतिनिधित्व नहीं करतीं। इड़ा तो बिलकुल नहीं, क्योंकि यह वह नारी है जिसने पुरुषों के गुण सीखे हैं। और इड़ा के विरुद्ध और चाहे जो भी कहा जाए किन्तु यह तो मानना ही पड़ेगा कि उसने अपने ऊपर मनु के सम्भावित आक्रमण को विफल बना दिया। पुरुष के गुण सीखनेवाली नारी में यह साहस और चातुर्य होना ही चाहिए। किन्तु श्रद्धा औरतानी औरत के कुछ अधिक समीप है बल्कि कहना चाहिए कि उसके भीतर से यदि पराशक्तिवाला रूप प्रकट न होता तो वह शुद्ध औरतानी औरत होती।

मनु

जहाँ तक *कामायनी* के पुरुष का सम्बन्ध है, मनु अनगढ़ मानवता के प्रतीक हैं। उनके भीतर अच्छी और बुरी, दोनों प्रकार की सम्भावनाएँ दिखाई देती हैं। कर्म तो उन्होंने बड़े ही गर्हित किये हैं। ईर्ष्यावश श्रद्धा के पशु को मरवा देना, नारी के गर्भिणी-रूप को देखकर वितृष्ण हो जाना, अजात शिशु की कल्पना मात्र से ईर्ष्यादृप्त हो उठना और फिर अन्य नारी को अधिकृत करने की चेष्टा करना, ये लक्षण अनगढ़ मर्दाना मर्द के ही हो सकते हैं। किन्तु उनका जो मानसिक रूप है, वह छायावादी कवि के समान भावुक और रहस्यवादी सन्त के समान सुगम्भीर है। बात-बात पर उनके मन में कविता के बुलबुले फूटते हैं और बात-बात पर उन्हें उस प्रच्छन्न शक्ति का ध्यान आता है जो प्रकृति के भीतर अथवा उसके परे विद्यमान है। यही नहीं, वे भावुक छायावादियों के ही समान अत्यन्त वेदनाप्रिय और निराशा से पूर्ण हैं।

तो फिर क्या मैं जिऊँ और भी? जीकर क्या करना होगा?
देव, बता दो अमर वेदना लेकर कब मरना होगा?

[आशा-सर्ग]

एक उल्का-सा जलाता भ्रान्त शून्य में फिरता हूँ असहाय।

[श्रद्धा-सर्ग]

निराशा है जिसका परिणाम, सफलता का वह कल्पित गेह।

[श्रद्धा-सर्ग]

क्या कहूँ, क्या हूँ मैं उद्भ्रान्त? विवर में नील गगन के आज
वायु की भटकी एक तरंग, शून्यता का उजड़ा-सा राज।

[श्रद्धा-उप-सर्ग]

तुम अपने सुख से सुखी रहो, मुझको दुःख पाने दो स्वतन्त्र।

[ईर्ष्या-सर्ग]

आश्चर्य है कि अकर्मण्य चिन्ताओं से पूर्ण यह भावुक रहस्यवादी मनुष्य उतने कठोर कर्मों में प्रवृत्त होने का साहस कहाँ से बटोर लाया! क्या इससे यह शिक्षा निकाली जाए कि मनु का रहस्यवाद छायावादियों के रहस्यवाद के समान ही निरा बौद्धिक था तथा वह अन्तर की गहराई से न उठकर मात्र बुद्धि की सतह पर बुल्लों के समान फूटकर बिखर जानेवाला था? अथवा मनु के भीतर विरोधी बातों की अवतारणा करके कवि ने यह सन्देश दिया है कि भावुकता में अतिवृद्धि अकर्मण्यता के कारण होती है और ऐसे ही व्यक्ति भयानक क्रूरता के भी काम कर सकते हैं? मनु के व्यक्तित्व में जो विरोधाभास है, उसका एकमात्र समाधान यही हो सकता है कि कवि ने उन्हें अच्छी-बुरी, सभी प्रकार की मानवीय सम्भावनाओं का कोष बनाकर पाठकों के सामने उपस्थित किया है।

एक ओर तो मनु में इतनी अपरिमित भावुकता भरी है कि वे एकान्त पाते ही सर्वात्मवादी भावना की लहरों में बहने लगते हैं; दूसरी ओर, वे अविनीत-उच्छृंखल होकर जीने का अवसर नहीं पाने पर क्षुब्ध हैं।

जो मेरी है सृष्टि उसी से भीत रहूँ मैं?
क्या अधिकार नहीं कि कभी अविनीत रहूँ मैं?

[संघर्ष-सर्ग]

यह कोई आश्चर्य की बात नहीं है। मनु छायावाद के अग्रणी कवि की सृष्टि हैं और सभी देशों के रोमांटिक साहित्य में अविनीत, उच्छृंखल व्यक्तित्व

के प्रति एक प्रकार की सहानुभूति देखी गई है। सभी बन्धनों को शिथिल बनाकर निर्बन्ध रूप से जीने की कामना छायावाद के स्वभाव में थी। यही कामना उसकी उद्दाम वैयक्तिकता बन गई और इसी कामना से संवलित होने के कारण प्रत्येक देश के रोमांटिक चिन्तक और कवि सामाजिक क्रान्ति के आन्दोलनों के प्रति सहानुभूतिशील रहे हैं। यह वैयक्तिकता मनु के चरित्र का भी अंग है।

क्रन्दन का निज अलग एक आकाश बना लूँ,
उस रोदन में अट्टहास से तुम को पा लूँ।

[संघर्ष-सर्ग]

सर्वात्मवादी भावों का पर्यवसान अथवा परिपाक चरित्र की उदारता में होना चाहिए, सन्त और रहस्यवादी हो जाने में होना चाहिए। किन्तु दर्शन-सर्ग से पूर्व तक मनु का रहस्यवाद मिथ्या रहता है। वे सर्वात्मवादी चिन्तन तो खूब करते हैं किन्तु ऐसा प्रतीत होता है मानो वे इस प्रवृत्ति में किसी की देखादेखी पड़े हों, जैसे छायावादी कवि पहले के रहस्यवादियों की देखादेखी रहस्य-चिन्तन में प्रवृत्त हुए थे।

आशा-सर्ग में मनु ने बड़ी ही आतुरता के साथ यह अभिलाषा व्यक्त की है कि :

आह! कल्पना का सुन्दर यह जगत् मधुर कितना होता!
सुख-स्वप्नों का दल छाया में पुलकित हो जगता-सोता।

किन्तु संघर्ष-सर्ग में आकर उनकी मनोदशा इतनी उत्तप्त हो उठी है कि विश्व के साथ एकाकार होकर जीने की बात उन्हें बिलकुल निस्सार-सी लगती है।

तुम कहती हो, विश्व एक लय है मैं उसमें
लीन हो चलूँ? किन्तु धरा है क्या इस सुख में?

* * *

इड़े, मुझे वह वस्तु चाहिए जो मैं चाहूँ,
तुम पर हो अधिकार, प्रजापति न तो वृथा हूँ।

* * *

मैं शासक, मैं चिर स्वतन्त्र, तुम पर भी मेरा
हो अधिकार असीम, सफल हो जीवन मेरा।

कामायनी : छायावाद का सम्पूर्ण उदाहरण

केवल नारी-रूप की कल्पना में ही नहीं, *कामायनी* में सर्वत्र ही छायावादी भावना, छायावादी कारीगरी और छायावादी मनोदशा का प्राचुर्य है और यह स्वाभाविक भी है क्योंकि *कामायनी* छायावादी धारा का महाकाव्य है और छायावाद की शक्ति और दुर्बलताएँ, दोनों ही इस काव्य में अपनी चरमपरिणति पर पहुँचे मिलते हैं। किन्तु सोदाहरण व्याख्या प्रस्तुत करने के पूर्व यह उचित है कि छायावाद-विषयक धारणाएँ कुछ सुस्पष्टता से समझ ली जाएँ।

छायावाद हिन्दी कविता की मात्र शैली-विशेष का नाम नहीं है। उसे केवल शैली मानने में मुझे अव्याप्ति-दोष दिखाई देता है। छायावाद केवल शैली तक ही सीमित नहीं था, न भाव-पक्ष में केवल रहस्य-भावना ही उसकी विशेषता थी। भाषा में लाक्षणिक प्रयोग और प्रतीक के रूप में अप्रस्तुतों का सन्निवेश (जैसे सुख, आनन्द, यौवन आदि के लिए उषा, प्रभात और मधुकाल, प्रिया के लिए कली और प्रिय के लिए मधुप आदि जिनकी काफी गिनती शुक्ल जी ने अपने इतिहास में की है) एवं मानवीकरण, ध्वन्यर्थ-व्यंजना और विशेषण-विपर्यय जैसे नवीन अलंकारों का अधिकाधिक प्रयोग छायावादी काव्य की बहुत बड़ी विशेषता है। किन्तु वैसी ही विशेषता यह भी है कि छायावादी कवियों की प्रवृत्ति, पहले और बाद, के अन्य कवियों की प्रवृत्ति से भिन्न थी। वे सत्य से अधिक कल्पना के प्रेमी थे, वस्तु से अधिक स्वप्न के पुजारी थे और कोलाहल से बचने को वे सदा एकान्त, निष्कम्प सौन्दर्य की खोज में रहते थे। प्रेरणा वे आस-पास के जीवन से नहीं, बल्कि अपनी कल्पना से लेते थे और अनेक अंशों में शुक्ल जी का यह आक्षेप भी ठीक है कि उनकी अनुभूति सच्ची नहीं, कल्पित होती थी। "रहस्य-भावना और अभिव्यंजन-पद्धति पर ही प्रधान लक्ष्य हो जाने और काव्य को केवल कल्पना की सृष्टि कहने का चलन हो जाने से भावानुभूतियों तक कल्पित होने लगी। जिस प्रकार, अनेक प्रकार की रमणीय वस्तुओं की कल्पना की जाती है, उसी प्रकार अनेक प्रकार की विचित्र भावानुभूतियों की कल्पना की जाने लगी।"[1] मेरा विचार है कि

1. हिन्दी साहित्य का इतिहास, पं. रामचन्द्र शुक्ल

निराशा को वरेण्य, आँसू को वरदान और मृत्यु को काम्य समझने की बातें इसी कल्पित-अनुभूति-प्रेम का परिणाम रही होंगी।

यदि नई कविता के साथ छायावादी काव्य की तुलना करें तो छायावाद की यह मनोवृत्ति कुछ और स्पष्टता से समझ में आ जाएगी। प्रतीकों और अप्रस्तुतों का उपयोग सभी कवि करते हैं किन्तु नई कविता का आग्रह है कि प्रतीक और अप्रस्तुत, जहाँ तक सम्भव हो, अपने आस-पास की दुनिया से लिए जाने चाहिए, यहाँ तक कि कल-कारखानों से अप्रस्तुत चुनना नई कविता की सफलता का प्रमाण माना जाता है। जो जीवन से जितना ही समीप है, उसे काव्य में आने का उतना ही अधिक अधिकार है, यह आज की मान्यता है। किन्तु छायावादियों की मान्यता थी कि अप्रस्तुत और प्रतीक वे ही अच्छे होते हैं जो जीवन से अधिक से अधिक दूर हैं, जैसे : चन्द्र, नक्षत्र, उषा, सन्ध्या, पारिजात, नन्दन वन, अलका आदि; अथवा वे यदि जीवन के समीप हैं भी, तो वे ऐसे होने चाहिए जिन पर जीवन की धूल नहीं लगी हो, जैसे : शेफाली, जुही, निर्झर, काननकुसुम आदि। इसी प्रवृत्ति के कारण छायावादी कविताओं में प्रयुक्त अप्रस्तुत चाँदनी, किरण, हिमानी, अप्सरा, तितली, लहर आदि शब्द अथवा उनके पर्याय हो गए। इस मनोवृत्ति का प्रभाव भाषा पर भी पड़ा और कविता में चुन-चुनकर ऐसे शब्द लाए जाने लगे जो कोमल थे, जो अछूते थे, जो टकसाल से तुरन्त निकलकर आनेवाले सिक्कों के समान चमकीले और चटकदार थे तथा जिन पर अभी जनता की उँगलियों का मैल नहीं लगा था। जो परिचित है, वह किसी काम का नहीं; जो पहुँच के भीतर है, उसकी अपेक्षा और जो दूर है, उसके लिए ललक और तड़पन–यह छायावादी मनोवृत्ति का प्रमुख लक्षण है। जहाँ सब रहते हैं, वह स्थान दूषित है। हमें वहाँ बसना चाहिए जहाँ आदमियों की भीड़ न हो। जैसे सब रहते हैं, हम उससे जरा भिन्न प्रकार से रहेंगे और जैसे सब बोलते हैं, उससे हमारी बोली भी किंचित भिन्न होनी चाहिए। ये लक्षण वैयक्तिकता के हैं और वैयक्तिकता छायावादियों में कूट-कूटकर भरी थी। यहाँ तक कि छायावादी काव्य की भाषा भी वैयक्तिकता के अति-संस्कार के कारण ही बोलचाल की भाषा से उतनी भिन्न हो गई।

छायावादियों की वैयक्तिकता, कल्पनाशीलता और भीड़ से हटकर अलग बसने का भाव–ये तीनों गुण एक-दूसरे के पूरक अथवा सहायक थे।

जो चित्र सामान्य, पारम्परीण अथवा पूर्व-परिचित होते, उनसे छायावादियों को पूरा सन्तोष नहीं मिलता था। परिचित और प्रचलित से अधिक से अधिक दूर जाने की प्रेरणा उनमें सदैव बनी रहती थी और इस प्रेरणा से उनकी कल्पना को भी अतिरिक्त शक्ति प्राप्त हो जाती थी। छायावाद-काल हिन्दी में कला के उत्थान का काल था और कला का जादू कुछ ऐसा छा गया था कि लोग मन-ही-मन कला को जीवन से श्रेष्ठ मानने लगे थे। कला सौन्दर्य का पर्याय है किन्तु जीवन में केवल सौन्दर्य की ही सत्ता नहीं है। उसमें बहुत कुछ अनगढ़, स्थूल और कुरूप भी होता है। किन्तु छायावादी कवि सौन्दर्य के आवेश में इतने तल्लीन थे कि जहाँ कुरूपता थी, वहाँ भी उन्होंने सौन्दर्य की कल्पना कर ली और प्रत्येक स्थूल वस्तु को उन्होंने सूक्ष्म रूप दे डाला। कल्पना की अतिशयता इतनी बढ़ी कि छायावादियों ने केवल कंकण ही सोने के नहीं गढ़े, उन्हें रखने की मंजूषा भी उन्होंने सुवर्ण की ही रच डाली और मन-ही-मन वे इस कल्पना से झूमने लगे कि जो उँगलियाँ इन कंकणों का स्पर्श करेंगी, वे भी कोंपलों की होंगी।

किन्तु छायावादियों की वैयक्तिकता कभी भी आक्रामक नहीं हुई, न उनकी कल्पनाशीलता ही उन्हें भटकाकर बीभत्स या अवांछनीय दिशा में मोड़ सकी। जर्मन कवि नीत्शे व्यक्तिवादी होने के कारण ही अप्रिय और आक्रामक हो उठा था और फ्रांसीसी कवि बोदलेयर यदि बीभत्सता की ओर गया तो इसका एक प्रबल कारण उसकी अद्‌भुत कल्पनाशीलता भी थी। किन्तु छायावादियों में से किसी पर भी यह आक्षेप नहीं लगाया जा सकता। कारण यह है कि छायावादी कवियों की कल्पनाशीलता और वैयक्तिकता के नीचे उनकी परम सौन्दर्य-पिपासा छिपी हुई थी। नई-से-नई सुषमाओं के दर्शन के लिए ही वे कल्पनाशील हो उठते थे और जो सौन्दर्य उन्हें कहीं भी दिखाई न देता, उसकी वे कल्पना कर लेते थे। और उनकी वैयक्तिकता भी प्रचलित रुचि से अलग हटने में ही पकड़ी गई किन्तु यहाँ भी यह मानना पड़ेगा कि नई रुचि का निर्माण सौन्दर्य की ही तृषा का प्रमाण है। सौन्दर्य-तृषा से ही प्रेरित होकर वे वर्तमान (अर्थात् परिचित) को छोड़कर अतीत की ओर देखने लगे अथवा जब-तब उन्होंने भविष्य की ओर भी झाँका। और सौन्दर्य को चूँकि वे जीवन का सबसे बड़ा मूल्य एवं आत्मा का परम धर्म मानते थे, इसलिए नारी के समक्ष आते ही वे उसकी

आरती उतारने लगे।[1] यह और बात है कि जीवविज्ञान के अबाध नियमों की चोट खाकर वे कभी-कभी काँपने भी लगे और प्राय: ऐसा भी हुआ कि नीराजन का थाल उनके कम्पित करों से नीचे गिर गया।[2]

छायावाद के भीतर बार-बार आँसू, वेदना, निराशा, उदासी और पीड़ा का जो आख्यान मिलता है, उसे भी व्यक्ति या समाज की वास्तविक वेदना का प्रतिबिम्ब समझने का कोई आधार नहीं है। यह मनुष्य नहीं, कलाकार की वेदना है जो सचमुच अनुभूत नहीं हुई है वरन् जिसकी काल्पनिक अनुभूति से कवि कोमल कविताएँ रच रहा है। छायावादी कवि कोमलता की खोज में कहीं भी जा सकते थे और कलाकार के आँसू तथा वेदना तो आदि से अन्त तक कोमलता ही कोमलता हैं।

छायावादियों की निराशा और रुदनशीलता का मुझे तो एक ही समाधान

---

1. तुम्हारी सेवा में अनजान
हृदय मेरा है अन्तर्धान।
देवि! माँ! सहचरि! प्राण!

(पन्त जी)

मेरी ध्रुवतारा तुम
प्रसरित दिगन्त से अन्त में लाई मुझे,
सीमा में दीखी असीमता,
एक स्थिर ज्योति में, अपनी अबाधता,
परिचय निज पथ का स्थिर।

(निराला जी)

न छू सकते जिसको हम देवि!
कल्पना वह तुम अगुण, अमेय,
भावना अन्तर की वह गूढ़
रही जो युग-युग अकथ, अगेय।

(रसवंती)

2. बीता कुछ काल,
देह-ज्वाला बढ़ने लगी,
नन्दन-निकुंज की रति को ज्यों मिला मरु।
उतर कर पर्वत से निर्झरी भूमि पर
पंकिल हुई, सलिल-देह कलुषित हुआ।

(निराला जी)

सूझता है कि वह अति-भावुकता से उत्पन्न थी। वाल्मीकि ने पहला श्लोक वेदना की चोट खाकर लिखा था। भवभूति ने करुण रस को ही एकमात्र रस कहा है एवं 'शेली' ने पीड़ा के स्वर को सर्वोत्तम गान माना है। इस परम्परा की बौद्धिक अनुभूति करके तथा कुछ अपनी अतृप्तियों से भी विचलित होकर पन्त जी ने वह प्रसिद्ध पद लिख दिया जिससे अन्य कितने ही कवियों को रोने की प्रेरणा प्राप्त हुई :

वियोगी होगा पहिला कवि, आह से उपजा होगा गान,
उमड़कर आँखों से चुपचाप बही होगी कविता अनजान।

छायावाद की रुदनशीलता के पीछे अंग्रेजी के सिवा कुछ फारसी-उर्दू कविता का भी प्रभाव रहा होगा, कम-से-कम सूफियों की विरह-विवृति का तो उस पर प्रभाव है ही।[1] उर्दू कवियों के जो रोने-रुलानेवाले शेर हैं, उनमें से कुछ तो इसलिए लिखे गए होंगे कि कवियों को अर्थाभाव रहा होगा अथवा प्रेम से निराशा हुई होगी। किन्तु बहुत से ऐसे भी हैं जो दर्द की काल्पनिक बेचैनी दिखाने को लिखे गए हैं। सूफियों ने वेदना का अनुभव ब्रह्म से काल्पनिक वियोग के कारण किया था। पीछे चलकर यह वेदना कला की वस्तु बन गई और कविगण उसका चित्रण इसलिए करने लगे कि इससे उनकी भावुकता को सन्तोष होता था। कला के लिए कला के समान वेदना के लिए वेदना को पूजने के भाव हिन्दी और उर्दू कविताओं में सूफी-परम्परा से बढ़े हैं।

कामायनी में छायावाद के ये सभी लक्षण भरे पड़े हैं। यदि केवल रहस्यवाद को लें तो *कामायनी* में रहस्यवाद उतना ही है जितना पन्त जी की 'मौन निमन्त्रण' तथा 'स्वप्न' शीर्षक कविताओं में दिखलाई पड़ता है; अर्थात् रहस्यवाद का वह अंश जो सर्वात्मवाद से संकेतित होता है। यदि इतने को बाद दे दें तो शास्त्रीय विचार की कसौटी पर कामायनी रहस्यवादी काव्य नहीं है क्योंकि उसमें ब्रह्म से बिछुड़े हुए जीव की कथा नहीं कही गई है, न वह आदि से अन्त तक सर्वात्मवादी अनुभूतियों से पूर्ण है। यह सर्वात्मवादी अनुभूति भी मनु में अधिक, श्रद्धा में बहुत कम है और जो है, वह भी अत्यन्त सामान्य कोटि की है। किन्तु तब भी *कामायनी* प्रतीकात्मक काव्य तो है ही। प्रतीकात्मक होने के कारण ही उसकी भूमि रहस्य-भावना की भूमि के पास होकर गुजरती

1. दे. संस्कृति के चार अध्याय।

है। इसलिए पहली दृष्टि में इस काव्य के अनेक प्रसंग रहस्यवादी प्रसंग जैसे लगते हैं यद्यपि विश्लेषण करने पर यही पता चलता है कि जिसे हम भ्रमवश रहस्यवाद समझते हैं, वह रहस्यवाद न होकर कुछ गहराई में पहुँचकर चिन्तन करने का प्रयास है। अवश्य ही रहस्यवादी काव्य भी चिन्तन की गहराई लिये रहता है किन्तु यहाँ विचारने की बात यह है कि रहस्यवाद हम वहीं मानेंगे जहाँ या तो यह अनुभूति हो कि सम्पूर्ण दृश्य जगत के भीतर किसी अदृश्य शक्ति या सौन्दर्य का बिम्ब झलक रहा है अथवा यह अनुभूति कि वियुक्त जीव अपने केन्द्र की ओर लौट जाने को बेचैन है। किन्तु इसके सिवा गम्भीर चिन्तन के और भी कुछ रूप हैं जो रहस्यवाद का आभास देते हैं, जैसे आइंस्टीन का सापेक्ष्यवादी सिद्धान्त अथवा जैसे इलियट की ये पंक्तियाँ :

Time present and Time past
Are both, perhaps, present in Time future
And Time future contained in Time past.

कामायनी में भी बहुत से पद ऐसे हैं जो रहस्यवाद न होकर केवल उसके आभास हैं। यथा :

व्यक्त नील में चल प्रकाश का कम्पन सुख बन बजता था,
एक अतीन्द्रिय स्वप्नलोक का मधुर रहस्य उलझता था।

[आशा-सर्ग]

सौन्दर्यमयी चंचल कृतियाँ बनकर रहस्य हैं नाच रहीं,
मेरी आँखों को रोक वहीं आगे बढ़ने में जाँच रहीं।

[काम-सर्ग]

अथवा रहस्य-सर्ग की वे पंक्तियाँ जहाँ यह कहा गया है कि श्रद्धा के साथ चलते-चलते मनु हिमालय की उस ऊँचाई पर पहुँच गए जहाँ दिशा और काल का ज्ञान लुप्त है, जहाँ वे निराधार से ठहरे जान पड़ते हैं।

दिशा विकम्पित, पल असीम है, यह अनन्त-सा कुछ ऊपर है,
अनुभव करते हो बोलो, क्या पदतल में, सचमुच भूधर है?
निराधार हैं, किन्तु, ठहरना हम दोनों को आज यहीं है
नियति खेल देखूँ न, सुनो अब इसका अन्य उपाय नहीं है।

यह स्तर रहस्य से आगे अध्यात्म का स्तर हो सकता है किन्तु वह रहस्य का स्तर नहीं है। और पहले दो उद्धरणों की प्रेरणा तो रहस्यवादी है ही नहीं। सौन्दर्यमयी चंचल कृतियाँ कदाचित् ज्योतिष्पिंड नक्षत्र हैं। कवि कहना चाहता है कि रहस्य-वेध में बाधा केवल अन्धकार ही नहीं देता, उसके बाधक ये ज्योतिष्पिंड भी हैं जो हमारी आँखों को अपने सौन्दर्य पर अटका रखते हैं। यह काव्य-कौशल है, रहस्य की भावना नहीं।

केवल नैराश्य, रुदनशीलता, वेदनाप्रियता और सर्वात्मवादी भावों के आख्यान के ही कारण नहीं, प्रत्युत् अन्य अनेक कारणों से भी *कामायनी* काव्य छायावाद का सम्पूर्ण उदाहरण है। छायावादी कवि निराशा की कविता लिखते हुए भी क्रान्ति के प्रति सहानुभूतिशील थे और जहाँ भी प्रसंग आया, उन्होंने निवृत्ति और प्रवृत्ति में से प्रवृत्ति का ही समर्थन किया। यह लक्षण *कामायनी* पर भी घटित होता है। श्रद्धा और इड़ा, दोनों ही मनु को प्रवृत्ति की शिक्षा देते हैं। इसी प्रकार संघर्ष-सर्ग में कितने ही पद हैं जिनसे सामाजिक परिवर्तनों पर रोमांटिक चिन्तक की प्रतिक्रियाएँ प्रकट होती हैं।

बाधाओं को चीर कर जीवन पर विजय प्राप्त करने का उल्लास इन पंक्तियों से ध्वनित होता है :

जीवन में अभिशाप, शाप में ताप भरा है,
इस विनाश में सृष्टि-कुंज हो रहा हरा है।
मैं चिर बन्धन-हीन मृत्यु-सीमा-उल्लंघन
करता सतत चलूँगा, यह मेरा है दृढ़ प्रण।
महानाश की सृष्टि बीच जो क्षण हो अपना,
चेतनता की तुष्टि वही है, फिर सब सपना।

[संघर्ष-सर्ग]

और वैज्ञानिक औद्योगिकता का रस्किन, रोम्याँ रोलाँ, गांधी और टाल्स्टाय ने जो विरोध किया था, उसकी गूँज *कामायनी* की इन पंक्तियों में सुनाई पड़ती है :

प्रकृत शक्ति तुमने यन्त्रों से सबकी छीनी,
शोषण कर जीवनी बना दी जर्जर, झीनी,
तुमने योगक्षेम से अधिक संचयवाला

लोभ सिखाकर इस विचार-संकट में डाला।
हम संवेदनशील हो चले, यही मिला सुख,
कष्ट समझने लगे बनाकर निज कृत्रिम दुःख।

[संघर्ष-सर्ग]

छायावाद की एक दूसरी विशेषता अतीत के प्रति उसका ललकभरा आकर्षण भी था। यह अतीतप्रियता पन्त जी में भी थी (*परिवर्तन* शीर्षक कविता) और निराला जी में भी (*यमुना के प्रति*)। प्रसाद जी की कई स्फुट कविताओं (*वरुणा की कछार, अशोक की चिन्ता, पेशोला की प्रतिध्वनि, प्रलय की छाया* आदि) में यह अतीत-प्रेम खुलकर प्रकट हुआ है और *कामायनी* भी इसका अपवाद नहीं है। छायावाद की यह प्रवृत्ति *कामायनी* के आरम्भ में ही प्रकट हुई है जहाँ मनु अस्तंगत देव-संस्कृति पर विलाप कर रहे हैं।

चिर किशोरवय, नित्य विलासी, सुरभित जिससे रहा दिगन्त,
आज तिरोहित हुआ कहाँ वह मधु से पूर्ण अनन्त वसन्त?

कुसुमित कुन्जों में वे पुलकित प्रेमालिंगन हुए विलीन,
मौन हुई हैं मूर्च्छित तानें, और न सुन पड़ती अब बीन।

[चिन्ता-सर्ग]

कामायनी के इस अंश को पन्त जी की 'परिवर्तन' और निराला जी की 'यमुना के प्रति' तथा भगवतीचरण वर्मा की 'नूरजहाँ की कब्र पर' आदि कविताओं से मिलाकर पढ़ने पर यह स्पष्ट हो जाता है कि अतीतप्रियता छायावाद की कितनी प्रमुख प्रवृत्ति थी।

किन्तु इन सबसे अधिक छायावाद की परम विशेषता कल्पना का आतिशय्य एवं अप्रस्तुतों को ऐसे लोकों, ऐसे धरातलों से चुनकर लाने का प्रयास था जो धरती से दूर हैं, जिन पर स्वप्न और परियों के ही संचरण की कल्पना की जा सकती है। छायावाद कोमल और नवीन रहना चाहता था, अतः कोमलता तथा नवीनता की सामग्रियाँ जुटाने को वह बराबर आकाश में विचरण करता रहा। *कामायनी* में भी ऐसे अप्रस्तुतों की संख्या अपार है जो अपार्थिव धरातल से उतरकर आए हैं अथवा जो पार्थिव होते हुए भी पृथ्वी के रज और ताप से विमुक्त हैं।

उदाहरण के लिए, देवताओं के प्रभूत सुख-संचय की उपमा कवि ने 'छायापथ में समाहित नव तुषार' दे दी है।[1] सुरांगनाओं के यौवन की उपमा उषा और उनकी मुसकान की उपमा ज्योत्स्ना है।[2] देवताओं की विलासमयी सभ्यता 'मधुपूर्ण वसन्त' के समान थी।[3] उसकी दिशाएँ सौरभ से पूर्ण एवं आकाश आलोक से अधीर था।[4] यहाँ 'आलोक-अधीर' विशेषण अधिक विचारणीय है। 'आकाश आलोकयुक्त था'–यह उक्ति सामान्य होती किन्तु छायावाद सामान्य से तुष्ट होना नहीं जानता था। तृप्ति तो उसे तभी मिलती जब आलोक के साथ भी कोई अन्य विशेषण आ जुड़ता। अतः आलोक के बाद अधीर कहा गया। आलोक-अधीर, यह विशेषण छायावाद के अपने स्वभाव का भी हो सकता है क्योंकि कल्पना और प्रतिभा के साथ वह किसी प्रकार की अनिर्वचनीय अतृप्ति से भी चंचल था।

सामान्य और साधारण पर सन्तोष न करने का आग्रह कुछ अन्य पंक्तियों में भी देखा जा सकता है। देवता बिना पलकें गिराए अपनी प्रेमिकाओं को देखते रहते थे, यह भाव इस उक्ति से मजे में अभिव्यक्त किया जा सकता था कि देवताओं की आँखों में दर्शन की प्यास थी। किन्तु ऐसा तो बहुत बार कहा गया था। छायावादी भावुकता इतने से तृप्त नहीं हो सकती थी, उसे कुछ और भंगिमा, कुछ और आकुलता दिखाए बिना सन्तोष नहीं हो सकता था। अतः कहा, देवताओं के नयनों में 'भूखमरी दर्शन की प्यास' थी।[5] भूखमरी दर्शन की प्यास से एक और ध्वनि निकलती है कि देवता केवल देखना ही नहीं, दृश्य का उपभोग भी करना चाहते थे। यह फिर छायावाद की अपनी छटपटाहट की अभिव्यंजना है। छायावाद का बौद्धिक आग्रह तो केवल दर्शन तक सीमित रहने का था किन्तु स्पर्श और उपभोग की तड़प भी उसके भीतर मौजूद थी। इड़ा-सर्ग में मनु ने असीम आकुलता में भरकर पुकार की है :

---

1. *छायापथ में नव तुषार का सघन मिलन होता जितना।*
2. *उषा-ज्योत्स्ना-सा यौवन नित मधुप-सदृश निश्चिन्त विहार।*
3. *आज तिरोहित हुआ कहाँ वह*
   मधु से पूर्ण अनन्त वसन्त?
4. *सौरभ से दिगन्त पूरित था,*
   अन्तरिक्ष आलोक-अधीर।
5. द्विधारहित अपलक नयनों की
   भूख-भरी दर्शन की प्यास।

जीवन निशीथ के अन्धकार!
तू घूम रहा अभिलाषा के नव ज्वलन-धूम-सा दुर्निवार
जिसमें अपूर्ण लालसा, कसक, चिनगारी-सी उठती पुकार।

यह पुकार वास्तव में छायावाद के हृदय की पुकार है। छायावादी कविता का सौन्दर्य अतृप्त अभिलाषाओं के रंगीन धुएँ का सौन्दर्य है। कवि ने सत्य ही कहा है कि उसमें से जो चिनगारियाँ फूटती हैं, वे अपूर्ण लालसाओं की चिनगारियाँ हैं, कसक और तड़पन की चिनगारियाँ हैं। और यही तड़पन छायावादी कवि को सुपरिचित, साधारण और सामान्य पर टिकने नहीं देती थी। 'तरल तिमिर से प्रलय पवन का होता आलिंगन प्रतिघात'—इसमें कहना तो इतना ही था कि तूफान अन्धकार से टकरा रहा था किन्तु छायावादी संस्कार को तिमिर के लिए तरल विशेषण ढूँढ कर लाना पड़ा। इसी प्रकार :

जलदागम मारुत के कम्पित पल्लव-सदृश हथेली
श्रद्धा की, धीरे से मनु ने अपने कर में ले ली।

[कर्म-सर्ग]

इसमें कथ्य तो इतना ही है कि मनु ने श्रद्धा की हथेली अपने हाथ में ली जो पल्लव के समान सुकुमार थी। किन्तु पल्लव यथेष्ट नहीं प्रतीत हुआ, अतएव उसे सजाने को एक और विशेषण 'जलदागम मारुत से कम्पित' लाना आवश्यक हो गया। ऊपर मैंने कहा है कि 'छायावादियों ने केवल कंकण ही सोने के नहीं गढ़े, उन्हें रखने की मन्जूषा भी उन्होंने सुवर्ण की ही रच डाली।' वह उक्ति ऐसी ही कारीगरी के कारण सार्थक सिद्ध होती है।

छायावादी कारीगरी की बारीकियों को समझने के लिए कुछ और विशेषणों का अध्ययन आवश्यक है। अतएव हम नीचे की पंक्तियों को लेंगे :

ओ जीवन की मरु मरीचिके कायरता के <u>अलस</u> विषाद!

[चिन्ता-सर्ग]

एक अतींद्रिय स्वप्न-लोक का <u>मधुर रहस्य</u> उलझता था।

[आशा-सर्ग]

आशा की <u>उलझी अलकों</u> से उठी लहर मधु-गन्ध-अधीर।

[आशा-सर्ग]

अरुण की एक किरण अम्लान, अधिक अलसाई हो अभिराम।

[श्रद्धा-सर्ग]

उषा की पहिली लेखा कान्त माधुरी से भींगी भर मोद
मदभरी जैसे उठे सलज्ज भोर की तारक-द्युति की गोद।

[श्रद्धा-सर्ग]

माधव के सरस कुतूहल का आँखों में पानी भरे हुए।

[लज्जा-सर्ग]

वरदान-सदृश हो डाल रही नीली किरणों से बुना हुआ।

[लज्जा-सर्ग]

मैं वह हलकी-सी मसलन हूँ जो बनती कानों की लाली।

[लज्जा-सर्ग]

वह पागल सुख इस जगती का आज विराट बना था।

[कर्म-सर्ग]

उठती अन्तस्तल से सदैव दुर्ललित लालसा जो कि कान्त।

[ईर्ष्या-सर्ग]

जब जड़-बन्धन-सा एक मोह कसता प्राणों का मृदु शरीर।

[ईर्ष्या-सर्ग]

मधु-पिंगल उस तरल अग्नि में शीतलता संसृति रचती।

[निर्वेद-सर्ग]

इन पंक्तियों में विषाद के साथ अलस, रहस्य के साथ मधुर, अलकों के साथ उलझी, लहर के साथ मधु-गन्ध-अधीर, अम्लान किरण के साथ अधिक अलसाई, उषा के साथ मदभरी और सलज्ज, माधव के साथ सरस कुतूहल का पानी, किरणों के साथ नीली, मसलन के साथ हलकी, सुख के साथ पागल, कान्त लालसा के साथ दुर्ललित, प्राणों के साथ मृदु शरीर का कसा जाना तथा अग्नि के साथ तरल एवं मधु-पिंगल–इन विशेषणों का प्रयोग छायावाद के इसी

संस्कार के कारण हुआ है। प्रचलित से अधिक कोमल, प्रचलित से अधिक मनोरम और विचित्र तथा जो सामान्य-साधारण है, उससे कुछ अधिक रमणीय और मृदुल विशेषणों के संधान में छायावाद को अद्‌भुत उत्साह था। इसी उत्साह में भरकर उसने उन स्थानों पर भी अपने मनोनुकूल सौन्दर्य की कल्पना कर ली जहाँ वह सौन्दर्य परम्परा से वर्तमान नहीं था। विषाद का अलसाया हुआ रूप, आशा की उलझी अलकें, अधिक अलसाई हुई किरणें, उषा की सलज्ज छवि, किरणों की नीलिमा, सुख का पागलपन और लालसा का एक साथ दुर्ललित और कान्त होना, ये बातें परम्परा में नहीं थीं। अतएव छायावाद ने उनका आविष्कार तो नहीं, अनुसन्धान कर लिया। 'दुर्ललित लालसा जो कि कान्त'—यह टुकड़ा कुछ और विचारणीय है। वह कौन-सी कामना थी जो मनु के हृदय में इन्द्रधनुष के समान उठकर फिर तिरोहित हो जाती थी? इन्द्रधनुष के सदृश होने के कारण वह कान्त अवश्य रही होगी किन्तु दुर्ललित क्यों? दुर्ललित, कदाचित्, सर्वथा नूतन प्रयोग है जिसका अर्थ होगा ललित, किन्तु, कठिनाई के साथ, अप्रियता के साथ। अवश्य ही यह वर्णन वासना का है, उस वासना का जिसने आगे चलकर मनु को इड़ा पर बलात्कार करने की उत्तेजना दी। और छायावाद सौन्दर्य का प्रेमी तो अवश्य था किन्तु वासना पर रीझकर भी वह उससे घबराता रहता था। इसीलिए वासना कान्त और दुर्ललित, दोनों विशेषणों से युक्त हुई।

कारीगरी

हिन्दी कविता में कारीगरी के सबसे अच्छे काम रीति-युग में किये गए थे। खड़ी बोली में ऐसे काम छायावाद-युग में आरम्भ हुए और *कामायनी* में छायावादी कारीगरी अपनी पूर्णता पर पहुँची मिलती है। छायावाद की स्वाभाविक रुचि तो नन्हे, कोमल और रमणीय उपमानों पर ही केन्द्रित थी किन्तु प्रसाद जी की अपनी विशेषता यह है कि सौन्दर्य वे नन्हे उपमानों में ही नहीं देखते, कभी-कभी वे उस विराटता की भूमि पर भी संचरण करते हैं जहाँ रहकर वाल्मीकि ने पूर्णचन्द्र की तुलना आकाश में विचरते हुए श्वेत वृषभ से की थी।[1] यह कितनी बड़ी कल्पना है कि श्रद्धा को देखकर प्रसादजी को साल वृक्ष की उत्प्रेक्षा सूझी, यद्यपि 'शिशु' और 'मधु पवन क्रीड़ित' कहकर उन्होंने उसे कोमल और रमणीय बना दिया है।

1. *गोष्ठे वृषं मत्तमिव भ्रमन्तम।*

[सुन्दरकांड]

विराट कल्पना का ऐसा ही दूसरा दृष्टान्त वह है जहाँ वे कहते हैं कि श्रद्धा ऐसी दिखाई पड़ती थी, जैसे इन्द्रनील पर्वत को फोड़कर ज्वालामुखी धधक रही हो!

याकि नव इन्द्रनील लघु शृंग फोड़कर धधक रही हो कान्त
एक लघु ज्वालामुखी अचेत माधवी रजनी में अश्रान्त।

और जैसे साल वृक्ष को शिशु एवं मधुपवनक्रीड़ित कहकर कवि ने उसे लम्बी, रमणीय, युवती नारी के साथ अधिक तुलनीय बना दिया, वैसे ही इस उत्प्रेक्षा में भी शृंग को नव एवं लघु कहकर तथा ज्वालामुखी को कान्त, नवीन और अचेत बताकर उसने वह्नि-शिखा की कर्कशता हर ली है और उसे युवती नारी की उपमा के योग्य बना दिया है। उपमान में यदि खटकनेवाली कोई और चीज हो तो वह अश्रान्त माधवी रजनी के वातावरण में आप-से-आप गुम हो जाती है।

कामायनी में ऐसे कई पद हैं जिनमें कल्पना अपनी पूरी विराटता में क्रीड़ा करती है और जिनके भीतर समाहित चित्रों का विस्तार आसानी से मापा नहीं जा सकता।

पंचभूत का भैरव मिश्रण, शंपाओं के शकल निपात,
उल्का लेकर अमर शक्तियाँ खोज रहीं ज्यों खोया प्रात।
बार-बार उस भीषण रव से कम्पित धरती देख विशेष,
मानो, नील व्योम उतरा हो आलिंगन के हेतु अशेष।

[चिन्ता-सर्ग]

तप से संयम का संचित बल तृषित और व्याकुल था आज,
अट्टहास कर उठा रिक्त का वह अधीरतम, सूना राज।

[आशा-सर्ग]

किस गहन गुहा से अति अधीर
झंझा-प्रवाह-सा निकला यह जीवन विक्षुब्ध महासमीर?

[इड़ा-सर्ग]

इसी प्रकार, वर्णन की विराटता एवं दृश्यों के निस्सीम प्रसार को भाषा में समेटने की अप्रतिम क्षमता दर्शन-सर्ग के उन पाँच पदों में दिखाई देती है जिनका आरम्भ :

सत्ता का स्पन्दन चला डोल
आवरण पटल की ग्रन्थि खोल

से तथा अन्त :

हीरक गिरि पर विद्युद्-विलास
उल्लसित महा हिम-धवल हास

पर होता है।

व्यापक-विराट चित्रों के समान ही *कामायनी* के अनेक छोटे चित्र भी अत्यन्त सफल और सुहावने लगते हैं। श्रद्धा, काम और लज्जा सर्गों में इनकी छटा देखते ही बनती है। और वे क्या सचमुच लघु चित्र कहे जा सकते हैं?

कौन तुम संसृति-जलनिधि-तीर
तरंगों से फेंकी मणि एक
कर रहे निर्जन का चुपचाप
प्रभा की धारा से अभिषेक?
मधुर विश्रान्त और एकान्त
जगत का सुलझा हुआ रहस्य,
एक करुणामय सुन्दर मौन
और चंचल मन का आलस्य।

अच्छी कविता लिख लेना फिर भी अपेक्षाकृत सरल कार्य है। किन्तु अच्छी कविताएँ क्यों अच्छी हैं, यह बतलाना आसान नहीं है। कवि ने श्रद्धा का कैसा अद्‌भुत 'विजन' देखा था कि उसकी लेखनी से ऐसी अनिर्वचनीय पंक्तियाँ निःसृत हो गईं? यह कवि-कौशल का परिणाम नहीं, सौन्दर्य की समाधि की कविता है। रूपवती एक मूर्ति के प्रकट होने से सारा निर्जन प्रदेश ज्योतिर्मय हो उठा, यह श्रद्धा की शरीर-कान्ति का वर्णन नहीं, उसके तेजोमय व्यक्तित्व का आख्यान है। उसकी आत्मा की तेजस्विता बाहर फैल रही है। वह उस सिद्ध चिन्तक के निष्कम्प विचार के समान मधुर और श्रान्तिमुक्त हैं जो विश्व-प्रपंच का भेद समझकर सबविध शीतल और सन्तुष्ट हो चुका है। मौन के साथ जो 'करुणामय' विशेषण आ बैठा है वह अपने बैठने की अदा से कह रहा है कि यह करुणा वह गुण नहीं है जिसे हम दया-माया आदि नामों से जानते हैं, प्रत्युत् यह वह करुणा है जो मैत्री और मुदिता के साथ विराजती है।

और 'चंचल मन का आलस्य' यह संकेत देता है कि प्रेम की पहली पहचान एक प्रकार का आलस्य है, कुछ देखकर सभी इन्द्रियों का अचल हो जाना है। रूप से चकित होकर मन अपनी चंचलता को भूल जाता है, यही उसका आलस्य है।

श्रद्धा का रूप-वर्णन अत्यन्त ऊँचे धरातल की कविता है और उसे हम केवल *कामायनी* का ही नहीं, प्रत्युत् समग्र विश्व के काव्य का अत्यन्त उज्ज्वल अंश कह सकते हैं। नील परिधान में श्रद्धा के जहाँ भी जो अंग खुले हैं, वे मेघों में खिले हुए बिजली के फूल के समान प्रतीत होते हैं। उन्हें देखकर ऐसा लगता है, मानो नीले पर्वत को फोड़कर अचेत ज्वालामुखी धधक रही हो। 'अचेत' विशेषण यह ध्वनि देता है कि श्रद्धा का आनन भोला-भाला है, वह अपने ही भीतर के सन्तोष में डूबी हुई है, उसे बाहर का कुछ भी ध्यान नहीं है। यह मूर्ति सारी सुन्दरताओं का आकार होती हुई भी निष्कलुष है, निष्कलंक है। उसे देखकर किसी प्रकार की वासना का बोध नहीं होता, यह बात कवि बार-बार दुहराता है। श्रद्धा नारी-मूर्ति नहीं, परागों से विरचित प्रतिमा है जो मधु का अवलम्ब लेकर खड़ी हुई है।

कुसुम-कानन-अंचल में मन्द पवन-प्रेरित सौरभ साकार,
रचित-परमाणु-पराग-शरीर खड़ा हो ले मधु का आधार।

रूप-चित्रण में कल्पना इससे आगे जा सकती है या नहीं, कहना कठिन है।

स्वरूप अथवा वस्तु-चित्रण के *कामायनी* में कुछ और भी दृष्टान्त हैं जिनकी कारीगरी देखते ही बनती है। यथा :

मातृत्व-बोझ से झुके हुए बँध रहे पयोधर पीन आज,
कोमल, काले, नव ऊनों की पट्टिका बनाती रुचिर साज।

सोने की सिकता में मानों कालिन्दी बहती भर उसास,
स्वर्गंगा में इन्दीवर की या एक पंक्ति कर रही हास।

[ईर्ष्या-सर्ग]

दोनों उत्प्रेक्षाएँ यह सूचित करती हैं कि श्रद्धा का नाभि के ऊपर का अंग अनावृत है, केवल काले ऊनों की एक पट्टी उसके वक्षोदेश पर शोभायमान

है। शरीर की कान्ति सोने के समान है। उस सुवर्ण-सैकत में यमुना बह रही है। उस स्वर्णगंगा में नीले कमलों की पंक्ति प्रफुल्लित हो रही है। यमुना का श्वास लेते हुए बहना तो चित्र में मानो प्राण भर देता है। और वह सत्य भी कितना है!

इसी प्रकार, यह उत्प्रेक्षा यह अत्यन्त सुन्दर उतरी है :

स्वर्ण शालियों की कलमें थीं दूर-दूर तक फैल रही,
शरद-इन्दिरा के मन्दिर की, मानो, कोई गैल रही।

जब मन्दिर लक्ष्मी का है तब उसकी वीथी को सुवर्णभूषित होना ही चाहिए।

और आनन्द-सर्ग में मानसरोवर के वर्णन में भी एक पद आता है जिसमें कारीगरी की बहार है।

मरकत की वेदी पर, ज्यों, रक्खा हीरे का पानी,
छोटा-सा मुकुर प्रकृति का, या सोई राका रानी।

सरोवर हरियाली से घिरा है इसलिए मरकत की वेदी का आधार रखा। जल स्वच्छ है इसलिए उसे हीरे का पानी कहा और चूँकि सरोवर निष्कम्प है इसलिए सोई हुई पूर्णिमा निशीथिनी से उसकी उपमा दी। विशेष रूप से द्रष्टव्य यह है कि हीरे के पानी से कुछ उस सौन्दर्य की भी ध्वनि निकलती है जो 'विभाति लावण्यमिवांगनासु'।

जो उपमान अनेक कवियों के द्वारा प्रयुक्त होते हैं, उनका प्रयोग भी जब किसी असाधारण-प्रतिभा-सम्पन्न कवि के हाथों किया जाता है, तब वे सर्वथा नवीन हो उठते हैं। किन्तु महाकवि जब बिलकुल नवीन सूझों का परिचय देते हैं, तब रसिकों का हृदय अपूर्व उल्लास से भर जाता है और साहित्य नवीन समृद्धियों को पाकर निहाल हो जाता है। हिमालय को पृथ्वी के ललाट की सिकुड़न[1] कहकर प्रसाद जी ने ऐसी ही बिलकुल नवीन सूझ का परिचय दिया है और वैसी ही नवीनता का परिचय उस वर्णन से भी मिलता है जहाँ मनु श्रद्धा के एकान्त कक्ष में प्रवेश करते हैं। कक्ष में पूरा अन्धकार है। केवल जलती हुई लकड़ी से निकलनेवाली एक पतली शिखा उस अन्धकार को छल रही है। बात

---

1. धरा की यह सिकुड़न भयभीत
आह, कैसी है! क्या है पीर?

[श्रद्धा-सर्ग]

वैसे कुछ भी नहीं है। किन्तु, वर्णन की यह सूझ बेजोड़ है।

सूखी काष्ठ-सन्धि में पतली अनल-शिखा जलती थी,
उस धुँधले गृह में आभा से तामस को छलती थी।

और इस सूझ का एक दूसरा लाभ भी कवि ने एक ऐसी स्थिति को संकेतित करने में उठाया जिसका स्पष्ट वर्णन साहित्य में अयोग्य माना जाता है। कर्म-सर्ग के अन्त में ये पंक्तियाँ आती हैं जो बिना कुछ बोले ही सारी कथा कह देती हैं :

दो काठों की सन्धि बीच उस निभृत गुफा में अपने,
अग्नि-शिखा बुझ गई, जागने पर जैसे सुख-सपने।

कामायनी पर विचार करते हुए सुधी-मेधावी विद्वान प्रायः उसके महाकाव्यत्व पर विचार करने लगते हैं। किन्तु मेरी विनम्र मति में काव्य महाकाव्य से श्रेष्ठ होता है। कम-से-कम खड़ी बोली के महाकाव्यों को देखकर तो मुझे महाकविता की अपेक्षा कविता ही ऊँची जान पड़ती है। *कामायनी* की श्रेष्ठता का भी मूल कारण उसका महाकाव्यत्व नहीं, केवल कवित्व है जो यत्र-तत्र तो सभी सर्गों में दिखाई पड़ता है, किन्तु, उसका सघन परिचय श्रद्धा, काम और लज्जा सर्गों में विद्यमान है। श्रद्धा और लज्जा के संवाद में जो कवित्व है, वह किसी भी प्राचीन परम्परा का पिष्टपेषण अथवा विकास न होकर शुद्ध रूप से साहित्य में नवीन उद्‌भावना है और प्रसाद जी ने उसे जिस सफलता के साथ लिखा है, उसे देखते हुए कभी-कभी मुझे ऐसा लगने लगता है कि यह संवाद केवल छायावादी शैली में ही लिखा जा सकता था, शास्त्रीय अथवा कोई अन्य शैली इस संवाद का इतना सुन्दर चित्रण नहीं कर सकती थी। कारण, छायावाद स्वयं भी सलज्ज सौन्दर्य था और लज्जा के अनुभाव, जो सभी कवियों को प्रिय रहे हैं, छायावादियों को विशेष रूप से प्रिय थे। छायावाद का लक्ष्य उस सौन्दर्य का संधान था जिसके विषय में स्वयं प्रसादजी ने अन्यत्र लिखा है :

तुम अरुण किरण के अन्तराल में लुक-छिपकर चलते क्यों हो?

तथा जिसकी उपलब्धि पर पन्त जी ने यह पंक्ति कही है :

मिला लालिमा में लज्जा की छिपा एक निर्मल संसार।

[पल्लव]

लज्जा की स्वाभाविक प्रेरणा सौन्दर्य को सुरक्षित रखने की ओर है, उसे निष्कलुष एवं पवित्र रखने की ओर है।

उज्ज्वल वरदान चेतना का सौन्दर्य जिसे सब कहते हैं,
जिसमें अनन्त अभिलाषा के सपने सब जगते रहते हैं।
मैं उसी चपल की धात्री हूँ, गौरव-महिमा हूँ सिखलाती,
ठोकर जो लगने वाली है उसको धीरे से समझाती।

नारी को निष्कलंक रखने की जो भावना छायावाद को उतनी प्रिय थी, लज्जा उसी भावना की सहेली है। अतएव वह भी छायावादियों को विशेष रूप से प्रिय रही।

दोष और दुर्बलताएँ

किन्तु कितने दुर्भाग्य की बात है कि जो काव्य इतना महार्घ, इतना उन्नत और प्रशंसनीय है, उसमें दोष भी कम नहीं हैं। पता नहीं, जो विद्वान इस काव्य का गुणगान करते नहीं थकते, उनकी दृष्टि भाषा और अभिव्यक्ति की उन अनेक दुर्बलताओं पर जाती है या नहीं जो समस्त ग्रन्थ में उसी प्रकार बिखरी पड़ी हैं, जैसे बिना झाड़े-बुहारे घर में कूड़े पड़े रहते हैं। दो-एक आलोचकों ने कहा है कि *कामायनी* में कुछ दोष भी हैं जो उँगलियों पर गिने जा सकते हैं। मेरा खयाल है *कामायनी* के दोष उँगलियों पर तो क्या, उँगलियों की पोरों पर भी नहीं गिने जा सकते और उँगलियों पर ही गिनना हो तो प्रत्येक उँगली की प्रत्येक पोर को अनेक बार छूना पड़ेगा। *कामायनी* किसी नवसिखुए कवि की रचना नहीं है कि उसकी परीक्षा की कसौटी जरूरत से ज्यादा उदार रखी जाए। वह अत्यन्त सिद्ध कवि की रचना है और देश के प्रायः प्रत्येक हिन्दी पढ़ानेवाले विश्वविद्यालय में वह निर्धारित पाठ्यग्रन्थ है और प्राध्यापक छात्रों को सर्वत्र यह समझा रहे हैं कि *कामायनी* खड़ी बोली का सर्वश्रेष्ठ ग्रन्थ है। किन्तु वे यह भूल जाते हैं कि *कामायनी* में खड़ी बोली का जितना असमर्थ रूप प्रगट हुआ है, उतना असमर्थ रूप किसी और काव्य में नहीं मिलता। *कामायनी* में ऐसे अंश कम हैं जिन्हें पढ़ते हुए मन पर अप्रियता के धक्के न लगते हों, अभिव्यक्ति की असमर्थता और शब्दों के कुप्रयोग से पाठक का मन न खीझता हो।

कविता केवल विचार और भाव को लेकर सफल नहीं होती। सफल वह तब होती है जब भाव और विचार अनुकूल भाषा में अनुकूल ढंग से व्यक्त होते

हों। कविता का अन्तिम विश्लेषण उसमें प्रयुक्त भाषा का विश्लेषण है; कविता का चरम सौन्दर्य उसमें प्रयुक्त भाषा की सफाई का सौन्दर्य होता है। दु:ख के साथ कहना पड़ता है कि ऐसे सौन्दर्य के स्थल *कामायनी* में बहुत कम हैं। *कामायनी* का अधिकांश तो ऐसा ही है जहाँ भाषा लचड़, अभिव्यक्तियाँ लद्धड़ और सफाई बिलकुल शून्य है। कोई आश्चर्य नहीं कि पीढ़ी-दर-पीढ़ी छात्रों को पढ़ाते रहने पर भी यह काव्य कविता-प्रेमी जनता के बीच प्रसार नहीं पा सका और मेरा अनुमान है कि यदि यह ग्रन्थ पाठ्यक्रम से बाहर निकाल दिया जाए तो उसका एक ही संस्करण बीस वर्षों के लिए काफी होगा। हाँ, श्रद्धा, काम और लज्जा सर्गों में जो कवित्ववाला अंश है, वह अलग से निकालने पर जनता का प्रेम प्राप्त कर सकता है।

कामायनी के बारे में देश में एक मत प्रचलित है कि वह दुरूह काव्य है। किन्तु इस दुरूहता का कारण सूक्ष्म चिन्तन नहीं है। चिन्तन की सूक्ष्मता की दृष्टि से *कामायनी* का रहस्य-सर्ग अत्यन्त श्रेष्ठ है, किन्तु वह दुरूह नहीं है। कवित्व की सूक्ष्मता को लें तो लज्जा-सर्ग सामने आता है। किन्तु वह सर्ग भी दुरूह नहीं है। कारण यह है कि इन सर्गों में जो अनुभूतियाँ प्रकट हुई हैं, वे कवि को स्वच्छता से गृहीत हुई थीं और उनके लिखने में भी कवि ने स्वच्छता और सफाई से काम लिया है। *कामायनी* में निन्दनीय दुरूहता वहीं मिलती है जहाँ या तो कवि की अनुभूति में स्वच्छता का अभाव है अथवा जहाँ वह अपनी अनुभूति को सफाई से लिखने में असमर्थ रहा है।

कविता न तो केवल भाषा है, न केवल भाव और विचार। कविता की रचना करते समय कवि दो धरातलों पर काम करता होता है। एक धरातल तो वह है जिस पर उसकी अनुभूतियाँ, भाव और विचार उत्पन्न होते हैं और दूसरा वह, जिस पर वह कलम पकड़कर रचना में तल्लीन रहता है। और दोनों धरातलों पर कवि को एक साथ जगना पड़ता है। पहले धरातल पर जागरूक रहने की आवश्यकता इसलिए होती है कि कवि अपनी अनुभूतियों और विचारों को ठीक से समझ सके। और दूसरे धरातल पर जगने की आवश्यकता इसलिए होती है कि पहले धरातल पर कवि ने जिन अनुभूतियों को ग्रहण किया है, उन्हें वह अनुकूल भाषा में व्यक्त कर सके। ये दो धरातल वस्तुतः एक-दूसरे से अभिन्न होते हैं। अभिन्न न भी हों तो भी वे एक-दूसरे से लगे होते हैं। फिर भी दूसरे धरातल पर काम करते समय कवि के लिए यह आवश्यक है कि लिखते

समय वह बार-बार अपने आपसे पूछता जाए कि जो कुछ वह लिख रहा है, वह ठीक वही बात है या नहीं, जिसे उसने अनुभूतिवाले धरातल पर ग्रहण किया है। जहाँ अपने-आपसे ऐसे प्रश्न नहीं किये जाते, जहाँ रचना के समय अनवरत ऐसी सतर्कता नहीं बरती जाती, वहीं 'लिखत सुधाकर लिखिगा राहू' वाली कहावत चरितार्थ होने की आशंका रहती है। इसी आशय को आचार्य कुंतक ने यह कहकर व्यक्त किया है कि सफल कविता में भाव और भाषा के बीच परस्पर स्पर्धा की भावना काम करती है। भाव उतनी दूर तक विकसित होने की चेष्टा करते हैं जितनी दूर तक जाने की उनमें सामर्थ्य है। और भाषा भी उसी प्रकार विकासमान भावों का पद-पद पर साथ देने को अपना चरम विकास करती है। इस स्पर्धा में भाषा और भाव जब सम-संतुलित स्थिति में आकर ठहरे होते हैं तभी कविता सफल मानी जाती है। भाव और भाषा के बीच 'परस्परस्पर्धिसमभाव', यह सच्ची कविता की सबसे बड़ी पहचान है।

कुंतक के मत पर भी यदि गहराई से विचार किया जाए तो यह अनुमान होता है कि सफल काव्य रचना की असली कुंजी भाषा के ही हाथ में होती है, क्योंकि हम, आप या स्वयं रचनाकार यह कैसे समझे कि भाव क्या हैं और वे किस स्तर तक विकसित हैं? यह तो तभी ज्ञात होगा जब भाव भाषा का जामा पहन लें। भाषा-विषयक अर्थ-विज्ञान का सामान्य सिद्धान्त है कि वही भाव भाव और वही विचार विचार है जो भाषा में प्रकट किया जा सकता हो। जहाँ भाषा का अभाव है, वहाँ भाव अनगढ़ छोड़कर और कुछ हो ही नहीं सकते।

कामायनी में दोनों ही प्रकार के दोषों के उदाहरण मिलते हैं। इन सभी दोषों में भाषा की असमर्थता तो अत्यन्त ही स्पष्ट है। इसी असमर्थता से कभी-कभी यह अनुमान भी होने लगता है कि कदाचित् कवि की अनुभूतियाँ ही कच्ची और अस्पष्ट थीं, कदाचित् उसने अनुभूतिवाले धरातल पर यह समझने का यथेष्ट प्रयास ही नहीं किया, कि वास्तव में वह कहना क्या चाहता था। इसीलिए उसकी भाषा अस्पष्ट रह गई। अपने आक्षेपों को स्पष्ट करने के लिए मैं पहले कुछ ऐसे दृष्टान्त दूँगा जिन्हें मैं अभिव्यक्ति की असमर्थता के दृष्टान्त मानता हूँ।

चिन्ता-सर्ग में एक पद आता है :

किन्तु उसी ने ला टकराया इस उत्तर गिरि के शिर से,
देव-सृष्टि का ध्वंस अचानक श्वास लगा लेने फिर से।

अभिप्रेत अर्थ, कदाचित् यह है कि मत्स्य के चपेटे से नाव उत्तर गिरि के किनारे जा लगी और देवताओं की सृष्टि अचानक खतरों से बाहर निकल आई। किन्तु 'ध्वंस का श्वास लेना' तो उसके जीवित हो जाने की सूचना देता है। जो भाषा प्रयुक्त हुई है, उसका अर्थ होगा कि देव-सृष्टि का ध्वंस जो पहले मिट रहा था, फिर से गतिमय हो गया।

मनन करावेगी तू कितना? उस निश्चिन्त जाति का जीव
अमर मरेगा क्या? तू कितनी गहरी डाल रही है नींव?

चिन्ता से मनु कदाचित् यह कहना चाहते हैं कि तू कितनी गम्भीरता से मेरे भीतर प्रवेश कर रही है। किन्तु इस अर्थ की अभिव्यक्ति के लिए 'कितनी गहरी डाल रही है नींव' कहना भाषा के कच्चेपन की सूचना देता है।

निकल रही थी मर्म-वेदना करुणा-विकल कहानी-सी
वहाँ अकेली प्रकृति सुन रही हँसती-सी, पहचानी सी।

जल-प्लावन उतर चला है और पृथ्वी बाहर निकल रही है। ठीक इसी प्रसंग के बाद यह पद आता है। और इसी पद के बाद मनु की चिन्ता आरम्भ हो जाती है : 'ओ चिन्ता की पहली लेखा!' आदि-आदि। अब यहाँ यह स्पष्ट नहीं होता कि मर्म-वेदना चिन्ता है या और कुछ। मही के निकलने के साथ मर्म-वेदना निकली, इसके क्या मानी होते हैं? क्लिष्ट कल्पना से यह अर्थ निकाला जा सकता है कि पृथ्वी को निकलते देख मनु की चिन्ता जग पड़ी और प्रकृति उनकी ओर लीला-व्यंग्य से देखती हुई हँसने लगी। किन्तु इस वर्णन के लिए ऐसी भाषा नितान्त असमर्थ है और इसे हम उक्ति-लाघव का भी उदाहरण नहीं मान सकते।

अरी आँधियो! ओ बिजली की दिवा-रात्रि, तेरा नर्तन
उसी वासना की उपासना वह तेरा प्रत्यावर्तन।

पहली पंक्ति का अर्थ तो निकलता है। किन्तु दूसरी पंक्ति का अर्थ क्या होगा? क्या यह कि प्रकृति देवताओं की विलासप्रियता से चिढ़कर उन्हें दंड तो देती थी किन्तु देवता अपनी आदतों से मजबूर थे और इसलिए प्रकृति बार-बार कुपित होती थी? यदि इसी अर्थ की सम्भावना ठीक मानी जाए तो क्या उसके लिए ऐसी भाषा काफी है?

अब न कपोलों पर छाया-सी पड़ती मुख की सुरभित भाप,
भुजमूलों में शिथिल वसन की व्यस्त न होती है अब माप।

दूसरी पंक्ति का अर्थ क्या किया जाए? सम्भव है, देवियों के वसन स्रस्त हो जाते होंगे किन्तु ये भुजमूल किनके हैं जिनमें स्रस्त वस्त्र फँस जाते थे? और माप शब्द तुक-निर्वाह के सिवा कुछ और काम भी करता है अथवा वह यों ही घुस बैठा है? यदि कहा जाए कि रसिक देवताओं के भुजमूल में देवियों के वस्त्र फँस जाते थे तो स्पष्ट ही कहना होगा कि कवि जो कुछ कहना चाहता था, उसके अनुरूप भाषा का वह संधान न कर सका।

भक्षक या रक्षक जो समझो, केवल अपने मीन हुए।

वह मत्स्य-न्याय से प्रेरित रूपक है। किन्तु मीन की उपमा तभी सार्थक होती, यदि देवता आपस में लड़कर मरते। लेकिन वे आपस में लड़े नहीं, विलास के कारण उनका पतन हुआ। अतएव मीन से तुलना अयोग्य है।

गरल-जलद की खड़ी झड़ी में बूँदें निज संसृति रचतीं।

अभिप्रेत अर्थ शायद यह है कि बूँदों से संसार भर गया था। किन्तु भाषा में बल नहीं कि इस अर्थ को अभिव्यक्त करे।

नेत्र निमीलन करती, मानो प्रकृति प्रबुद्ध लगी होने,
जलधि लहरियों की अँगड़ाई बार-बार जाती सोने।

[आशा-सर्ग]

निमीलन का अर्थ नेत्र बन्द करना होता है। प्रकृति आँख मूँदे प्रबुद्ध हो रही है, यह बेतुकी बात है। छायावाद सुप्त, अलसित और सलज्ज सौन्दर्य का प्रेमी था। यहाँ भी सुप्त सौन्दर्य पर आसक्त रहने के कारण ही कवि ने जागने का भाव निमीलन शब्द में ठूँस दिया। और दूसरी पंक्ति में तो 'बार-बार' का व्यर्थ ही प्रयोग किया गया है।

वह विराट था हेम घोलता नया रंग भरने को आज,
कौन? हुआ यह प्रश्न अचानक, और कुतूहल का था राज।

मनु के मन में कुतूहल जगा, यह कहने को 'और कुतूहल का था राज'–यह टुकड़ा गढ़ना भाषा का अत्यन्त भोंडा प्रयोग है। और आकाश को रँगनेवाली शक्ति कुछ आहट करती हुई तो नहीं आई कि मनु चौंककर 'कौन?'

पुकार उठें।

देव न थे हम और न ये हैं, सब परिवर्तन के पुतले,
हाँ, कि गर्व-रथ में तुरंग-सा जो चाहे जितना जुत ले।

[आशा-सर्ग]

दूसरी पंक्ति में 'कि' का प्रयोग व्यर्थ हुआ है। किन्तु यही नहीं, 'जिसका जितना जी चाहे, गर्व कर ले'–इस बात को कहने के लिए जो रूपक खड़ा किया गया है वह हास्यास्पद है, यद्यपि यहाँ अर्थ-दोष नहीं माना जा सकता।

मैं हूँ, यह वरदान-सदृश क्यों लगा गूँजने कानों में?
मैं भी कहने लगा 'मैं रहूँ' शाश्वत नभ के गानों में।

[आशा-सर्ग]

उदय यहाँ आशा और प्रवृत्ति का दिखाया जा रहा है। फिर मनु के भीतर शाश्वत रूप से नभ के गानों में रहने की इच्छा क्यों उठाई गई? यह फिर छायावादी संस्कार है।

सजग हुई फिर से सुर-संस्कृति, देव-भजन की वर माया,
उन पर लगी डालने अपनी कर्ममयी शीतल छाया।

[आशा-सर्ग]

देव-संस्कृति को यज्ञ की माया कहकर क्या बात कही गई, कुछ समझ में नहीं आता। और कर्मवाद को शीतल कहें तो कर्मन्यास को संतप्त मानना होगा यद्यपि बात ठीक विपरीत है। कोई आश्चर्य नहीं कि सूर्य को निराला जी ने भी शीतलच्छाय मान लिया।

विश्व-रंग में कर्मजाल के सूत्र लगे घन हो घिरने।

[आशा-सर्ग]

कर्मठता में वृद्धि होने लगी, इस सीधी-सी बात को कहने के लिए इतना तूम बाँधना फिर भाषा-विषयक असमर्थता की सूचना देता है।

दिवा रात्रि या मित्र वरुण की बाला का अक्षय श्रृंगार,
मिलन लगा हँसने जीवन के ऊर्मिल सागर के उस पार।

[आशा-सर्ग]

प्रसंग यह है कि मनु के भीतर वासना जाग्रत हो रही है। वे प्रकृति की विविध सुषमाओं को देखते हैं, तो अचानक यह बात कहाँ से आ जाती है कि

मिलन उनके जीवनसमुद्र के उस पार हँसने लगा? किससे मिलन? किसका मिलन?–इन प्रश्नों के उत्तर खोजने की सारी जिम्मेवारी कवि ने पाठकों पर छोड़ दी। और कुछ परिश्रम करने से वे पाठकों के श्रम को कम कर सकते थे।

नई इच्छा खींच लाती अतिथि का संकेत,
चल रहा था सरल शासन युक्त सुरुचि-समेत।

अभिप्रेत अर्थ, कदाचित् यह होगा कि अतिथि के संकेत से मनु में इच्छा जगती थी अर्थात् मनु वही काम करते थे, जिसे श्रद्धा चाहती थी। किन्तु इतनी सीधी बात भी कवि सरलता से नहीं कह सका।

कितना दुःख जिसे मैं चाहूँ वह कुछ और बना हो,
मेरा मानस चित्र खींचना सुंदर-सा सपना हो।

[कर्म-सर्ग]

श्रद्धा शायद यह कहना चाहती है कि मैंने मनु के विषय में जो चित्र कल्पित किये थे, वे स्वप्न के समान झूठे निकले। भाव चित्रों की व्यर्थता का है। अतएव उसके साथ सुन्दर विशेषण लाने से कथ्य का बल नहीं बढ़ता, वह और दुर्बल हो जाता है। जो सुन्दर है, वह व्यर्थ कैसे होगा? और व्यर्थता बतानी थी तो रीता-सा अथवा वैसा ही कोई अन्य विशेषण स्वप्न के साथ जोड़ना था।

निर्जन में क्या एक अकेले तुम्हें प्रमोद मिलेगा?
नहीं, इसी से अन्य हृदय का कोई सुमन खिलेगा।

सुख-समीर पाकर, चाहे हो वह एकान्त तुम्हारा
बढ़ती है सीमा संसृति की बन मानवता-धारा।

[कर्म-सर्ग]

तीसरी पंक्ति का संगत अर्थ निकालने का चूँकि कोई उपाय नहीं है इसलिए उसे मैं दूसरी पंक्ति के साथ मिला देता हूँ। अब अर्थ होगा कि सुख समीर चाहे केवल तुम्हारा ही हो किन्तु उसे पाकर दूसरों के भी हृदय के फूल विकसित होंगे। लेकिन यह अर्थ कुछ अच्छा नहीं लगता। और तब चौथी पंक्ति का अर्थ क्या होगा? 'विश्व का विकास तब होता है जब मानवता के गुण धार बाँधकर बहते हैं'–इस अर्थ को व्यक्त करने के लिए क्या वह शैली यथेष्ट है जो चौथी पंक्ति में बरती गई है? आश्चर्य नहीं कि कविता के साधारण रसिक

कामायनी काव्य को छूने में भी घबराते हैं।

हिन्दी का व्याकरण अत्यन्त दुस्साध्य है और हम लोग उसके सम्पूर्ण निर्वाह का दावा नहीं कर सकते। श्रेष्ठ कवियों में से श्री मैथिलीशरणजी गुप्त हैं जिन्होंने व्याकरण का अपनी दृष्टि से सर्वाधिक निर्वाह किया है। दूसरा नाम, कदाचित् निराला जी का आएगा। अतः कहा जा सकता है कि व्याकरण और मुहावरों के प्रति असावधान हो जाने का अपराध घट-बढ़कर सबसे हुआ है। किन्तु *कामायनी* जैसे काव्य में ऐसे दोषों का बाहुल्य बहुत खटकता है। उदाहरण के लिए : 'चल जाना', इस मुहावरे को लीजिए। आदमी चलता है किन्तु जादू चलता भी है और 'चल भी जाता' है। 'आदमी का चला जाना' शुद्ध है यद्यपि यदि यह कहें कि आदमी 'चल जाता' है, तो वह अशुद्ध होगा। किन्तु इस अशुद्धि के *कामायनी* में कई दृष्टान्त हैं।

1. *चेतनता, चल जा, जड़ता से आज शून्य मेरा भर दे।*

[चिन्ता-सर्ग]

2. *विश्व-कमल की मृदुल मधुकरी रजनी तू किस कोने से*
आती चूम-चूम चल जाती पढ़ी हुई किस टोने से?

[आशा-सर्ग]

3. *वह चलने को जब कहे कहीं, तब हृदय विकल चल जाए वहीं।*

[इड़ा-सर्ग]

4. *माँ, तू चल आई दूर इधर,*
संध्या कब की चल गई उधर।

[दर्शन-सर्ग]

5. *ऐं, तुम फिर भी आज यहाँ कैसे चल आई?*

[संघर्ष-सर्ग]

स्पष्ट ही, पहले उद्धरण में 'चल जा' की जगह 'चली जा', दूसरे में 'चल जाती' की जगह 'चली जाती', तीसरे में 'चल जाए' की जगह 'चला जाए', चौथे में 'चल गई' की जगह 'चली गई' और पाँचवें में 'चल आई' की जगह 'चली आई' होना चाहिए।

इसी प्रकार 'कब का' का, एक स्थान पर बड़ा ही भ्रामक प्रयोग हुआ है। 'नृत्य कब का समाप्त हो गया'–यह प्रयोग तो ठीक है किन्तु 'नृत्य कब का हो रहा था' यह अशुद्ध प्रयोग है।

पंचभूत का यह ताण्डवमय नृत्य हो रहा था कब का।

[चिन्ता-सर्ग]

यहाँ अभिप्रेत अर्थ यह मालूम होता है कि नृत्य बहुत दिनों से चल रहा था अथवा ताण्डव बहुत काल तक चलता रहा। किन्तु 'कब का' से वह अर्थ स्पष्ट नहीं होता।

कामायनी में एकवचन की संज्ञा के लिए बहुवचन का सर्वनाम अथवा तू की जगह तुम और तुम की जगह तू के प्रयोग भी अनेक स्थलों पर मिलते हैं। यथा—

अरे अमरता के चमकीले पुतलो! तेरे वे जयनाद।

[चिन्ता-सर्ग]

अरी आँधियो! ओ बिजली की दिवारात्रि, तेरा नर्तन,
उसी वासना की उपासना, वह तेरा प्रत्यावर्तन।

[चिन्ता-सर्ग]

प्रकृत शक्ति तुम ने यन्त्रों से सब की छीनी
शोषण कर जीवनी बना दी झोली झीनी।
और इड़ा पर यह क्या अत्याचार किया है?
इसीलिए, तू हम सब के बल यहाँ जिया है?

[संघर्ष-सर्ग]

कुछ दुष्प्रयोग क्रिया से भी सम्बन्ध रखते हैं। ईर्ष्या-सर्ग में एक पद आता है—

लौटे थे मृगया से थक कर दिखलाई पड़ता गुफा-द्वार।
पर, और न आगे बढ़ने की इच्छा होती, करते विचार।
मृग डाल दिया, फिर धनु को, भी मनु बैठ गए शिथिलित शरीर।

[ईर्ष्या-सर्ग]

यहाँ प्रसंग से सूचित स्थिति के अनुसार 'दिखलाई पड़ता' की जगह

'दिखलाई पड़ा' और 'इच्छा होती' की जगह 'इच्छा हुई' होना चाहिए था।

अपरंच :

यजन करोगे क्या तुम? फिर यह किसको खोज रहे हो?
अरे, पुरोहित की आशा में कितने कष्ट सहे हो?

[कर्म-सर्ग]

'कितनी रोटियाँ खाई हैं', 'कितना दूध पिया है' आदि वाक्यों के समान यहाँ भी 'कितने कष्ट सहे हैं' ही होना चाहिए था।

घनीभूत हो उठे पवन फिर श्वासों की गति होती रुद्ध।

[चिन्ता-सर्ग]

यहाँ भी मुझे यही प्रतीत होता है कि 'होती' के स्थान पर 'हुई' अथवा 'होने लगी' की ही आवश्यकता थी।

एक स्थान पर तो बहु-प्रचलित 'तपस्या' शब्द का पुल्लिंग में इतना खुलकर प्रयोग किया गया है कि अचरज के मारे बिलकुल अवाक् रह जाना पड़ता है।

मनन किया करते वे बैठे ज्वलित अग्नि के पास वहाँ,
एक सजीव तपस्या जैसे पतझड़ में कर वास रहा।

[आशा-सर्ग]

और यही भूल कवि ने एक जगह और की है :

नील गरल से भरा हुआ यह चन्द्र-कपाल लिए हो,
इन्हीं निमीलित ताराओं में कितनी शान्ति पिए हो?

[कर्म-सर्ग]

'शान्ति' स्त्रीलिंग है। 'कितनी शान्ति पी है' प्रयोग तो यही शुद्ध होगा।

संज्ञा का परिचय दिये बिना सर्वनाम का प्रयोग कर बैठना भाषा का दुष्प्रयोग है। इससे अर्थबोध में बाधा उपस्थित होती है और कवि के श्रम में चाहे जो भी कमी हो जाए, किन्तु पाठकों का श्रम इससे बढ़ जाता है। किन्तु छायावाद के आरम्भिक काल में यह दोष प्रायः सबसे हुआ था। संज्ञा की कल्पना मात्र से कविगण इतने मस्त हो जाते थे कि वे उसका कहना ही भूल जाते थे और बेखटके सर्वनामों का प्रयोग वे इस भाव से करने लगते थे मानो पाठक भी संज्ञा से अवगत और उसकी कल्पना से मस्त हों। अब इस दोष को

बहुत-से लोग मानने लगे हैं किन्तु सन् 1924-25 ई. के लगभग यह प्रायः गुण समझा जाता था। पन्त जी की 'स्वप्न' शीर्षक कविता में ये पंक्तियाँ आती हैं :

उस स्वप्नों की सवर्ण-सरित का सजनि, कहाँ है जन्म-स्थान,
मुसकानों में उछल-उछल मृदु बहती वह किस ओर अजान?
किन कर्मों की जीवित छाया उस निद्रित-विस्मृति के संग
आँख-मिचौनी खेल रही वह किन भावों की गूढ़ उमंग?

'उस स्वर्ण सरित' और 'उस निद्रित-विस्मृति' की संज्ञाएं कहाँ हैं, इसका विधिवत् पता नहीं चलता किन्तु कविता शान से आगे बढ़ती है। पंक्तियाँ पढ़ते ही पाठक के मन में जिज्ञासा उठती है : "यह किस स्वर्ण-सरित की बात है? किस निद्रित-विस्मृति का आख्यान है?" किन्तु इस जिज्ञासा का व्याकरण-सम्मत समाधान कविता में नहीं है। यह समाधान पाठक को अपनी कल्पनाशक्ति से निकालना पड़ता है। इसे मैं एक प्रकार का आकांक्षा-दोष मानता हूँ। और *कामायनी* के जो अंश छायावाद के आरम्भ में रचे गए थे (मेरा अनुमान है कि ऐसे अंश चिन्ता और आशा-सर्ग हैं जिनमें अभिव्यक्ति के दोषों की पूरी भरमार है), उनमें यह आकांक्षा-दोष बहुत अधिक है। यथा :

उतर चला था वह जल-प्लावन और निकलने लगी मही।
उस निश्चिन्त जाति का जीव
अमर मरेगा क्या?
चिन्ता करता हूँ मैं जितनी उस अतीत की, उस सुख की।

[चिन्ता-सर्ग]

दोनों का समुचित प्रतिवर्तन जीवन में शुद्ध विकास हुआ।

[काम-सर्ग]

यह कितनी स्पृहणीय बन गई मधुर जागरण-सी छविमान।

[आशा-सर्ग]

वह विराग-विभूति ईर्ष्या-पवन से हो व्यस्त।

[वासना-सर्ग]

कामायनी में कुछ विद्वान यति-दोष अथवा छन्दोभंग की भी चर्चा करते हैं। किन्तु मेरे जानते इस दृष्टि से *कामायनी* सदोष काव्य नहीं है। केवल दो शब्द हैं जिनके कारण आलोचकों को यह दोष दिखाई देता है। ज्योत्स्ना में

वास्तव में चार ही मात्राएँ हैं। किन्तु कामायनीकार ने कहीं तो उसका प्रयोग चार मात्राओं के लिए किया है और कहीं पाँच मात्राओं के लिए। इसी प्रकार एक शब्द आह्लाद भी है जिसका प्रयोग छह मात्राओं के लिए किया गया है यद्यपि इस शब्द में पाँच ही मात्राएँ हैं।

छन्द की दृष्टि से दुर्बलता *कामायनी* में प्रयुक्त तुकों या अन्त्यानुप्रासों में दिखाई देती है। 'तुक' के लिए शब्द चुनने में संगीत की माँग यह रहती है कि कम-से-कम अन्त की दो मात्राएँ परस्पर मेल खा जाएँ तो अच्छा है। इसीलिए 'करने' की तुक 'मरने' अथवा 'डरने' के साथ ठीक मेल खाती है किन्तु यदि 'करने' के साथ 'होने' अथवा 'देने' को मिला दिया जाए तो अन्त्यानुप्रास दूषित हो जाता है। साथ ही कवि को यह भी ध्यान रखना पड़ता है कि तुक के शब्द ऐसे हों जो भाव-वर्णन में भी सहायता देते हों। यदि तुक के शब्द भावाभिव्यक्ति में सहायक न हुए तो वे फालतू-से हो जाते हैं और पाठक के मन पर उनका विपरीत प्रभाव पड़ता है। इसलिए अन्त्यानुप्रास वही श्रेष्ठ समझा जाता है जिसके शब्द संगीतमयता में भी विघ्न नहीं डालते, साथ ही भावाभिव्यक्ति में सहायक होने के कारण उनका पदान्त में आ बैठना स्वाभाविक भी लगता है। दुःख की बात यह है कि *कामायनी* के बहुत-से अन्त्यानुप्रास इस कसौटी पर खरे नहीं उतरते। कहीं तो उनसे संगीत में बाधा पड़ती है, कहीं अभिव्यक्ति को वे दूषित बनाते हैं और ऐसी स्थिति में सर्वत्र ही उन्हें देखकर पाठकों का मन चिढ़-सा जाता है।

एक नाव थी और न उसमें डाँडे लगते या पतवार,
तरल तरंगों में उठ गिर कर बहती पगली बारम्बार।

संगीत की दृष्टि से यहाँ तुकें निर्दोष हैं। किन्तु भावाभिव्यक्ति की दृष्टि से उनका क्या हाल है? 'बारम्बार' का प्रयोग तभी संगत होगा यदि अर्थ यह लिया जाए कि 'नाव रुक जाती थी और वह फिर बहती थी।' किन्तु झंझा में नाव की ऐसी ही गति होती है क्या? वह तो निरन्तर हिलती-डुलती और बहती रहती है। 'बारम्बार' नहीं होता तो यह पद कहीं निर्दोष था।

सजग हुई फिर से सुर-संस्कृति देव-यजन की वर माया,
उन पर लगी डालने अपनी कर्ममयी शीतल छाया।

संगीत में यहाँ भी बाधा नहीं है। किन्तु कर्म को 'शीतल' विशेषण से

संयुक्त करने का सारा फसाद इसी छाया तुक के कारण बरपा हुआ है।

उन नृत्य-शिथिल नि:श्वासों की कितनी है मोहमयी माया!
जिनसे समीर छनता-छनता बनता है प्राणों की छाया।

[काम-सर्ग]

संगीत में बाधा फिर भी नहीं है। किन्तु प्राणवायु अथवा उसके किसी सम्यक् पर्याय के बदले प्राणों की छाया का प्रयोग कवि को इसी छाया के लोभ में करना पड़ा है। किन्तु छाया भावाभिव्यक्ति में सहायक न होकर उलटे उसमें बाधा पहुँचाती है।

और यदि संगीत-बाधक तुकों की बानगियाँ देखनी हों तो वे ये हैं—

...अब न यहाँ आने देना,
...मुझ को बस सोने देना,
...किन्तु डरे-से थे मन में,
...जीवन का लेना-देना।

[स्वप्न-सर्ग]

वह अनन्त चेतन नचता है उन्मद गति से
तुम भी नाचो अपनी द्वयता में, विस्मृति में।

[संघर्ष-सर्ग]

मैं बैठी गाती हूँ तकली के प्रतिवर्तन में स्वर विभोर,
चल री तकली, धीरे-धीरे प्रिय गए खेलने को अहेर।

[ईर्ष्या-सर्ग]

कुछ प्रकाश धूमिल-सा उसके दीपों से था निकल रहा
पवन चल रहा था रुक-रुककर खिन्न भरा अवसाद रहा।

[निर्वेद-सर्ग]

कुछ तुकें ऐसी भी हैं जो हास्यास्पद लगती हैं। यथा :

लड़ रहे अविरत युगल थे चेतना के पाश,
एक सकता था न कोई दूसरे को फाँस।

[वासना-सर्ग]

तब वृषभ सोमवाही भी अपनी घंटाध्वनि करता,
बढ़ चला इड़ा के पीछे मानव भी था डग भरता।

[*आनन्द-सर्ग*]

मनु का मन था विकल हो उठा संवेदन से खाकर चोट
संवेदन! जीवन जगती को जो कटुता से देता घोंट।

[*आनन्द-सर्ग*]

कामायनी में दोष उतने ही नहीं हैं जितने इन उद्धरणों में आए हैं। असमर्थ टुकड़ियों, उलझे हुए वाक्यखंडों और भरती के टुकड़ों से यह सारा काव्य ओतप्रोत है। वस्तुतः कामायनीकार की कला-चेतना अत्यन्त शक्तिशालिनी किन्तु रचनाशिल्प उससे कमजोर है। यह ठीक है कि श्रद्धा, लज्जा और काम सर्गों को देखते हुए मुझे ऐसा कहने का साहस नहीं होना चाहिए। किन्तु जो उद्धरण ऊपर दिये गए हैं, उन्हें देखते हुए और कहा भी क्या जा सकता है? अथवा यह सोचकर हमें इन दोषों को सहन कर लेना है कि प्रसाद जी जब इस ग्रन्थ की रचना कर रहे थे तब वे बीमार थे और ग्रन्थ को सम्यक् रीति से संशोधित करने का श्रम वे नहीं उठा सकते थे। यह भी कि वे दिन भर मुलाकातियों से घिरे रहते थे। अतएव, जितना वे कर सकते थे, उसके लिए भी उन्हें अवकाश नहीं मिला। परिणाम यह है कि दोनों धरातलों पर कवि के अनवरत जाग्रत रहने का प्रमाण *कामायनी* में नहीं मिलता। *कामायनी* का कवि अद्भुत प्रतिभा से सम्पन्न है। उसमें ऊपर उड़ने की, रंध्र में धँसने और प्रत्यक्ष आवरण को चीरकर वस्तुओं के भीतर प्रवेश करने की अपरिमित शक्ति है। पर जिस ऊँचाई पर वह पाँव रखता है, उसकी स्पष्ट और पूर्ण अभिव्यक्ति देने में वह असमर्थ है। उसके विचार ऊँचे, किन्तु भाषा कमजोर है। उसके भाव सूक्ष्म, किन्तु अभिव्यक्तियाँ उलझी हुई हैं। कितने ही सर्गों की शिथिलता मन को कुरेदती है। कितनी ही पंक्तियों की असमर्थता मन में खीझ उपजाती है। किन्तु सब कुछ देख लेने पर इतना जरूर कहना पड़ता है कि यह काव्य विचारों के बहुत ही ऊँचे धरातल पर अवस्थित है और इसका देशव्यापी सुयश बिलकुल अकारण नहीं है। किन्तु फिर भी इतना कहे बिना सत्य की रक्षा नहीं हो सकती कि *कामायनी* के बाद भी यह नहीं कहा जा सकता कि खड़ीबोली हिन्दी में वह काव्य आ गया जिसे देखकर कविता में भाषा और अभिव्यक्ति का स्तर बाँधा

जा सके। कम-से-कम, *कामायनी* वह आदर्श काव्य नहीं है, यह ध्रुव सत्य है।

कुछ दोष उस समय का भी है जब इस काव्य की रचना आरम्भ हुई होगी। छायावादी आन्दोलन के आरम्भ में अभिव्यक्ति के जितने दोष थे, उनसे सबसे अधिक बेदाग केवल पन्त जी रहे हैं। अन्यथा माखनलाल चतुर्वेदी, निराला और महादेवी, तीनों की आरम्भिक रचनाओं में उलझी अभिव्यक्तियों के दृष्टान्त काफी संख्या में खोजे जा सकते हैं विशेषतः *परिमल, हिमकिरीटिनी* और *नीहार* की कविताएँ इन दोषों से खूब पीड़ित हैं। किन्तु प्रसिद्ध काव्य-ग्रन्थों में से अभिव्यक्ति के दोष जितने *कामायनी* में मिलते हैं, उतने और कहीं नहीं।

दोषोद्घाटन के सिलसिले में एक शंका यह भी उठती है कि अँधेरे में जैसे बैल, बिल्ली आदि पशुओं की आँखें दूर से ही चमकती दिखाई देती हैं, वैसे आदमी की आँखें चमकती हैं या नहीं। अनुभव से तो यही जान पड़ता है कि मनुष्य की आँखें अँधेरे में दूर से नहीं दिखाई देतीं और दूर से क्या, समीप से भी अंधकार में आकृति और आँखों में कोई भिन्नता नहीं होती। किन्तु दर्शन-सर्ग में, जब श्रद्धा मनु को खोजते-खोजते उस गुफा के पास पहुँची जिसमें मनु जा छिपे थे, तब उसे दूर से ही उनकी दोनों आँखें 'अनगढ़े रतन'-सी चमकती दिखाई पड़ीं।

तब सरस्वती-सा फेंक साँस, श्रद्धा ने देखा आस-पास,
थे चमक रहे दो खुले नयन, ज्यों शिला-लग्न अनगढ़े रतन।

'शिला-लग्न अनगढ़े रतन' से स्पष्ट भासित होता है कि श्रद्धा को मनु का शरीर दिखाई नहीं पड़ा, केवल आँखें ही दूर से दिखाई दीं। कविता की रचना के पीछे स्मृति का बहुत बड़ा हाथ होता है। कल्पना अपनी सारी सामग्रियाँ स्मृति के कोष में से चुनती है। स्पष्ट ही, कवि की स्मृति में पशु-नेत्रों के अंधकार में चमकने का जो दृश्य जमा था, उसे उसने यहाँ मनु की आँखों के साथ जोड़ दिया है।

'द ईव ऑफ सेंट एगनेस' नामक खंडकाव्य में ऐसी गलती कीट्स से भी हुई थी। इस काव्य की नायिका माडेलिन चाँदनी रात में अपने कक्ष के भीतर जाकर प्रार्थना में बैठती है। इस कक्ष की खिड़कियों में रंग-रंग के शीशे लगे हुए हैं। कीट्स कहते हैं कि जब माडेलिन प्रार्थना में बैठी, सभी रंगों के शीशों के प्रतिबिम्ब उसके अंग-अंग पर पड़ने लगे। उसके हाथों पर तो

गुलाबी बिम्ब पड़ा और वक्षस्थल पर नीली प्रतिच्छाया तथा उसके कुंतल-जाल पर उज्ज्वल रंग चमक उठा। एक आलोचक ने यह कहकर इस चित्रण में दोष निकाला है कि रंगीन शीशों से बिम्ब सूर्य के प्रकाश में निकलते हैं, चन्द्रमा की किरणों से नहीं। कीट्स ने एक स्थान पर लिखा है कि कल्पना जिसे भी सौन्दर्य समझती है, वह सत्य भी होगा, भले ही वस्तु-जगत् में उसका अस्तित्व न हो। मेरा खयाल है, कवि की यह उक्ति इसी आलोचक को उत्तर रही होगी।

कुछ दार्शनिक शंकाएँ

एक दूसरी शंका श्रद्धा के पराशक्तिवाले रूप पर से भी उठती है। श्रद्धा क्या सचमुच पराशक्ति है? *कामायनी* के तीन पात्रों में से केवल श्रद्धा ही ऐसी है जो आरम्भ से लेकर अन्त तक कोमल, मृदुल, सहनशील तथा धर्म का प्रतिरूप बनी रहती है। मनु और इड़ा में ये गुण नहीं हैं। श्रद्धा पहले तो मनु का गुरु बनकर उन्हें प्रवृत्ति की शिक्षा देती है फिर पत्नी बनकर उनकी गृहस्थी बसाती है और अन्त में पराशक्ति के रूप धरकर वह उन्हें शिवलोक पहुँचा देती है। इससे यह स्पष्ट भासित होता है कि कवि को आरम्भ से ही यह अभीष्ट था कि श्रद्धा की परिणति पराशक्ति के रूप में की जाए। इसीलिए उसका व्यक्तित्व आरम्भ से ही कोमल और पवित्र रखा गया है। और रहस्य-सर्ग में पहुँचकर श्रद्धा जिस अधिकार के साथ त्रिपुर का वर्णन करती है, उससे तनिक भी सन्देह नहीं रह जाता कि वह पराशक्ति है, साक्षात् शंकर की सिद्धि है। उसका यह रूप, सच पूछिए तो दर्शन-सर्ग में ही खुल पड़ता है जहाँ वह मनु से कहती है :

तब चलो जहाँ पर शान्ति-प्रात,
मैं नित्य तुम्हारी, सत्य बात।

यही नहीं, प्रत्युत वह मनु को ऐसी दिव्य दृष्टि दे देती है जिससे उन्हें सर्वत्र अद्भुत दृश्य दिखाई देने लगते हैं।

सत्ता का स्पन्दन चला डोल
आवरण पटल की ग्रन्थि खोल।
तम-जलनिधि का बन मधु-मंथन
ज्योत्स्ना-सरिता का आलिंगन,

वह रजत गौर, उज्ज्वल जीवन
आलोक-पुरुष! मंगल-चेतन!
केवल प्रकाश का था कलोल,
मधु किरणा की थी लहर लोल।

यह कार्य गानवी का नहीं हो सकता। श्रद्धा सचमुच ही दिव्य शक्ति है।

किन्तु पराशक्ति को रहस्यवादिनी का रूप देना क्या संगत लगता है? रहस्यवाद आध्यात्मिक सत्यों की अधूरी अनुभूति होती है। रहस्यवाद वह धूमिल वाणी है जो अदृश्य वास्तविकता की कल्पना से फूटती है, जो उस मनुष्य के मुख से निकलती है जो अदृश्य सत्यों की काल्पनिक झाँकी से अभिभूत हो उठा है। इसीलिए रहस्यवाद का कितना अंश कल्पना और कितना सत्य या अतिरंजित सत्य है, इसे हम नहीं जान सकते। इसीलिए राम, कृष्ण अथवा अन्य अवतारों के मुख से अस्पष्ट, धुंधली बातें कहलाने का काम हमारे पहले के कवियों ने नहीं किया। जो परम सत्ता का चेतन अवतार है, वह तो सारे निगूढ़ सत्यों को जानता है। वह धुँधली वाणी क्यों बोलेगा? धुँधली बातें बोलना उसके लिए स्वाभाविक है जो सीमित मनुष्य है और कल्पना को बहुत दूर खींचने अथवा समाधि को सिंधुवत् गम्भीर बना लेने पर भी जिसे अदृश्य वास्तविकता का सम्पूर्ण ज्ञान नहीं हो पाता। किन्तु जो कुछ उसे दिखलाई पड़ता है, उसी से चकित, विस्मित और उत्तेजित होकर वह अद्‌भुत बातें बोलने लगता है, जैसे कबीर बोल गए हैं, जैसे दादू और मीरा बोल गई हैं।

यहाँ पांडिचेरी के साहित्य-मर्मज्ञ श्री नलिनीकान्त गुप्त की एक बात याद आती है। उन्होंने एक स्थान पर लिखा है कि विश्व की बहुत-सी कविताएँ रहस्यवाद-सी दिखती हैं किन्तु वे सब-की-सब रहस्यात्मक नहीं होतीं। उनमें से कुछ को धार्मिक, कुछ को रहस्यात्मक और कुछ को आध्यात्मिक कहना उचित है। भक्ति, विनय, आत्मसमर्पण और श्रद्धा,—ये धर्म के लक्षण हैं। रहस्यवाद में अदृश्य, अगोचर तथा अज्ञेय पर चकित एवं विस्मित होने का भाव रहता है किन्तु इससे भी ऊपर चेतना का एक और स्तर है जहाँ पहुँचकर सत्य का वर्णन इस भाव से किया जाता है मानो जो रहस्य था, वह उन्मुक्त हो गया हो! जो अज्ञात था, वह ज्ञात हो गया हो! यह स्तर अध्यात्म का स्तर है जिसकी कविता मुख्यत: गीता में स्वयं भगवान ने कही है अथवा वह यत्र-तत्र

उपनिषदों में दृष्टिगोचर होती है।

शरीर के भीतर जो आत्मा का धरातल है, उसका विवेचन और अनुसंधान इन तीनों प्रकार की कविताओं में पाया जाता है। किन्तु धार्मिक कवि जिज्ञासा की बौद्धिक गहराइयों में न जाकर केवल आत्मसमर्पण करता है, केवल आत्मा या परमात्मा का गुणगान करता है और चाहता है कि उसके शरीर का विलय उसकी आत्मा में हो जाए। रहस्यवादी का ध्येय शरीर नहीं, आत्मा होती है। किन्तु आत्मा का भी चित्रण वह शरीर की ही भाषा में करता है। कबीर, जायसी, मीरा, दादू और रवीन्द्र का लक्ष्य आत्मा का धरातल है किन्तु इस धरातल के अस्पष्ट होने के कारण ही इन कवियों ने ऐन्द्रिय एवं शारीरिक संकेतों का आश्रय लिया है जिससे जो अस्पष्ट है, वह सुस्पष्ट बनाया जा सके, जो दूर है, वह समीप लाया जा सके तथा जो अरूप है, उसका हम मानसिक स्पर्श कर सकें। शरीर की भाषा में से आत्मा की भाषा तैयार करने की चिन्ता प्रायः सभी रहस्यवादियों में रही है, फिर भी आत्मा की भाषा सबके लिए सुलभ नहीं हुई। तब भी, रहस्यवाद हम वही मानते हैं जहाँ आत्मा की भाषा का अनुकरण किया जाता है, जहाँ अतीन्द्रिय धरातल की चेतना की वाणी उधार ली जाती है, जहाँ आत्मा की वस्तुस्थिति का वर्णन नहीं, उसकी धुँधली झाँकियों का बखान होता है।

किन्तु इस धरातल से ऊपर एक और धरातल है जहाँ आत्मा अपनी ही भाषा और अपने ही नाम में बोलती है, जहाँ शंका जिज्ञासा और बेचैनी का धुआँ नहीं उठता, जहाँ अतीन्द्रिय लोक की बात सुनिश्चित समाधान की भाषा में सुनाई जाती है। रहस्य-सर्ग में श्रद्धा मनु को त्रिपुर का जो वर्णन सुनाती है, उसका स्तर रहस्य नहीं, इसी अध्यात्म का स्तर है। यह स्तर पराशक्ति के सर्वथा उपयुक्त है। सर्वज्ञा पराशक्ति अध्यात्म के स्तर से बोलें, यह पूर्ण रूप से स्वाभाविक है। अस्वाभाविक-सी वे तभी हो जाती हैं जब वे सर्वात्मवादी भावनाओं से ग्रस्त होती हैं। श्रद्धा का विकास यदि पराशक्ति के रूप में करना था तो उसके मुख से रहस्यवादी उद्‌गार नहीं कहलवाना ही योग्य था। क्योंकि रहस्य की जिज्ञासा सीमित मनुष्य को होती है, पराशक्ति को तो सभी रहस्य ज्ञात रहने चाहिए। और श्रद्धा को यदि सारे अदृश्य रहस्य ज्ञात न थे तो रहस्य-सर्ग में उसने त्रिपुर की व्याख्या उतने अधिकार के साथ की कैसे? फिर भी यही श्रद्धा कर्म-सर्ग में सर्वात्मवादी भावनाओं में बह जाती है।

अचल, अनन्त, नील लहरों पर बैठे आसन मारे
देव! कौन तुम? झरते तन से श्रमकण-से ये तारे[1]

ठीक रहस्यवाद तो नहीं, किन्तु वैसे ही उलझे-उलझे प्रश्न श्रद्धा गंगा से भी करती है जिससे फिर यह शंका होने लगती है कि वह पराशक्ति का सही प्रतिनिधि है या नहीं।

जीवन में सुख अधिक या कि दुःख, मन्दाकिनि! कुछ बोलोगी?
नभ में नखत, अधिक सागर में या बुदबुद हैं, गिन दोगी?
प्रतिबिम्बित है तारा तुम में, सिन्धु-मिलन को जाती हो,
या दोनों प्रतिबिम्ब एक के, इस रहस्य को खोलोगी?

विचित्र बात है कि जिस शक्ति को त्रिपुर के सारे रहस्य ज्ञात थे, जिसके इंगित मात्र से मनु शिव की अदृश्य लीलाएँ देखने में समर्थ हो गए, उसे स्वयं इसका स्पष्ट ज्ञान नहीं था कि जीवन में सुख की अधिकता है या दुःख की, आकाश में तारे अधिक हैं या समुद्र में वीचियाँ। और ऐसे प्रश्न क्या सर्वज्ञा शक्ति के मुख से करवाए जाने के योग्य हैं? ये प्रश्न तो वे बच्चे किया करते हैं जो अभी कच्ची भावुकता के जाल में हैं।

किन्तु रहस्यवाद के क्षेत्र में छायावाद स्वयं कच्ची उम्र का बालक था। छायावादियों ने जहाँ भी रहस्यवादी बनने का प्रयत्न किया, वे भावुक बच्चों की जिज्ञासा के धरातल से अधिक ऊपर नहीं जा सके। अथवा यह कहना अधिक शीलपूर्ण होगा कि उनका रहस्यवाद साधक नहीं, कलाकार का रहस्यवाद था। उन्होंने लकड़ियाँ तो खूब रंगीन और सुगन्धयुक्त जुटाईं किन्तु उनमें से ज्वाला नहीं फूट सकी। आग कोरी कला, कोरी पच्चीकारी से कभी फूटती भी नहीं। वह साधना से जलती है। *कामायनी* में भी जो रहस्यवाद है, वह

1. श्रद्धा के मन में यह जिज्ञासा कर्म-सर्ग में उत्पन्न होती है और दर्शन-सर्ग में वह मनु को दिव्य दृष्टि देकर उन्हें जो कुछ दिखलाती है, उसी में इस जिज्ञासा का भी समाधान है कि किसके शरीर से श्रमबिन्दु निकलकर नक्षत्र बनकर चमक रहे हैं।

    लीला का स्पंदित आह्लाद, वह प्रभापूर्ण चितिमय प्रसाद,
    आनन्दपूर्ण ताण्डव सुन्दर, झरते थे उज्ज्वल श्रम-सीकर,
    बनते तारा, हिमकर, दिनकर, उड़ रहे धूलिकण-से भूधर।
    संहार-सृजन-से युगल पाद गतिशील, अनाहत हुआ नाद।
    तो क्या स्वयं श्रद्धा को ही यह रहस्य ज्ञात नहीं था?

साधक नहीं, कलाकार की बौद्धिक अनुभूति से उत्पन्न हुआ है। उसके भीतर कहीं भी यह प्रमाण नहीं मिलता कि कवि सचमुच अदृश्य और अगोचर को समझने के लिए बेचैन है। हाँ, इस बात के प्रमाण सभी छायावादियों में मिलते हैं कि परम्परागत रहस्य भावनाओं की काल्पनिक अनुभूति करके वे अपनी कविताओं पर आध्यात्मिक रंग छिड़कना चाहते थे।

उस असीम नीले अंचल में देख किसी की मृदु मुसक्यान,
मानो, हँसी हिमालय की है फूट चली करती कल गान।

इस पद में जिज्ञासा गौण, कला अत्यन्त प्रमुख है। स्पष्ट है, यह सुन्दर कविता का उदाहरण है जिसके चित्रों की कल्पना से चित्त प्रसन्न होता है। किन्तु इसे पढ़कर रहस्य पर सोचने की प्रेरणा नहीं मिलती। रहस्यवादी काव्य प्रेरक तभी हो सकता है जब उसके भीतर बौद्धिकता का बल हो, जब उससे यह भासित हो कि कवि पाठकों को लिये हुए सचमुच किसी रहस्य के भीतर प्रवेश करना चाहता है। किन्तु *कामायनी* में यह बौद्धिकता उसी प्रकार अल्प है, जैसे वह अन्य छायावादियों में थी। रहस्य के भीतर दूर तक धँसने के पहले ही छायावाद क्लान्ति का अनुभव करने लगता था। कामायनीकार ने रहस्य के भीतर धँसने को मनु की पीठ तो काफी ठोंकी किन्तु मनु ने आगे बढ़ने से इनकार कर दिया।

हे अनन्त रमणीय! कौन तुम यह मैं कैसे कह सकता?
कैसे हो? क्या हो? इसका तो भार विचार न सह सकता।

[आशा-सर्ग]

यही नहीं, रहस्यवादी मनु की सबसे बड़ी उपलब्धि यह है कि—

हे विराट! हे विश्वदेव! तुम कुछ हो, ऐसा होता भान।
मन्द, गम्भीर, धीर स्वर-संयुत यही कर रहा सागर गान।

[आशा-सर्ग]

और इसमें मनु का दोष नहीं है। इस सीमा से आगे छायावाद भी नहीं गया था।

दूसरा विचारणीय प्रश्न यह है कि यह तो माना कि मनु का संघर्ष मानव का संघर्ष है, मनुष्य-जाति का संघर्ष है किन्तु इस संघर्ष का *कामायनी* समाधान क्या देती है। मनु ने काफी संघर्ष झेला किन्तु अन्त में इड़ा के व्यवहार से दुखी

होकर वे संसार से भाग गए। यदि कथा इतने पर ही समाप्त हो जाती तो बात वही होती कि 'मुई नारि गृह-संपत्ति नासी, मूँड़ मुँड़ाय भये संन्यासी।' किन्तु मनु औसत मनुष्य की अपेक्षा कुछ अधिक सौभाग्यशाली निकले। चरित्र और कर्म से वे ईश्वरानुग्रह के पात्र रहे हों या नहीं, किन्तु शंकर की उन पर अशेष कृपा थी। यही कृपा श्रद्धा के रूप में उनके साथ हुई थी और श्रद्धा ने ही सहसा उन्हें 'मन के सूक्ष्म प्रतिमानरूप त्रिपुर को भी पार कर त्रिपुरारि के उस चैतन्य लोक में' पहुँचा दिया जहाँ पहुँचते ही वे जीवन की सभी समस्याओं का समाधान पा गए, सुख-दुःख और भेद-भाव के द्वन्द्वों से छूटकर समरस चैतन्य के अंक में विश्राम करने लगे, जहाँ :

स्वप्न, स्वाप, जागरण भस्म हो, इच्छा, क्रिया, ज्ञान मिल लय थे,
दिव्य अनाहत-पर निनाद में श्रद्धायुत मनु, बस, तन्मय थे।

[रहस्य-सर्ग]

किन्तु इस समाधान में कोई नवीनता नहीं है। यह तो अत्यन्त प्राचीन काल से आनेवाली परम्परा को नव-जीवन देने का प्रयास है। संसार में चूँकि विषमताएँ, विभीषिकाएँ और संघर्ष बहुत हैं इसलिए संसार से भाग चलो। जहाँ आग है, जलने की सम्भावना भी वहीं होती है। अतएव आग से बचने को हिमालय की गुफा में जा बसो। लेकिन बाहर की आग से तो भागकर बचा जा सकता है किन्तु भीतर की आग से बचने का क्या उपाय है? वह तो हिमालय की गुफा में भी मन को दग्ध कर सकती है। और सबको श्रद्धा जैसे सदगुरु मिल जाएँ, यह क्या सम्भव है? और यदि सम्भव हो भी, तो भी क्या यह संन्यास, यह पराजय की भावना नवयुग की चिन्ताधारा के अनुकूल मानी जा सकती है?

कामायनी के इस परम्परागत समाधान पर विचार करते हुए पंडित सुमित्रानन्दन पन्त ने लिखा है कि जो आनन्द-चैतन्य *कामायनी* का प्रतिपाद्य है, वह अपनी जगह पर ठीक है और "जीवन-संघर्ष से विरक्त होकर मनुष्य व्यक्तिगत रूप से उस स्थिति पर पहुँच भी सकता है। पर यह तो विश्व-जीवन की समस्याओं का समाधान नहीं है! मनुष्य के सामने प्रश्न यह नहीं है कि वह इड़ा-श्रद्धा का समन्वय करके वहाँ तक कैसे पहुँचे, उसके सामने जो चिरन्तन समस्या है, वह यह है कि उस चैतन्य का उपभोग मन, जीवन तथा पदार्थ के स्तर पर कैसे किया जा सकता है।...श्रद्धा की सहायता से समरस-स्थिति प्राप्त

कर लेने पर भी मनु लोकजीवन की ओर नहीं लौट आए। आने पर भी शायद वे कुछ नहीं कर सकते। संसार की समस्याओं का यह निदान तो चिर पुरातन, पिष्टपोषित निदान है।"

कामायनी का अन्तिम सन्देश नवयुग की विचारधारा के अनुकूल नहीं है। संसार छोड़कर मुक्ति के लिए वन में जा बसना और कृच्छ्र वैराग्य-साधना के द्वारा वैयक्तिक संतोष प्राप्त करना, यह परिपाटी उपनिषदों के समय चली और बौद्ध तथा जैन मतों ने उसका चरम विकास किया। किन्तु संघों में इस यतीवाद के जो परिणाम दिखाई पड़े, उससे शिक्षा लेकर कबीर, नानक आदि सन्तों ने फिर से मध्यम मार्ग को प्रधानता दी एवं उन्होंने विवाह भी किया और अपनी रोटी आप कमाते हुए वे मुक्ति-साधना भी करते रहे। शुद्ध भोगवादी प्रवृत्ति का तो आदर भारत में कभी नहीं हुआ किन्तु वैराग्य-साधना और यतीवाद के व्यापक रूप से प्रचलित हो जाने पर भी, जनक का आदर्श यहाँ की विचार-भूमि पर बराबर मँडलाता रहा है। जनक का आदर्श, यानी वह साधना जिसके बारे में तुलसीदास ने 'जोग भोग महँ राखेउ गोई' कहा है। जनक का आदर्श, यानी वह साधना जिसके बारे में उपनिषद् ने 'तेन त्यक्तेन भुंजीथा:' कहा था और जिसे और भी अधिक स्पष्ट करते हुए रज्जबजी ने घोषणा की है :

एक जोग में भोग है, एक भोग में जोग,
एक बुड़हिं वैराग्य में, इक तरहिं सो गिरही लोग।

इस प्रसंग में नवयुग की चेतना बुद्ध और महावीर नहीं जनक, कबीर और नानक के अधिक समीप है। यही कारण है कि गीता को नवयुग के अधिक अनुकूल बनाने के लिए लोकमान्य तिलक को उसकी प्रवृत्तिमार्गी टीका लिखनी पड़ी। *गीता-रहस्य* में तिलक जी ने लिखा है : "प्रवृत्तिर्लक्षणो योगःज्ञानं संन्यासलक्षणम्।"...अश्वघोष ने अपने *बुद्धचरित* में यह दिखलाने के लिए कि "गृहस्थाश्रम में रहकर भी मोक्ष की प्राप्ति कैसे की जा सकती है, जनक का उदाहरण दिया है। जनक के दिखलाए हुए मार्ग का नाम योग है। इसलिए गीता के योग शब्द का भी यही अर्थ लगाना चाहिए, क्योंकि गीता के अनुसार (3/20) जनक का ही मार्ग उसमें प्रतिपादित किया गया है।" जिन प्रेरणाओं से चालित होकर लोकमान्य को गीता की जनकमार्गी व्याख्या लिखनी पड़ी, उन्हीं प्रेरणाओं का यह परिणाम है कि ज्यों-ज्यों नवयुग आगे बढ़ता है, गार्हस्थ्य और संन्यास के बीच की दूरी घटती जाती है। आज का श्रेष्ठ संन्यासी वह है

जो एक रास्ते से संसार से निकलकर दूसरे रास्ते से उसमें वापस आ जाता है; अर्थात् वह अपनी वैयक्तिक गृहस्थी तो छोड़ देता है किन्तु संसार को नहीं छोड़ता, वन में जा बसने के बदले संसार में ही रहकर उसकी सेवा करता है। रामकृष्ण और महात्मा गांधी ऐसे ही संन्यासी हुए हैं और विलक्षणता की बात यह है कि दोनों में से किसी ने भी अपनी पत्नी का त्याग नहीं किया।[1] यही नहीं, प्रत्युत् गांधी और अरविन्द के मार्ग पर चलने वाले संन्यासी अपने वस्त्र भी नहीं रँगवाते हैं। यह अच्छा है क्योंकि गैरिक रंग भी गृहस्थ और संन्यासी के बीच खाई उत्पन्न करनेवाला रंग है।

यदि *कामायनी* का समाधान श्रेष्ठ माना जाए तो इसका परिणाम यह होगा कि संसार राग और हिमालय विराग का स्थान बना रहेगा अर्थात् मनुष्य की यह रूढ़ धारणा ज्यों कि त्यों बनी रह जाएगी कि संसार में रहकर धर्म की साधना नहीं की जा सकती। जिसे धर्म की साधना करनी हो, वह विश्व का त्याग करके वैराग्य ले ले। किन्तु नवयुग की प्रवृत्ति इसके विपरीत है। वह नहीं चाहती कि मनुष्य धर्म तो वन में जाकर साधे तथा संसार में वह पाप से समझौता करता रहे। वह नहीं चाहती कि धर्म तो मनुष्य रविवार या शुक्रवार को करे तथा बाकी दिन वह अधर्म से भी काम ले। नवयुग का अध्यात्म संन्यास और गार्हस्थ्य को परस्पर भिन्न रखने का पक्षपाती नहीं है। वह प्रत्येक संन्यासी को गृहस्थ तथा प्रत्येक गृहस्थ को संन्यासी बनाना चाहता है। और इसीलिए *कामायनी* का संन्यासवाला समाधान नवयुग को ग्राह्य नहीं हो सकता।

सभ्यता का जो वास्तविक रोग है, मनुष्य की जो असली दुर्बलता है, उसका निदान कामायनीकार ने बहुत ठीक दिया है।

ज्ञान दूर, कुछ क्रिया भिन्न है, इच्छा क्यों पूरी हो मन की?
एक दूसरे से न मिल सकें, यह विडम्बना है जीवन की।

किन्तु इस रोग-निवारण का जो मार्ग *कामायनी* में बतलाया गया है, वह

1. पत्नी का त्याग मनु ने भी नहीं किया। उनका यह कृत्य नवयुग की विचारधारा के अनुकूल है और उससे यह ध्वनि भी निकाली जा सकती है कि पत्नी मनुष्य की आध्यात्मिक प्रगति में बाधक नहीं होती। नर और नारी जैसे मिलकर गृहस्थी चलाते हैं, वैसे ही वे आध्यात्मिक सुखों की प्राप्ति भी साथ रहकर कर सकते हैं। आपत्ति की बात इतनी ही है कि श्रद्धा और मनु के संसार-त्याग से जिस संन्यास का पक्ष समर्थित होता है, वह नवयुग को ग्राह्य नहीं है।

नवयुग का मार्ग नहीं है।

संन्यास को भी कर्मनिष्ठ होना चाहिए, यह शिक्षा *कामायनी* में प्रतिपादित प्रवृत्तिवाद से आसानी से निकाली जा सकती है। यही नहीं बल्कि आनन्द-सर्ग में भी यह भाव कवि के भीतर मौजूद था। तभी तो मनु और श्रद्धा की कथा सुनाती हुई इड़ा मानव से कहती है :

वे युगल वहीं अब बैठे संसृति की सेवा करते,
संतोष और सुख देकर सब की दुख-ज्वाला हरते।

विचारने की बात यहाँ यह है कि हिमालय के शिखर पर कितनी आबादी थी जिसकी सेवा मनु और श्रद्धा कर रहे थे। कवि का भाव कदाचित् यह है कि जो तीर्थयात्री वहाँ पहुँचते थे, दम्पतियुगल धर्मोपदेश दिया करते थे। उपदेश देना भी सेवा के अन्दर गिना जा सकता है किन्तु सेवा का वह कर्म नहीं, ज्ञान-पक्ष है। और कामायनीकार में इच्छा एवं ज्ञान के लिए पक्षपात है।

केवल इच्छा और ज्ञान के लिए पक्षपात ही नहीं, प्रसाद जी में कर्म के प्रति वितृष्णा भी है। रहस्य-सर्ग में जब श्रद्धा मनु को कर्म-लोक का वर्णन सुनाती है तब मनु सहसा घबरा जाते हैं और कर्म के प्रति अपनी घोर घृणा व्यक्त करते हुए वे कह उठते हैं :

बस अब और न इसे दिखा तू,
यह अति भीषण कर्म-जगत् है।

किन्तु यह घृणा उन्हें इच्छा-लोक को देखकर नहीं होती क्योंकि वह रागारुण है, ऊषा के कन्दुक के समान सुन्दर है, उसका कलेवर छायामय और कमनीय है तथा उसके भीतर भावमयी प्रतिमा का निवास है। ये ठीक वे ही विशेषण हैं जो छायावाद को बहुत ही प्रिय थे। और श्रद्धा इच्छा के जिन दुर्गुणों का आख्यान करती है, वे दुर्गुण भी छायावादी कविता के विशेषण के समान लगते हैं।

ये अशरीरी रूप सुमन-से केवल वर्ण-गन्ध में फूले,
इन अप्सरियों की तानों के मचल रहे हैं सुन्दर झूले।
चिर वसन्त का यह उद्‌गम है, पतझर होता एक ओर है,
अमृत-हलाहल यहाँ मिले हैं, सुख-दुःख बँधते एक डोर हैं।

श्रद्धा ने इच्छा के दुर्गुणों के कुछ भीषण रूप भी दिखाए, जैसे :

माया-राज्य, यही परिपाटी, पाश बिछाकर जीव फाँसना।
नियममयी उलझन, लतिका का भाव-विटपि से आकर मिलना,
जीवन-वन की बनी समस्या, आशा नभ-कुसुमों का खिलना।

किन्तु मनु इच्छा के इन दुर्गुणों को कदाचित् दुर्गुण नहीं मानते। सब कुछ देख-सुनकर भी उनके मुख से अनायास निकल पड़ता है : "सुन्दर यह तुमने दिखलाया।" अर्थात् इच्छा में चाहे लाख दोष हों, फिर भी वह रमणीय है। यह उक्ति बहुत ठीक होती यदि मनु कर्म को भी इसी दृष्टि से देखते क्योंकि कर्म की माता का नाम इच्छा ही तो है।

रहस्य-सर्ग के पूर्व तक मनु जिस प्रकार कच्ची भावनाओं का लोंदा बने आए हैं, उसे देखते हुए कर्म के प्रति उनकी यह वितृष्णा कुछ बहुत आश्चर्यजनक नहीं लगती। आश्चर्य हमें तब होता है जब हम यह देखते हैं कि कर्म-लोक का परिचय देते हुए श्रद्धा भी ऐसी बातें कह जाती है जिससे कर्म की निन्दा ध्वनित होती है और अकर्मण्यता की भावना को प्रोत्साहन मिलने लगता है।

श्रममय, कोलाहल-पीड़न-मय विकल प्रवर्तन महायंत्र का,
क्षण भर भी विश्राम नहीं है, प्राण दास है क्रियातंत्र का।
यहाँ सतत संघर्ष, विफलता, कोलाहल का यहाँ राज है,
अंधकार में दौड़ लग रही, मतवाला यह सब समाज है।

फिर भी, श्रद्धा-सर्ग में इसी नारी ने मनु को अकर्मण्यता और निवृत्ति का शिकार समझकर उन्हें फटकार सुनाई थी और कर्म में प्रवृत्त होने को उन्हें उत्साहित किया था।

कर रहा वंचित कहीं न त्याग तुम्हें मन में घर सुन्दर वेश।
दुःख से डर कर तुम अज्ञात जटिलताओं का कर अनुमान
काम से झिझक रहे हो आज भविष्यत् से बनकर अनजान।
काम मंगल से मंडित श्रेय सर्ग इच्छा का है परिणाम,
तिरस्कृत कर उसको तुम भूल बनाते हो असफल भवधाम।
जिसे तुम समझे हो अभिशाप, जगत की ज्वालाओं का मूल,
ईश का वह रहस्य-वरदान, कभी मत इसको जाओ भूल।
तप नहीं केवल जीवन-सत्य, करुण यह क्षणिक दीन अवसाद,

तरल आकांक्षा से है भरा सो रहा आशा का आह्लाद।

'सर्ग इच्छा का है परिणाम'–यह कहकर श्रद्धा ने इच्छावृत्ति की जो प्रशंसा की, वह ठीक है और इच्छा-लोक को देखकर मनु जो प्रसन्न हुए, वह भी कोई दोष की बात नहीं है। दोष केवल यह है कि इच्छा को अति वरेण्य मानते हुए भी मनु कर्म के कठोर विश्व को बर्दाश्त नहीं कर सकते।

ज्ञान का जगत् मनु को कैसा लगा, यह दिखलाने को उनके मुख से कुछ भी कहलाया नहीं गया है। हाँ, जैसे इच्छा-लोक श्रद्धा को अच्छा लगने से मनु को भी अच्छा लगा, उसी प्रकार कहा जा सकता है कि ज्ञान-लोक भी मनु को उतना ही प्रिय या अप्रिय लगा होगा जितना प्रिय या अप्रिय वह श्रद्धा की दृष्टि में था। और श्रद्धा की दृष्टि में ज्ञान उतना निन्द्य नहीं है जितना कर्म होता है।

प्रियतम! यह तो ज्ञान-क्षेत्र है, सुख-दुःख से है उदासीनता।

* * *

न्याय, तपस, ऐश्वर्य में पगे ये प्राणी चमकीले लगते।

* * *

मनोभाव से कार्य-कर्म के समतोलन में दत्तचित्त से,
ये निस्पृह न्यायासनवाले चूक न सकते तनिक वित्त से।

* * *

उत्तमता इनका निजस्व है, अम्बुजवाले सर-से देखो,
जीवन-मधु एकत्र कर रहीं उन ममाखियों-सा बस लेखो।

* * *

यहाँ शरद की धवल ज्योत्स्ना अंधकार को भेद निखरती।

* * *

देखो, वे सब सौम्य बने हैं, किन्तु, सशंकित हैं दोषों से।

यदि एकांगी ज्ञान की इतनी प्रशंसा की जा सकती है तो एकांगी कर्म को भी प्रशंसित होने का अधिकार है। प्रशंसा की ऐसी बहुत-सी बातें हैं जो एकांगी कर्म के पक्ष में भी कही जा सकती हैं बल्कि अतिवादी गांधीवादी चिन्तकों ने ऐसी बहुत-सी बातें कही भी हैं। किन्तु प्रसाद जी *कामायनी* में जिस चेतना को लेकर चले, वह इच्छा और ज्ञान के लिए तो अनुकूल थी किन्तु कर्म के साथ उसकी सहानुभूति अधिक सिद्ध नहीं होती। कर्म की जो प्रशंसा प्रवृत्ति के प्रसंग

में की गई है। उससे अब यह विदित होता है कि प्रवृत्ति के समर्थक नवयुग ने उतना अंश प्रसाद जी से उनके मन के विरुद्ध लिखवा लिया। वास्तव में, कामायनीकार के निगूढ़ अन्तर्तम में कर्म नहीं, इच्छा और ज्ञान के लिए प्रेम था। उनकी असली मनोदशा वह थी जिसकी प्रेरणा से मनुष्य अतिशय भावुकता के कारण अपूर्ण इच्छाओं को लिये हुए तड़प-तड़पकर जीने में सुख मानता है और इस स्थिति से खीझकर एक दिन संन्यास ले लेता है। मनु ने और क्या किया?

यहाँ पंडित रामचन्द्र शुक्ल की एक बात याद आती है। अपने इतिहास में उन्होंने लिखा है कि "श्रद्धा जब कुमार को लेकर प्रजा-विद्रोह के उपरान्त सारस्वत नगर में पहुँचती है तब इड़ा से कहती है कि 'सिर चढ़ी रही पाया न हृदय।' क्या श्रद्धा के सम्बन्ध में नहीं कहा जा सकता था कि 'रस पगी रही पाई न बुद्धि?' जब दोनों अलग-अलग सत्ताएँ करके रखी गई हैं तब एक को दूसरी से शून्य कहना और दूसरी को पहली से शून्य न कहना गड़बड़ में डालता है। पर श्रद्धा में किसी प्रकार की कमी की भावना कवि की ऐकान्तिक मधुर भावना के अनुकूल नहीं थी।" ठीक यही व्यवहार कर्म के साथ भी हुआ है। कर्म की खुलकर प्रशंसा कवि ने इसलिए नहीं की कि उनका अति कल्पना-प्रेमी हृदय इसके लिए तैयार नहीं था।

कर्म के प्रति इस उपेक्षा का कारण क्या है? श्रद्धा-सर्ग में जो कर्म मूल्यवान था, रहस्य-सर्ग में आकर वह गर्हित कैसे हो गया? क्या कवि यह दिखलाना चाहते हैं कि कर्म निम्न कोटि के प्राणियों के लिए विहित है तथा सामरस्य के समीप आनेवाले के लिए वह निन्द्य और त्याज्य हो जाता है? तो फिर इस सिद्धान्त का मेल गीता से नहीं बैठता। कृष्ण के जीवन में समरसता नहीं थी, यह मानने की बात नहीं है। फिर भी वे कहते हैं : "हे अर्जुन! मेरे लिए तो कर्म की परवशता ही नहीं है (न मे पार्थास्ति कर्तव्यम्)। तीनों लोकों में ऐसी कोई वस्तु नहीं है जो मुझे नहीं मिली हो अथवा जो मुझे आगे प्राप्त होने वाली हो! तो भी मैं कर्म करता ही रहता हूँ" (गीता 3/22)। "मनुष्य यदि कर्म का आरम्भ न करे तो इतने से ही वह कर्म से अलग नहीं रह सकता और केवल संन्यास अर्थात् कर्मत्याग से भी सिद्धि नहीं होती है" (गीता 3/5)।

श्रद्धा ने श्रद्धा-सर्ग में जो बातें कही थीं, वे गीता के कर्मयोग के अनुकूल थीं। किन्तु रहस्य-सर्ग में कही गई बातों से गीता और श्रद्धा-सर्ग की श्रद्धा, दोनों का विरोध होता है। क्या कवि का अभिप्राय यह बताना है कि इच्छा और

ज्ञान, स्वभाव से ही कर्म से श्रेष्ठ हैं? अथवा वे कर्म-कोलाहल से व्याप्त विश्व में समरसता का अभाव दिखाकर यह शिक्षा निकालना चाहते हैं कि इच्छा, ज्ञान और कर्म के बीच समन्वय नहीं रहने से संसार का यह हाल है? तो क्या जब तक प्रत्येक व्यक्ति सामरस्य की उपलब्धि न कर ले तब तक विश्व के कार्य-व्यापार बन्द रहें? और क्या कर्म-कोलाहल से भरे विश्व में प्रत्येक युग में कुछ व्यक्ति ऐसे नहीं होते जो कोलाहल के बीच भी शान्त और युद्धभूमि में भी फलासक्ति से ऊपर बने रहते हैं? फिर कर्म की निन्दा का क्या अर्थ है?

मेरा अनुमान है कि प्रसाद जी कर्म की निन्दा अतिभावुकता में आकर कर गए हैं और इसका दायित्व उनके दार्शनिक सिद्धान्तों पर नहीं, प्रत्युत् कल्पना की उस छायावादी धारा पर है जिसके वे उतने समर्थ कवि थे। अतिकल्पना का प्रेमी होने के कारण छायावाद कुछ-न-कुछ पलायनवादी अवश्य था। वह जीवन की परिचित भूमि से कुछ अलग रहना चाहता था। किन्तु कर्म की भूमि तो अतिपरिचित और अतिकठोर होती है। अतएव छायावाद के इस परम श्रेष्ठ कवि को भावुकतावश कर्म की भूमि कर्कश दिखाई पड़ी, कठोर जान पड़ी। छायावादी के मुख से कर्म की निन्दा कुछ नई बात नहीं है। स्वयं श्री रवीन्द्रनाथ ने कहा था :

God honours me when I work.
He loves me when I sing.

और क्षयशील भावों के कवि आस्कर वाइल्ड ने तो कर्म की निन्दा करने में रंच मात्र भी शील नहीं बरता।

When man acts, he is a puppet.
When he decides, he is a poet.

रहस्य-सर्ग में वर्णित कर्म-निन्दा कर्म को छोड़कर इच्छा और ज्ञान पर रीझने वाली इसी कलामयी मनोदशा का परिणाम है यद्यपि इस मनोदशा का सम्बन्ध भारत की उस दार्शनिक परम्परा से भी बिठाया जा सकता है जिसके अनुसार अविद्या का विनाश विद्या से बताया जाता है, कर्म से नहीं। कर्म अच्छे हों या बुरे, वे बंधन उत्पन्न करते हैं, उनसे जीव और उसके मोक्ष के बीच नवीन व्यवधान खड़े होते हैं। 'पाप-पुण्य दोउ बेरी, इक सोना, इक लोहा केरी'। प्रत्येक कर्म एक प्रकार का विरल संस्कार उत्पन्न करता है। इसी संस्कार

की परतें आत्मा पर जमी हुई हैं। इसी से आत्मा अपने को परमात्मा से भिन्न समझती है। ये परतें कब से जमने लगीं, कुछ कहा नहीं जा सकता। किन्तु जब तक ये परतें नहीं टूटतीं, जीव को आत्मज्ञान नहीं होगा। इन परतों को दूर करने का सर्वश्रेष्ठ मार्ग ज्ञान है। आत्मज्ञान हो जाने पर ही जीव अपने प्राचीन संस्कारों से छूटकर आत्म रूप का अनुभव करता है। किन्तु केवल ज्ञान यथेष्ट नहीं है। अब आगे कोई नया संस्कार न बने, आत्मा पर कोई नई परत न जम जाए, इसके लिए यह भी आवश्यक है कि साधक कर्माकर्म से छूटकर नैष्कर्म्य की स्थिति में आ जाए।

योग-अगिनि करि प्रगट तब, कर्म सुभासुभ लाइ,
बुद्धि सिरावइ ज्ञान घृत ममता मल जरि जाइ।

रहस्य-सर्ग में वर्णित कर्म की उपेक्षा में कुछ इस दार्शनिक नैष्कर्म्य की भी ध्वनि सुनी जा सकती है।

[फरवरी, 1958 ई.]

विचारक कवि पन्त

पन्त जी के अनेक काव्य ग्रन्थों में से *पल्लव* और *गुंजन*, ये दो ग्रन्थ ऐसे हैं जो सबसे अधिक पढ़े गए हैं। आग की पहली लपट कुछ ज्यादा खूबसूरत होती है। ज्यों-ज्यों कवि आगे बढ़ता है, उसके अंगारे तो तेज होते जाते हैं किन्तु लपटों की रंगीनी मन्द पड़ती जाती है। सरस्वती की जवानी कविता और बुढ़ापा दर्शन है। और काव्यरसिक जनता की रुचि दर्शन में कम, कविता में अधिक हुआ करती है। इस नियम की चोट पन्त-काव्य को भी सहनी पड़ी है क्योंकि सहृदय पाठकों ने *युगान्त* अथवा *ग्राम्या* तक पन्त जी को जिस उत्साह से पढ़ा, उस उत्साह से वे उनकी *युगान्त* के बाद की रचनाओं को नहीं पढ़ रहे हैं। और विचित्रता की बात यह है कि केवल पाठकों ने ही नहीं, पंडितों और आलोचकों ने भी *युगान्त* के बाद के पन्त-काव्य पर बहुत ही कम ध्यान दिया है। अभी भी पन्त-काव्य के विशेषज्ञ का लक्षण यह है कि वह *पल्लव* और *गुंजन* को भली भाँति पढ़ होता है।

हर्ष की बात है कि मित्रों के इस अधूरे प्रेम का पन्त जी पर कोई अनिष्टकारी प्रभाव नहीं पड़ा। इससे उनकी प्रेरणा पर कोई चोट नहीं पहुँची, न वे यह सोचकर कभी दुखी हुए हैं कि वे जिनके बीच रहकर काव्य-रचना कर रहे हैं, उनमें से अधिकांश लोग बहरे नहीं तो अधबहरे जरूर हैं। *युगान्त* के बाद *युगवाणी, ग्राम्या, स्वर्णधूलि, स्वर्णकिरण, उत्तरा, रजतशिखर, शिल्पी, अतिमा* और *सौवर्ण* एक के बाद एक इन नौ संग्रहों का प्रकाश में आना यह बतलाता है कि कवि की कविसुलभ लोकैषणावाली वृत्ति गौण हो गई है एवं अब वह

जो कुछ लिख रहा है, उसकी सारी प्रेरणा उसकी अन्तरस्थ आस्था से आती है और प्रशंसा तथा वाहवाही भी अब वह बाहर से नहीं, अन्तरस्थ देवता के ही मुख से चाह रहा है। ये लक्षण अत्यन्त श्रेष्ठ चिन्तक के हैं और सचमुच ही पन्त जी के साथ अब न्याय तभी हो सकता है जब आलोचक उन्हें कवि नहीं, चिन्तक-कवि के रूप में देखें। कवित्व चिन्तन से श्रेष्ठ होता है और अपेक्षया निरापद भी। कविता ऐसी भी लिखी जाती है जो सारे विचारों से तटस्थ रहकर पाठकों का मनोरंजन करती है और इसीलिए प्रायः उसके शत्रु नहीं होते। हाँ, उनकी बात और है जो कविता से नहीं, कवि के व्यक्तित्व से चिढ़ा करते हैं। किन्तु जो व्यक्तित्व से नहीं चिढ़ते, वे भी विचारों से चिढ़ जाते हैं। सबसे भयानक लड़ाइयाँ उन्हीं किलों के लिए लड़ी जाती हैं जो हवा में अवस्थित हैं। पन्त जी के हवाई किले को लेकर जो कुछ हुआ, वह लड़ाई तो नहीं थी–हाँ, उसे हम इकतरफा प्रहार कह सकते हैं। प्रहार करनेवाले लोग अब किले पर से लौट गए हैं। शायद उन्हें यह सन्तोष है कि किला टूट गया। किन्तु किला टूटा नहीं, बल्कि वह दिन-दिन मजबूत होता जा रहा है। *स्वर्ण किरण* के बाद *उत्तरा, रजतशिखर, शिल्पी* और *अतिमा* उसी किले के नये परकोटे नहीं तो और क्या हैं?

किन्तु पन्त जी का यह वैचारिक कोट है क्या चीज? *पल्लव* और *गुंजन* की झिलमिल छाँह से बाहर निकलने के बाद से लेकर अब तक वे किस साधना में लगे हुए हैं? और वह प्रेरणा कौन सी है जो आलोचकों की चुप्पी के बीच भी उन्हें निरन्तर कार्यशील रख रही है? अवश्य ही बाहर से किसी भी चीज की आशा लगाये बिना अपना सारा आनन्द अपने ही भीतर से पाने की प्रेरणा किसी बड़े उद्देश्य से आती होगी। और मेरी तुच्छ सम्मति में पन्त जी के सामने जो उद्देश्य है, वह बहुत ही महान है और जिस लगन के साथ वे उसे मूर्त करने में लगे हुए हैं, उस लगन के साथ केवल वे ही कवि और विचारक अपने ध्येय की सेवा करते हैं जो सचमुच महान हैं, जो केवल सुयश के लिए नहीं प्रत्युत् जीवन को प्रभावित और परिवर्तित करने के लिए काम करते हैं।

किन्तु इस उद्देश्य की व्याख्या के पूर्व यह विचिकित्सा आवश्यक दीखती है कि पन्त जी कवि से विचारक कब बने और उनके विचार बारी-बारी से बदले हैं अथवा उनका विकास एक ही दिशा में होता आया है।

वर्गीकरण की सुविधा के लिए समस्त काव्य का विभाजन *रूप-काव्य* और *विचार-काव्य* नाम से किया जा सकता है। किन्तु तब भी प्रत्येक रूप-

काव्य के भीतर विचार और प्रत्येक विचार-काव्य के भीतर रूप का अंश शेष रहता है। फिर भी यह कहा जा सकता है कि *वीणा, ग्रन्थि* और *पल्लव*—ये रूपकाव्य के उदाहरण हैं। उनकी सारी महिमा रूपचित्रण की महिमा है और इससे यदि कुछ भिन्न सौन्दर्य है तो वह भावनाओं का सौन्दर्य है और भावनाएँ विचार से कुछ भिन्न होती हैं। पन्त जी का विचारक-रूप पहले-पहल *ज्योत्स्ना* में दिखाई पड़ा था किन्तु *ज्योत्स्ना* के बाद जब *गुंजन* प्रकाशित हुआ, उसमें फिर महत्ता रूप की ही दिखाई पड़ी यद्यपि *गुंजन* की आरम्भिक कविताओं में कुछ विचार भी हैं। किन्तु ये विचार ऐसे नहीं थे जिनसे कवि के चिन्तक-रूप की प्रमुखता व्यंजित होती हो। उनसे केवल इतना ही पता चलता था कि कवि कल्पना से उतरकर पृथ्वी पर आ रहा है और अब उसकी रुचि कर्मठ जीवन-दर्शन की ओर है। यह सन् 1932 ई. की बात है जिस वर्ष *गुंजन* का प्रथम संस्करण प्रकाशित हुआ था।

तब सन् 1936 ई. में *युगान्त* निकला। *युगान्त* ने इतिहास के एक युग का अन्त भले ही संकेतित न किया हो किन्तु उससे कवि के अपने जीवन का एक युगान्त अवश्य सूचित हुआ; क्योंकि यही वह काव्य है जिससे कवि की दृष्टि निश्चल रूप से पहले-पहल सपनों से निकलकर सत्य की भूमि पर आ गई। कवि अपने आरम्भ-काल में शैली अथवा कल्पना की जिन रंगीनियों पर आसक्त हो जाता है, उनमें से कुछ रंगीनियाँ अन्त तक उसके साथ रहती हैं। पन्त जी की ऐसी आसक्ति परियों के देश पर हुई थी और तदनुसार परियों के देश का वातावरण घूम-फिरकर अब भी उनकी रचनाओं में आ जाता है। किन्तु अब ये लक्षण अवान्तर हो गए हैं। पन्त-काव्य में महत्त्व अब परियों के देशवाले वातावरण का नहीं, प्रत्युत् उन विचारों का है जो एक के बाद दूसरी पुस्तक में उत्तरोत्तर निखरते जा रहे हैं।

पन्त जी के *पल्लव* वाले रूप से भिन्न *युगान्त* में ऐसी कई बातें थीं जिनसे उनके प्रेमी पाठक उस समय चौंक उठे थे। पन्त जी तब तक अमिश्रित सौन्दर्य के कवि माने जाते थे। किन्तु *युगान्त* में उनकी क्रान्तिकारी और सुधारवादी प्रवृत्ति दिखाई पड़ी।

झरें जाति-कुल-वर्ण-पर्ण घन, अंध-नीड़-से रूढ़ि-ग्रसित छन,
व्यक्ति-राष्ट्र-गत राग-द्वेष-रण, झरें, मरें विस्मृति में तत्क्षण।
गा, कोकिल, बरसा पावक-कण।

पल्लव के कवि को यह पता नहीं था कि हरियाली, फूल, ओस, निर्झर, ताल और पर्वत के सिवा पृथ्वी पर एक जनारण्य भी है जिसमें हाहाकार मचा रहता है। उस समय इस जनारण्य की ओर कभी उसने झाँका भी तो उसे या तो स्वप्न शिशु दिखाई पड़े, छाया दिखाई पड़ी अथवा कानों तक चल चितवन का वन्दनवार तानने वाली बाल-युवतियाँ या फिर क्षणभंगुरता के वे भयानक दृश्य, जिनका मर्मभेदी वर्णन प्रायः सभी छायावादी कवियों ने किया है। *गुंजन* में आकर उसे जनारण्य की पीड़ाओं का परिचय तो प्राप्त हो जाता है किन्तु उनसे उलझने की इच्छा उसमें नहीं जगती। वह अब भी छायावादी संस्कारों से पूर्ण है अतएव वह पीड़ाओं को नीरव रहकर सहना चाहता है।

तप रे, मधुर-मधुर मन।
विश्व-वेदना में तप प्रतिपल, जग-जीवन की ज्वाला में जल,
बन अकलुष, उज्ज्वल औ कोमल, तप रे, विधुर-विधुर मन!

हाँ, *युगान्त* में आकर उसे यह अनुभव होता है कि बात इतनी आसान नहीं है। इन पीड़ाओं का कोई-न-कोई गम्भीर समाधान खोजना ही होगा। किन्तु समाधान क्या हो, इसकी कोई सूचना *युगान्त* में नहीं मिलती। वस्तुतः *युगान्त* विचारक-कवि की कृति नहीं है। यह उस सौन्दर्य-भोगी कल्पक के अन्तर्द्वन्द्व की कविता है जिसे निरी कल्पना से अब सन्तोष नहीं मिलता, जो जीवन की समस्याओं पर सोचने को तैयार हो रहा है और इसलिए उसकी दृष्टि कल्पना-लोक से उतरकर उस कर्मठ महापुरुष पर पड़ती है जो ज्ञान नहीं, कर्म से जीवन को सँवार रहा था। वस्तुजगत् की जो बातें *गुंजन* तक पन्त जी की कविता में झलक भी नहीं मार सकती थीं, वे 'बापू के प्रति' नामक कविता में खुलकर बरस पड़ी हैं।

साम्राज्यवाद था हंस, वन्दिनी मानवता पशुबलाक्रान्त,
शृंखला, दासता, प्रहरी बहु, निर्मम शासन-पद शक्ति-भ्रान्त।
कारागृह में ले दिव्य जन्म मानव-आत्मा को मुक्त, कान्त,
जनशोषण की बढ़ती यमुना तुमने की नत, पद-प्रणत, शान्त।

गुंजन तक पन्त जी निर्द्वन्द्व प्रकृति-पुत्र थे। वे उस शोभा से छके हुए थे जिसकी धारा प्रकृति के अंग-अंग से फूटती है। वे ऊपर बादलों में विचर रहे थे; फुनगी के पत्तों, मंजरियों और फूलों से खेल रहे थे; किन्तु नीचे जो त्रास

मानव-जीवन को कुरेदते हैं, उनकी ओर तब तक उनका ध्यान नहीं गया था। साम्राज्यवाद, वन्दिनी मानवता, दासता की शृंखला, निर्दय शासन, जेल और यातनाएँ तथा शोषण और अनाचार–ये समस्याएँ तो पहले से ही जीवन को औंट रही थीं। किन्तु पन्त जी ने उनकी आवाज पहले-पहल *युगान्त* में सुनी और उसके बाद *युगवाणी* में इन समस्याओं के निदान और समाधान का कार्य आरम्भ हुआ जो निरन्तर आगे बढ़ता जा रहा है।

युगवाणी पहली बार सन् 1939 ई. में निकली जब पन्त जी श्री अरविन्द के प्रभाव में नहीं आए थे। फिर भी तब से लेकर आज तक उन्होंने जो कुछ लिखा है, उसे समझने में *युगवाणी* कुंजी का काम देती है। जो लोग पन्त-काव्य को ऐतिहासिक क्रम से नहीं देखे हुए हैं, उनके मनों पर यह प्रभाव है कि पन्त जी पहले कल्पना के कवि थे, तब वे मार्क्सवादी हो गए और अन्त में मार्क्सवाद से भी निराश हो जाने पर मन से वे पांडिचेरी में वास करने लगे हैं। किन्तु यह मत मुझे निराधार मालूम होता है। यह सत्य है कि एक समय साम्यवादी आलोचक पन्त जी का बहुत सम्मान करते थे किन्तु इस सम्मान का कारण क्या था, यह वे मौसिमी प्रेमी ही बता सकते हैं जो एक समय पन्त जी के मित्र थे और अब उनके विरोध पर उतर आए हैं। मुझ-जैसे सामान्य पाठक को तो यही दिखाई देता है कि पन्त जी के विचारों में आकस्मिक परिवर्तन कभी नहीं आया। कम-से-कम उनके विचारों में क्रान्ति-जैसी कोई घटना नहीं हुई है। वे स्वाभाविक गति से वर्धित और विकसित होते रहे हैं।

अरविन्द-दर्शन से अपना सम्बन्ध दिखलाते हुए पन्त जी ने *उत्तरा* की भूमिका में लिखा है कि इस दर्शन से उनका परिचय सन् 1942 ई. के बाद अथवा उसके आस-पास ही हुआ। किन्तु उसके पूर्व ही उनके भीतर कुछ वैसी अनुभूतियाँ उदित होने लगी थीं, जैसी अनुभूतियाँ अरविन्द-दर्शन से सम्पर्क के बाद आईं और पुष्ट हुईं। "अपनी नवीन अनुभूतियों के लिए जिन्हें मैं अपनी सृजन-चेतना का स्वप्न संचरण या काल्पनिक आरोहण समझता था, मुझे किसी प्रकार के बौद्धिक तथा आध्यात्मिक अवलंब की आवश्यकता थी। इन्हीं दिनों मेरा परिचय श्री अरविन्द के *भागवत जीवन* (द लाइफ डिवाइन) से हो गया। उसके प्रथम खंड को पढ़ते समय मुझे ऐसा लगा, जैसे मेरे अस्पष्ट स्वप्न-चिन्तन को अत्यन्त सुस्पष्ट, सुगठित एवं पूर्ण दर्शन के रूप में रख दिया गया है।" इस विश्लेषण को मैं ठीक समझता हूँ। क्योंकि *युगवाणी* में

व्यक्त विचारों की उन विचारों से भिन्नता नहीं है जो बाद की कविताओं में प्रकट हुए हैं। प्रत्युत् कहना यह चाहिए कि *युगवाणी* उस अभियान की पहली सीढ़ी है जो अब *स्वर्णकिरण, उत्तरा* और *अतिमा* तक पहुँच चुका है। और इस पहले ही सोपान पर पन्त जी ने यह समझ लिया था कि भूत और आत्मा में से प्रत्येक, अकेला रहने पर, अपर्याप्त है। मनुष्य का कल्याण इसमें है कि वह दोनों के बीच समन्वय स्थापित करे। यह भी कि केवल बहिर्जीवन के संगठन मात्र से मनुष्य के क्लेशों का अन्त नहीं होनेवाला है। राजनीति और अर्थनीति मनुष्य के बहिर्जीवन के सेवक हैं। आवश्यक यह है कि बहिर्जीवन के साथ मनुष्य के अन्तर्जीवन का भी संगठन किया जाए और इस अन्तःसंगठन की बाधाएँ मुख्यतः मानसिक हैं जो मनुष्य में मध्यकालीन मृत आदर्शों के लिए मोह उत्पन्न करती हैं, जो अन्धविश्वासों का समर्थन करती हैं एवं रूढ़ियों और शीर्ण नैतिकता को बल पहुँचाती हैं। *युगवाणी* की जिस भूमिका के आधार पर मैं ये बातें लिख रहा हूँ वह सन् 1947 ई. वाले संस्करण में आई थीं। अतएव इस भूमिका में पन्त जी की शब्दावली *अरविन्द-दर्शन* से प्रभावित मिलती है। किन्तु इससे इस बात का खंडन नहीं हो जाता कि यह भूमिका उन कविताओं पर प्रकाश डालती है जो 1939 ई. से पहले ही लिखी जा चुकी थीं।

और *युगवाणी* में संगृहीत कविताएँ क्या साक्ष्य उपस्थित करती हैं?

भूतवाद उस स्वर्ग के लिए है केवल सोपान,
जहाँ आत्म-दर्शन अनादि से समासीन अम्लान।

[बापू]

अरविन्द-दर्शन की एक सूक्ति को अंगीकृत करके पन्त जी ने भूमिका में कहा है कि "पदार्थ (मैटर) और चेतना (स्पिरिट) को मैंने दो किनारों की तरह माना है जिनके भीतर जीवन का लोकोत्तर सत्य प्रवाहित होता है।" इन्हीं दो किनारों में से एक भूतवाद है जिसके समर्थक मार्क्स हैं, जिनका समर्थन समस्त नास्तिक दर्शन करता है और जिससे प्रेरणा लेकर मनुष्य संचय करता है और जिसकी अति मनुष्य-मनुष्य और देश-देश के बीच घटित होनेवाली छीना-झपटी, शोषण और व्यापारिक युद्धों में देखी जा सकती है। किन्तु दूसरा किनारा आत्मा का किनारा है जिसका समर्थन समस्त आस्तिक दर्शन करता है और जिसका सन्देश यह है कि दूसरों को लूटकर धनी होने तथा दूसरों को

मारकर जीवित रहने की लालसा निन्दनीय है।

युगवाणी की रचना के समय ही पन्त जी साम्यवादियों के हाथों सम्मानित और पूजित हुए थे। किन्तु *युगवाणी* में सब कुछ साम्यवादियों के अनुकूल नहीं था। इसी संग्रह की एक कविता में 'संकीर्ण भौतिकवादियों' को लक्ष्य करके कवि ने कुछ ऐसे प्रश्न उठाए थे जिन्हें पूछने पर पंडितों को क्रोध चाहे जितना भी चढ़ जाए किन्तु उत्तर उनसे देते ही नहीं बनता।

हाड़-मांस का आज बनाओगे तुम मनुज-समाज?
हाथ-पाँव संगठित चलावेंगे जग-जीवन-काज?
दया-द्रवित हो गए देख दारिद्र्य असंख्य तनों का?
अब दुहरा दारिद्र्य उन्हें दोगे निरुपाय मनों का?
आत्मवाद पर हँसते हो भौतिकता का रट नाम?
मानवता की मूर्ति गढ़ोगे तुम सँवार कर चाम?

साम्यवादियों की पद्धति को कवि ने केवल बहिर्जीवन-संगठन की पद्धति माना जो आवश्यक तो है किन्तु पर्याप्त नहीं है। मनुष्य में केवल हाड़-मांस ही नहीं है, उसके मन भी होता है और आत्मा भी होती है। और मनुष्य केवल रोटी ही नहीं चाहता, रोटी खाने के बाद वह स्वतन्त्र रूप से चिन्तन का भी आनन्द लेना चाहता है। किन्तु साम्यवादी देशों में जो प्रयोग अब तक हुए हैं, उनसे परिणाम यह निकला है कि तानाशाही में आदमी को रोटी तो मिल जाती है किन्तु उससे चिन्तन का अधिकार छीन लिया जाता है। और रोटी इच्छा मात्र से तो मिलती नहीं। साम्यवाद के अन्दर भी देशों को समृद्धि के लिए दीर्घकाल तक प्रयास करना पड़ता है। और उस प्रयोग-काल में मनुष्य रोटी और चिन्तन, दोनों से विहीन हो जाता है। यह सचमुच ही दुहरा दारिद्र्य है।

दया-द्रवित हो गए देख दारिद्र्य असंख्य तनों का?
अब दुहरा दारिद्र्य उन्हें दोगे निरुपाय मनों का?

भूत और आत्मा, ये तो नदी के किनारों के नाम हैं। वास्तव में नदी जिस जल को लेकर नदी बनी है, वह मानवता का जल है। अतएव भूत और आत्मा, स्थूल और सूक्ष्म तथा व्यष्टि और समष्टि के नारे लगाकर कलह मचाने से मनुष्य का कल्याण नहीं हो सकता। पन्त जी के अनुसार : सत्य या तो इन सब से परे है अथवा वह इनके समन्वय में है।

मानव! कभी भूल से भी क्या सुधर सकी है भूल?
सरिता का जल मृषा? सत्य उसके केवल दो कूल?
आत्मा औ, भूतों में स्थापित करता कौन समत्व?
बहिरन्तर, आत्मा-भूतों से है अतीत वह तत्त्व।
भौतिकता-आध्यात्मिकता केवल उसके दो कूल,
व्यक्ति-विश्व से, स्थूल-सूक्ष्म से परे सत्य का मूल।

साम्यवादियों द्वारा *युगवाणी* के प्रशंसित होने का कारण यह भी था कि *युगवाणी* में धनपतियों की भर्त्सना और कृषक, श्रमजीवी आदि की प्रशंसा की गई है। यही नहीं, प्रत्युत् उसमें मार्क्स का भी स्तवन है और भूतदर्शन के लिए भी कुछ अच्छे शब्द कहे गए हैं। किन्तु यहाँ यह ध्यान रखना चाहिए कि मार्क्स की प्रशंसा तो कवि ने मुक्त हृदय से की है किन्तु भूतदर्शन को उसने अपने निजी ढंग पर स्वीकार किया है। भौतिक दर्शन को पन्त जी इस परिष्कार के साथ स्वीकार करते हैं कि स्थूल का अस्तित्व तो है किन्तु उसके भीतर सूक्ष्म का भी निवास है और बहिर्जीवन के परिवर्तनों का प्रभाव भी स्थूल और सूक्ष्म, दोनों पर पड़ता है। यहाँ पन्त जी ने द्वन्द्वात्मक नियमों को स्थूल के साथ सूक्ष्म पर भी लागू माना है और कहा है कि दर्शन (सूक्ष्म) और विज्ञान (स्थूल) के पारस्परिक द्वन्द्व से दोनों का विकास होता है और नये सत्य प्रकाश में आते हैं।

दर्शन-युग का अन्त, अन्त विज्ञानों का संघर्षण,
अब दर्शन-विज्ञान सत्य का करता नव्य निरूपण।

स्पष्ट ही, भूतदर्शन की सभी व्याप्तियों को स्वीकार करने में कवि को यहाँ कठिनाई हुई है। भूतदर्शन की प्रखर वास्तविकता उसे भासित तो होती है किन्तु उस दर्शन के साथ नास्तिकता आदि जो अवगुण लिपटे हुए हैं, उनके कारण वह उसे सर्वतोभावेन स्वीकार नहीं कर सकता। इसीलिए वह सूक्ष्म के दावे को आगे लाता है; इसीलिए विज्ञान के साथ-साथ वह दर्शनों का भी उल्लेख करता है।

इसी प्रकार मार्क्स की प्रशंसा करने का अधिकार उन्हें भी है जो लेनिन और स्टालिन के प्रयोगों को शुद्ध नहीं मानते। मार्क्स ने पूँजीवाद के विरुद्ध जो कठोर चिन्तन किया, उससे दो प्रकार की प्रेरणाएँ निकलीं। इनमें से एक प्रेरणा का उत्तराधिकार समाजवादी (सोशल डेमोक्रैट) चिन्तकों को प्राप्त हुआ जो यह मानते थे कि पूँजीवाद को हटाकर उसके स्थान पर कोई ऐसी पद्धति

चलानी चाहिए जिससे समाज में मानवीय स्वतन्त्रता की वृद्धि हो। और दूसरी प्रेरणा लेनिन को मिली जो यह मानते थे कि पूँजीवाद को हटाकर उसकी जगह पर ऊँची आर्थिक-सामाजिक व्यवस्था का प्रचलन ही मुख्य कार्य है और इस कार्य को सम्पन्न करने की प्रक्रिया में उन्होंने राजनीति को षड्यंत्रपूर्ण बना दिया तथा मनुष्यों की स्वतन्त्रता को दबा डाला। उँची आर्थिक-सामाजिक व्यवस्था चलाने के लिए मनुष्यों के स्वातन्त्र्य-दलन की बात मार्क्स ने नहीं कही थी। यह शिक्षा लेनिन के प्रयोग से निकली और बाद को वह मार्क्सवादी चिन्तन में ठूँस दी गई। मार्क्स को यह बात कभी सूझी भी नहीं थी कि अपने मत का प्रचार करने के लिए यह आवश्यक है कि अपने विरोधियों का मुख बन्द कर दिया जाए। लेनिन ने अपनी पार्टी को छोड़कर अन्य सभी पार्टियों के मुँह पर ताले लगा दिये। और स्टालिन ने सोचने का अधिकार अपनी पार्टी से भी छीनकर उसे पार्टी की केन्द्रीय समिति में सीमित कर दिया और धीरे-धीरे यह अधिकार केन्द्रीय समिति से भी निकलकर स्टालिन के पास चला गया। मार्क्स ने मनुष्यों को वर्गों में विभाजित देखा था। लेनिन को इस बात से भय हुआ कि हर आदमी कुछ-न-कुछ सोचता रहता है। किन्तु स्टालिन यह मानकर चला कि आदमी या तो दुश्मन हो सकता है अथवा गुलाम।[1]

मार्क्स से स्टालिन तक साम्यवादी प्रयोगों की जो प्रगति हुई, उससे समृद्धि तो बढ़ी किन्तु स्वाधीनता का रूप बिगड़ता गया है और इस विकृति का अनुभव अब स्वयं रूस के नेतागण भी कर रहे हैं। साथ ही यह बात भी दिनोंदिन अधिक प्रत्यक्ष होती आई है कि लेनिन और स्टालिन की अपेक्षा कदाचित् सोशल डेमोकैट मार्क्स के अधिक करीब थे। मार्क्स ने स्वयं कहा था कि "एक बात सत्य है कि मैं मार्क्सवादी नहीं हूँ।" मार्क्स वैज्ञानिक थे और एक काल में बैठकर सभी कालों के लिए सिद्धान्त रचने में जो खतरा है, उसे वे भलीभाँति समझते थे। इसीलिए वे अपने को किसी सर्वव्यापी सिद्धान्त का जनक नहीं मानते थे। उनके लेखों में से सर्वव्यापी सिद्धान्त निकालने का काम लेनिन आदि ने किया जो वैज्ञानिक न होकर केवल राजनीतिज्ञ थे। मार्क्स ने जो विज्ञान रचा था, वह उनके राजनीतिज्ञ-अनुयायियों के हाथ में पहुँचकर प्रचार

1. देखें, मिलोवान जिलास लिखित 'द न्यू क्लास'। मिलोवान जिलास साम्यवादी हैं। ये युगोस्लाविया के उपराष्ट्रपति थे और अब इसी ग्रन्थ के कारण जेल की सजा भुगत रहे हैं।

बन गया और यह प्रचार अब स्वांग भर रहा है कि मैं विज्ञान हूँ। पन्त जी द्वारा विरचित प्रशस्ति वैज्ञानिक मार्क्स की प्रशस्ति है तथा उनकी भक्ति साम्यवादी नहीं, समाजवादी कवि की भक्ति समझी जा सकती है।

युगवाणी असल में पन्त जी के आन्तरिक संघर्ष की वाणी है। यह उनकी उस मनोदशा की कविता है जब वे मार्क्स और गांधी के बीच झटके खा रहे थे, जब वे भूत और आत्मा के द्वन्द्व से ग्रसित थे, जब वे राजनीति और संस्कृति (लगभग धर्म के अर्थ में) में से प्रत्येक को आवश्यक और प्रत्येक को अपर्याप्त समझकर किसी द्विधा की स्थिति में ठहरे हुए थे। चिन्तन की प्रक्रिया में अक्सर ऐसा होता है कि प्रश्न ही बदलकर उत्तर बन जाते हैं, जैसे कली की परिणति फूल में और फूल की परिणति फल में हो जाती है। पन्त जी के सम्बन्ध में भी यही हुआ है। उनके भीतर शंका यह चल रही थी कि भूत और आत्मा में से वरेण्य कौन है। द्रव्य आधार और आत्मा आधेय होती है। तब द्रव्य की उपेक्षा करने से यह कैसे सम्भव है कि आत्मा उपेक्षा से बचाई जा सके? यही प्रश्न मार्क्स और गांधी के बीच का प्रश्न बन गया। गांधी जी आत्मा को उत्थान देना चाहते थे किन्तु जिसे खाने को अन्न और पहनने को वस्त्र तथा शीत-घाम से बचने को घर नहीं है, उसकी आत्मा क्या उत्थान पा सकती है? फिर वही बात। आधार के बिना आधेय का अस्तित्व ही संकटपूर्ण हो जाता है। निदान, पन्त जी कल्पना करने लगे कि गांधी को स्वीकार करते समय किसी-न-किसी दूरी तक मार्क्स को भी स्वीकार करना होगा एवं आत्मा का वरण करते समय भूत या द्रव्य का भी सर्वथा त्याग नहीं चल सकता। यही पन्त जी की वे नवीन अनुभूतियाँ थीं जिनके लिए वे 'कोई बौद्धिक तथा आध्यात्मिक अवलंब' चाहते थे और अन्ततोगत्वा यह अवलंब उन्हें *अरविन्द-दर्शन* में प्राप्त हुआ। तब से द्विधा की स्थिति समाप्त हो गई है और वे पूरी निश्चिन्तता के साथ उस विश्व का काल्पनिक चित्रण कर रहे हैं जो भूत और आत्मा के सम्यक् विकास एवं सम्यक् मिलन से उत्पन्न होगा।

अरविन्द-दर्शन

पन्त-काव्य पर *अरविन्द-दर्शन* के प्रभावों की जाँच करते समय इस बात को याद रखना चाहिए कि पन्त जी की मुख्य प्रवृत्ति सामाजिकता की ओर है जबकि अरविन्द का सारा जोर अध्यात्म पर दीखता है। फिर भी, अरविन्द के

आध्यात्मिक दर्शन में सामाजिकता का उतना ही गहरा पुट है, आध्यात्मिकता का जितना गहरा पुट पन्त जी अपनी कल्पना के समाज में डालना चाहते हैं।

एक समय था जब मनुष्य की वैयक्तिक मुक्ति ही उसके जीवन का सबसे बड़ा ध्येय मानी जाती थी। तब विज्ञान आया और वैयक्तिक मोक्ष की कल्पना लोगों को खोखली दिखाई देने लगी। विज्ञान की इस प्रवृत्ति का चरम विकास मार्क्स में हुआ जिनकी शिक्षाओं का सार यह है कि वैयक्तिक मुक्ति कोई चीज नहीं है। मनुष्य का सबसे बड़ा श्रेय इसमें है कि वह समाज के मोक्ष के लिए काम करे। तब महात्मा गांधी आए। गांधी जी मोक्ष तो व्यक्ति का ही मानते हैं किन्तु उनका भी कहना है कि इस वैयक्तिक मोक्ष का साधन अब संन्यास या वैराग्य नहीं है प्रत्युत् व्यक्ति को भी अपनी मुक्ति के लिए समाज-सेवा का व्रत लेना चाहिए अर्थात् समाज के मोक्ष के लिए ही काम करना चाहिए।

अरविन्द भी वैयक्तिक मोक्ष के समर्थक नहीं हैं। प्रत्युत् उनका कहना यह है कि जो सुख, शान्ति और आनन्द संसार से भागकर वैयक्तिक मोक्ष के लिए प्रयास अथवा उसे प्राप्त करने में है, उसका उपभोग सभी मनुष्यों को इसी जगत् में पदार्थ के धरातल पर सुलभ होना चाहिए। मुक्ति मरे हुए मनुष्य को नहीं मिलती, वह तो उसे जीवन-काल में ही प्राप्त हो जाती है। जीव ब्रह्म का अंश है और वह ब्रह्मस्वरूप हो सकता है, यह बात भारत में बहुत दिनों से कही जा रही थी। अरविन्द ने इस सम्भावना को सत्य माना है और घोषणा की है कि मनुष्य मरकर नहीं, जीते-जी ब्रह्मस्वरूप हो सकता है, इसी पृथ्वी पर वह अमरता का वरण कर सकता है तथा इसी जीवन को वह भागवत जीवन में परिणत कर सकता है। यह भी कि मनुष्य चाहे तो अपने पार्थिव शरीर को भी मृत्यु के हाथों विघटित होने से बचा सकता है। मनुष्य की इच्छा-मृत्युवाली कल्पना अरविन्द को सम्भाव्य दिखती है बल्कि उनकी आशा है कि मनुष्य इसी शरीर में अमर हो सकता है।

संसार के अन्य अध्यात्मवादियों के विपरीत, अरविन्द मैटर अथवा भूत की सत्ता खुलकर स्वीकार करते हैं। यही नहीं, प्रत्युत् उनका कहना है कि जैसे मस्तिष्क का विकास प्राणतत्त्व से हुआ है, वैसे ही प्राणतत्त्व का उद्‌भव मैटर या द्रव्य से होता है। द्रव्य में जो अज्ञानता है, अरविन्द उसे शंकर की माया के समान मिथ्या नहीं मानते। उनका कहना है कि अज्ञानता भी एक प्रकार का ज्ञान है। जिसे हम अविद्या कहते हैं, वह भी एक प्रकार की विद्या है जिस पर धूल

जमी हुई है। यह अज्ञानता अथवा अविद्या अनादि माया अथवा अनादि पाप नहीं है। सृष्टि के विकास-क्रम में यह अज्ञानता अथवा अविद्या भी एक सोपान है जो मनुष्य की साधना और प्रयास से ज्ञान में रूपान्तरित हो जाती है। अज्ञान की सत्ता अरविन्द नहीं मानते। सृष्टि में जो कुछ भी है, वह ज्ञान ही है। हाँ, कहीं तो वह जाग्रत है और कहीं सुप्त और जहाँ वह सुप्त है, वहाँ भी वह जग सकता है।

अरविन्द मानते हैं कि सबसे पहले द्रव्य था। उसमें से प्राणतत्त्व निकला और प्राणतत्त्व के भीतर से पहले उपचेतन और बाद को मस्तिष्क प्रकट हुआ। किन्तु मस्तिष्क भी पूर्ण नहीं है। इस मानस-धरातल से उठकर मनुष्य को अतिमस्तिष्क अथवा अधिमानस के धरातल पर जाना है। संसार में रोग-शोक, छल-प्रपंच, युद्ध-विभीषिका आदि जो अनेक समस्याएँ छिड़ी हुई हैं, अरविन्द का विचार है कि वे मात्र युद्ध अथवा राजनीतिक एवं आर्थिक क्रान्तियों या संगठनों से शमित नहीं होंगी। इनका सम्यक् समाधान यह है कि मनुष्य अपने वर्तमान धरातल से ऊपर उठे, वह अपने मन, स्वभाव और शक्ति का परिमार्जन और विकास करे। मनुष्य की समस्या युद्ध और शोषण नहीं है। युद्ध, शोषण और अनाचार किसी भीतरी रोग के बाह्य लक्षण हैं और वह गम्भीर रोग तभी दूर होगा जब मनुष्य उद्विकास (इवोल्यूशन) के मार्ग पर आगे बढ़े, एक बड़ा कदम उठाकर उस सोपान पर पहुँचे जो अधिमानस का सोपान है।

किन्तु, अधिमानस के स्तर पर मनुष्य पहुँच कैसे सकता है? अरविन्द का कथन है कि इसके लिए दोनों ही बातें आवश्यक होंगी। कुछ तो मनुष्य को तपोनिष्ठ बनकर ऊपर उठने का प्रयास करना होगा और कुछ भगवत्कृपा होगी जिससे मनुष्य का यह उर्ध्व अभियान आसान हो जाएगा। मनुष्य के ऊपर उठने के प्रयास को अरविन्द 'एसेंट' अथवा आरोह कहते हैं और भगवत्कृपा के अवतरण का नाम उन्होंने 'डीसेंट' अथवा अवरोह रखा है।

अरविन्द-दर्शन के सामाजिक पक्ष की विशेषता यह है कि उसमें अद्वैतवाद की कठोरता नहीं है, न वह शांकर मायावाद के समान निराशामूलक सिद्धान्त है। जहाँ तक भोग और वैराग्य का सम्बन्ध है, अरविन्द यतियों के कृच्छ्र मार्ग के उतने ही विरोधी हैं जितने भौतिकवादियों की भोग-वृत्ति के। साथ ही, वे दोनों की उपयोगिताओं को भी स्वीकार करते हैं। भोग-वृत्ति भौतिकवादी विश्वासों का स्वाभाविक परिणाम है। किन्तु भौतिकवाद सर्वथा हेय नहीं है। उसकी दृष्टि हेतुवादी होती है। वह सम्यक् कारणों की खोज किये बिना किसी भी बात को

नहीं मानता। शंका, जिज्ञासा और बुद्धिवाद की इसी प्रवृत्ति के चलते जीवन के निचले स्तरों के बारे में मनुष्य का ज्ञान इतना समृद्ध हो सका है। इसी प्रकार, यतियों ने आनन्द से मुख मोड़कर अपने जीवन के प्रति चाहे जैसा भी कठोर व्यवहार किया हो किन्तु वे ही बराबर यह सूचना देते रहे हैं कि मैटर ही एकमात्र सार नहीं है, न सारी वास्तविकता वहीं तक समाप्त हो जाती है जहाँ तक हमारे चर्मचक्षु देख सकते हैं। दृश्य वास्तविकता के आगे एक और वास्तविकता है जो अदृश्य है, इस अनुमान को जीवित रखने का श्रेय अरविन्द इन्हीं यतियों, संसार-त्यागियों और भौतिकवाद के विरोधी वैरागियों को देते हैं।

अरविन्द के अनुसार, सर्वव्यापी वास्तविकता न तो केवल भूत है, न केवल आत्मा। भूत और आत्मा इस महासत्य के दो छोर हैं, दो किनारे हैं जिनके बीच से होकर सारी वास्तविकता प्रवाहित हो रही है। भूत और आत्मा के बीच उन्होंने आठ सोपान या धरातल माने हैं। सबसे नीचे का धरातल भूत, द्रव्य, मैटर या जड़ तत्त्वों का धरातल है। उसके ऊपर प्राण, उससे भी ऊपर उपचेतन और उससे भी ऊपर क्रमशः मन, अतिमन, आनन्द और चेतना-शक्ति तथा सबके ऊपर आत्मा अथवा दिव्य महाजीवन का स्थान है। यह गणना मैंने आरोह की भाषा में की है। यदि यही गणना अवरोह की भाषा में की जाए तो पहले महाजीवन (ब्रह्म, परमात्मा, आत्मा, जो कहिए) आएगा और वही उतरते-उतरते मैटर में सुप्त मिलेगा। मैटर की अतिजागृति महाजीवन है और महाजीवन की निद्रावस्था द्रव्य अथवा जड़ता की स्थिति। इसलिए, अरविन्द द्रव्य और आत्मा अर्थात् मैटर और स्पिरिट को महासत्य के दो छोर समझते हैं। और इसीलिए, *अरविन्द-दर्शन* से आंशिक समर्थन उन मतों को भी प्राप्त हो सकता है, जो भौतिक विश्व की शुद्धि, परिष्कार अथवा समृद्धि पर जोर देते हैं और उन मतों को भी, जो मनुष्य से यह कहते हैं कि शरीर नश्वर है अतएव उसकी आराधना छोड़कर अपनी आत्मा का विकास करो।

किन्तु, ये दोनों प्रकार के मतवाद *अरविन्द-दर्शन* में समाहित होते हुए भी अलग-अलग या परस्पर एक होकर उस दर्शन का पूरा प्रतिनिधित्व नहीं करते। *अरविन्द-दर्शन* मैटर और स्पिरिट के बीच होनेवाले समझौते का नाम नहीं है। जिस वास्तविकता का चरम विकास दिव्य जीवन अथवा आत्मा का जीवन है, उसी की आरम्भिक स्थिति को अरविन्द मैटर या भूत कहते हैं। इस भूत के भीतर अनन्त शक्तियाँ छिपी हुई हैं, अनन्त सम्भावनाएँ सोई हुई हैं।

इसीलिए भौतिकवादियों का यह कथन सत्य नहीं है कि मनुष्य केवल शरीर है, अतएव उसका सारा ध्यान केवल उन गुणों के विकास पर केन्द्रित होना चाहिए जो शरीर के गुण हैं अर्थात् जिनसे शक्ति, स्वास्थ्य और आधिभौतिक समृद्धि की वृद्धि होती है। और यदि अध्यात्मवादी लोग यह कहें कि आत्मा के उत्थान में शरीर बाधक है, अतएव, उसे सुखा डालना चाहिए तो वह विचार भी एकांगी होगा। वास्तव में मनुष्य के विकास की गति तो उर्ध्व ही होनी चाहिए किन्तु उसके साथ मैटर के गुणों का भी वर्धन और परिष्कार आवश्यक है। भूत जब मन्थित, विकसित और परिष्कृत होता है तभी, उसके सार-स्वरूप, आत्मा की शक्तियाँ विकास पाती हैं। भोग की शिक्षा देनेवाला भौतिकवाद और त्याग की शिक्षा देनेवाला यतीवाद, ये दोनों, एक हद तक आवश्यक किन्तु उसके बाद अपर्याप्त हैं। अरविन्द-दर्शन दोनों को अपने भीतर समेटता हुआ दोनों से बहुत दूर आगे जाता है।[1] अरविन्द के अनुसार, द्रव्य आधार और आत्मा आधेय है। अतएव, आत्मा का स्वतन्त्र होकर फैलने का दावा उतना ही उचित है जितना द्रव्य का यह आग्रह कि वह इस प्रसार का साँचा या आधार बनेगा।

भूत और आत्मा के धरातलों के बीच जो चेतना विहार करती है, उसकी अरविन्द तीन गतियाँ मानते हैं। यह चेतना निचले स्तर से ऊपर की ओर जाती है। इस गति का नाम आरोह अथवा एसेंट है। चेतना के नीचे से ऊपर की ओर जाने का अर्थ यह है कि मनुष्य निचले धरातलों की वृत्तियों से संघर्ष करके ऊपर उठने की चेष्टा करता है। किन्तु चेतना ऊपर से चलकर नीचे की ओर भी आती है अर्थात् जब मनुष्य नीचे से ऊपर उठने की कोशिश करता है तब

---

1. All here must learn to obey a higher law,
   Our body's cells must hold the immortal's flame.
   Else would the spirit reach alone its source
   Leaving a half-saved world to its dubious fate.

[सावित्री काव्य]

भावार्थ :

भूत और आत्मा, दोनों को किसी उच्चतर नियम की अधीनता में रहना है। हमारे शरीर के अणु-अणु को अमरता की ज्वाला को अपने भीतर धारण करना ही होगा, अन्यथा आत्मा अपने केन्द्र की ओर अकेली उड़ जाएगी और त्राण केवल आधे विश्व को ही प्राप्त होगा।

उस पर ईश्वरीय कृपा की वृष्टि होने लगती है। जिस शक्ति को पाने के लिए वह प्रयास करता है, वह शक्ति स्वयमेव उससे मिलने को नीचे उतरने लगती है और प्राय: आधी राह में ही उसे प्राप्त हो जाती है।[1] इस गति का नाम अवरोह अथवा डीसेंट है। स्पष्ट ही आरोह कर्म है और अवरोह भक्ति का परिणाम। किन्तु, इन दो गतियों के अतिरिक्त चेतना की एक तीसरी गति भी होती है जो आन्तरिक गति है, जो समदिक् गति है और जिसका ध्येय पग-पग पर होनेवाले मानवीय विकास को संग्रथित (इंटिग्रेटेड) और परिपुष्ट बनाना है। द्रव्य से प्राणतत्त्व निकला और प्राणतत्त्व से उपचेतना तथा मन। किन्तु, मन के धरातल पर आ जाने के बाद मनुष्य ने द्रव्य, प्राण और उपचेतन को छोड़ नहीं दिया। यही संग्रथन का काम है जिसे समदिक् गति सम्पन्न करती है।

अरविन्द की आशा है कि मनुष्य मानवता की कोटि से निकलकर अतिमानवता की कोटि में जानेवाला है। अतिमानव क्या होगा, यह कल्पना स्पष्ट नहीं है।[2] कदाचित् वह दैवी गुणों से सम्पन्न मनुष्य होगा। कदाचित् उसका शरीर कंचनवत् कोमल, शक्तिशाली और प्रभापूर्ण तथा उसकी आत्मा अलौकिक शक्तियों से युक्त होगी। और सम्भव है उसकी ज्ञानेन्द्रियाँ भी पाँच न होकर उससे अधिक हों। मन और अतिमन में अरविन्द ने जो भेद माना है, वही

---

1. A wide God-knowledge poured down from above.
   A new world-knowledge broadened from within.

   [सावित्री काव्य]

   ऊपर से उस पर विस्तृत-ईश्वरत्व-ज्ञान की वृष्टि हो रही थी और विश्व-विषयक एक नवीन ज्ञान उसके भीतर प्रसार पा रहा था।

2. यदि सत्यवान को अतिमानव मानें तो उसके वर्णन में अरविन्द ने ये वाक्य कहे हैं : "उसकी आत्मा पृथ्वी पर स्वर्ग का प्रतिनिधित्व करती थी। उसका मस्तिष्क वह अनल था जो स्वर्ग पर टूटता रहता है। उसका संकल्प प्रकाश-कुंज में शिकार करता था। उसकी हर साँस में सागर तरंगित होता था। और उसके प्रत्येक कार्य की छाप ईश्वर के पद-चिह्न के समान होती थी...। वह अपने विचारों की प्रतिध्वनि दूसरों के मन में सुनता था। उसका आन्तरिक व्यक्तित्व प्रसरित होकर दूसरों के व्यक्तित्व से मिल गया था और सारी मानवता के साथ वह एक सूत्रता का अनुभव करता था।...भूत ने जो कपाट निर्मित करके उसे बन्द कर रखा है, वह कपाट उसके भीतर उन्मुक्त हो गया। इस कपाट के खुलने से ऐसी चीजें बाहर आने लगीं जो पार्थिव इन्द्रियों से समझी नहीं जा सकतीं। उसकी आत्मा की शान्त भूमि में एक ऐसा विश्व प्रकट हुआ जिसे बाह्य मन नहीं देख सका था" आदि-आदि।

भेद आज के मानव और आनेवाले अतिमानव में होगा।[1] मन के बारे में अरविन्द ने लिखा है : "मस्तिष्क उसका नाम है जो कुछ नहीं जानता, जो जानने की कोशिश तो करता है किन्तु वास्तव में कुछ जान नहीं पाता। उसे जो कुछ दिखाई देता है, वह धूमिल दर्पण में पड़नेवाली छाया के समान अस्पष्ट और अस्वच्छ है।[2] तब भी, इस शक्ति का एक उपयोग यह है कि वह सांसारिक व्यवहार के प्रसंग में सार्वभौम सत्य की एक प्रकार की सीमित व्याख्या कर सकती है। किन्तु वास्तविक सार्वभौम सत्य का न तो उसे परिचय प्राप्त है, न वह मनुष्य को वहाँ तक पहुँचा ही सकती है।" एक अन्य स्थान पर भी उन्होंने कहा है : "तर्क सहायक था किन्तु तर्क ही बाधक हो रहा है।"

इसलिए अरविन्द का सारा ज़ोर अतिमन अथवा अधिमानस पर है। मनुष्य आज जिन समस्याओं से ग्रसित होकर तड़प रहा है, उनका सम्यक् समाधान मानस के धरातल पर नहीं मिल सकता। मनुष्य विकास के मार्ग पर एक बहुत बड़ा कदम उठाकर जब मानस से निकलकर अधिमानस के धरातल पर आसीन होगा, उसके सारे क्लेश आप-से-आप दूर हो जाएँगे। तब वे सारे रहस्य उसके सामने सूर्य के प्रकाश के समान खुल पड़ेंगे जो आज बुद्धि से समझे नहीं जा सकते। वह उस एकता को स्पष्ट देख लेगा जो सभी जीवों के बीच वर्तमान है। और जो भी क्षुद्रताएँ आज उसे विवश करके उससे गर्हित कार्य करवाती हैं, वे समस्त क्षुद्रताएँ अधिमानस के नीचे ही छूट जाएँगी। सावित्री काव्य का नायक सत्यवान कदाचित् यही अतिमानव है और उसमें वे सारी शक्तियाँ विद्यमान दिखाई गई हैं जो अब तक दैवी समझी जाती थीं।

"जीवन की सीमाएँ टूट गईं और उसका क्षेत्र अविज्ञेय के क्षेत्र से मिलकर एकाकार हो गया।"

"जो मानस पहले सीमाओं से घिरा था, वह अनन्त अबन्ध प्रकाश में परिणत हो गया।"

---

1. What now we see is a shadow of what must come.

[सावित्री काव्य]

हम जो कुछ देख रहे हैं वह उसकी छायामात्र है जो आगे आनेवाला है।

2. "मन आत्मा को बन्दी बनाए हुए है। हम अपने कर्मों के दास हैं। हम अपनी दृष्टि को इतना मुक्त नहीं कर सकते कि ज्ञान का सूर्य हमें दीख सके। मनुष्य पशुओं के मानस का उत्तराधिकारी है। वह प्रकृति की विशाल बाँहों में आज भी शिशु बनकर पड़ा हुआ है।"

[सावित्री काव्य]

"मानस की गोधूलि से ऊपर और जीवन की तारों से झिलमिल रजनी के पार आध्यात्मिक दिवस की ऊषा चमक उठी।"

"वह ज्यों-ज्यों अपने बृहत्तर व्यक्तित्व के आकाश में उठता गया; मानवता के वे बन्धन, जो उसे बाँधे हुए थे, दिनोंदिन कम होते गए। एक बृहत्तर जीव के दृष्टि-पथ में एक बृहत्तर संसार चमक उठा। तर्क अपने चारों ओर सुरक्षा की रेखाएँ खींचे होता है और ये रेखाएँ मन की उड़ान को रोकती हैं, आत्मा को उछलकर अनन्तता के पारावार में डूबने नहीं देतीं। किन्तु सत्यवान के भीतर की जिज्ञासा इतनी निर्भीक और दुर्दान्त थी कि उसके सामने होते ही ये रेखाएँ आप-से-आप मिट गईं, जैसे स्लेट पर लिखे हुए अक्षर मिट जाते हैं।"

"उसके भीतर जो दृष्टि (विजन) उत्पन्न हुई, वह सोचने के लिए रुकना नहीं जानती थी। सत्यवान एक दृष्टि में सारी प्रकृति को ऐसे ही लपेट लेता था, जैसे खोल किसी वस्तु को अपने भीतर समेट ले। उसकी दृष्टि चीजों के बाहरी रूप पर नहीं, सीधे उनके भीतर के प्रच्छन्न सत्य पर जा पड़ती थी और बाहरी रूपों से भ्रमित न होकर वह सीधे आत्मा को देख लेता था।"

अतिमानव की कल्पना जर्मन कवि नीत्शे ने भी की थी किन्तु नीत्शे की कल्पना का अतिमानव, कदाचित् वह व्यक्ति है जो सबको मार-पीटकर आगे निकल जाता है। चंगेज खाँ, सिकन्दर, नेपोलियन, हिटलर और स्टालिन नीत्से की कल्पना के अतिमानव से बहुत भिन्न नहीं लगते। भारत में अतिमानव की एक कल्पना उर्दू-फारसी के कवि इकबाल ने भी की है किन्तु वे उसे अतिमानव न कहकर पृथ्वी पर ईश्वर का नायब अथवा प्रतिनिधि कहते हैं। "नायब पृथ्वी पर भगवान का प्रतिनिधि है। वह खुदी की पूर्णतम प्रतिमा और मानवता की मंजिल है। हममें जो मानसिक अशान्ति का विरोध है, वह नायब में जाकर अपना समाधान पा लेता है। उसमें ऊँची से ऊँची शक्तियाँ ऊँचे से ऊँचे ज्ञान से मिलकर एकाकार रहती हैं। ...विकास के क्रम में हम ज्यों-ज्यों आगे बढ़ते हैं, त्यों-त्यों हम नायब के समीप होते जाते हैं और उसके पास जाने की कोशिश में हम अपने-आपको ऊपर ही उठाते जाते हैं। मनुष्य के शरीर और मन का सम्यक् विकास वह शर्त है जिसके बिना नायब का जन्म सम्भव नहीं होगा। मानवता का विकास होते-होते मनुष्यों की एक ऐसी जाति उत्पन्न होगी जिसके सदस्य बहुत कुछ अनूठे व्यक्तित्ववाले होंगे और ऐसे ही माता-पिता से नायब उत्पन्न होगा।"

नीत्शे ने सोचा था कि अतिमानवों की जाति नहीं होगी, वह कोई एक व्यक्ति होगा अथवा सम्भव है, वैसे कई व्यक्ति उत्पन्न हो जाएँ। इकबाल का

नायब इस्लामी समाज में जनमेगा, ऐसा अनुमान उनकी कुछ अन्य कविताओं से होता है जो इसी प्रसंग में लिखी गई हैं। किन्तु अरविन्द की आशा है कि पृथ्वी पर अतिमानवों की पूरी जाति अवतीर्ण होनेवाली है अर्थात् वर्तमान मानवता जब मानस के धरातल से उठकर अधिमानस में पहुँच जाएगी, उसके सारे दोष छूट जाएँगे, उसकी सारी सीमाएँ दूर हो जाएँगी और वह अतिमानव की जाति (स्पेसीज) में बदल जाएगी।[1]

---

1. पन्त जी ने जिस अतिमानव की कल्पना की है, उसका नाम 'सौवर्ण' है। किन्तु वह सत्यवान के समान मृदुल नहीं है। अरविन्द का सत्यवान अध्यात्म की दिशा में निखरे हुए चिन्तन की प्रतिमूर्ति-जैसा लगता है किन्तु पन्त जी का सौवर्ण कल्कि का भी कुछ गुण लिये हुए है एवं उसका बाह्य रूप कुछ-कुछ नीत्शे के अतिमानव से भी मिलता-जुलता है। 'सौवर्ण' काव्य में यह अतिमानव जब स्वर्दूती को दिखाई पड़ता है, तब वह सहमकर चीख उठती है :

   वह देखो, वह झंझा-रथ पर चढ़कर आता
   नवयुग का मानव, प्रदीप्त जीवन-पर्वत-सा,
   धरा-पंक को दग्ध, मनोनभ को दीपित कर।
   युग-युग के पतझर झर पड़ते उसके भय से।

   इसी प्रकार एक देवता भी उसे देखकर सहम उठता है :

   क्या यह महा प्रलय कि प्रभंजन महानाश का?
   जन-धरणी को वरने आया महाकाल या?
   दौड़ रहे उनचास पवन, कँपते मनोभुवन,
   निश्चय यह नव कल्पान्तर, यह महा युगान्तर।

   हाँ, स्वयं 'सौवर्ण' अपना जो परिचय देता है, उसमें यह भीषणता नहीं है :

   मैं हूँ वह सौवर्ण, लोक-जीवन का प्रतिनिधि,
   नव मानव मैं, नव जीवन गरिमा में मंडित,
   युग-मानस का पद्म खिला जो धरा-पंक में,
   जड़-चेतन जिसमें सजीव सौन्दर्य-सन्तुलित।

   *　　*　　*

   वहाँ नहीं मैं, अतिवादों से दूर, निरन्तर
   जग जीवन ही में निविष्ट, अति से अतितम हूँ।
   मैं प्रकाश का हूँ प्रकाश, मैं अन्धकार का
   अन्धकार हूँ, मैं जो जन-भू-जीवन-मय हूँ।
   नवयुग में, मैं जन-मानवता का प्रतीक हूँ।
   नव संस्कृति का सारथि, नव आध्यात्मिकता मैं,
   नव विकसित इन्द्रिय, मन-प्राणों से अति चेतन।

राजनीति नहीं, संस्कृति

पल्लव-युग और स्वर्ण-किरण के बीच का समय पन्त जी के कवि जीवन का कदाचित् वह समय था जब वे यह सोच रहे थे कि कल्पना की छाया से निकल तो आया किन्तु इस धूप में करने योग्य दूसरा कौन-सा काम है। और इस आत्ममन्थन के समय अपनी सारी शक्ति लगाकर समाज के भौतिक रूप को आगे बढ़ाने की उमंग उनके भीतर उठी हो तो कोई आश्चर्य नहीं। ठीक इसी समय उनके भीतर मार्क्स के लिए प्रशंसा के भाव जागे किन्तु मार्क्स के साथ जो अमिश्रित भौतिकवाद का दर्शन लिपटा हुआ है, उससे उन्हें विरक्ति हुई। तब वे गांधी जी की ओर मुड़े और उन्हें दिखाई पड़ा कि गांधी राजनीति नहीं, संस्कृति का नेता है बल्कि राजनीति के भी अखाड़े का उपयोग वह मनुष्य के आन्तरिक गुणों के विकास के लिए कर रहा है। यह बहुत सही दृष्टिकोण था क्योंकि चिन्तकों की दृष्टि में गांधी जी तकली-चरखा और स्वराज्य तक ही सीमित नहीं थे। उनके प्रयोगों को देखकर विश्व के चिन्तक यह प्रत्यक्ष अनुभव कर रहे थे कि गांधी जी मानवीय समस्याओं का तात्कालिक समाधान नहीं चाहते, वे तात्कालिकता से ऊपर उठकर कुछ ऐसी बातों की खोज कर रहे हैं जो मानवता को कुछ शाश्वत परिष्कार दे सकें। मार्क्स और लेनिन ने मनुष्यों को सुधारने के लिए शासन की छड़ी उठाई थी; गांधी जी मनुष्य के भीतर प्रवेश करके उसे वहीं से जगाना चाहते थे। मार्क्स और लेनिन ने मनुष्यों की भौतिक आवश्यकताओं को ही उसकी एकमात्र आवश्यकता मानी थी; गांधी जी ने बताया कि मनुष्य की आध्यात्मिक आवश्यकता भी महत्त्वपूर्ण है और दोनों ही आवश्यकताओं का समाधान साथ-साथ होना चाहिए। इसीलिए उन्होंने श्रेष्ठ ध्येय के लिए अश्रेष्ठ साधन के प्रयोग को गर्हित माना,[1] क्योंकि

---

1. गांधी जी के सम्बन्ध में पन्त जी की धारणा का इतिहास किंचित् मनोरंजकता लिये हुए है। *युगान्त* में बापू के प्रति जो कविता है, उसमें निम्नलिखित पंक्तियाँ आती हैं :

   जड़वाद-जर्जरित जग में तुम अवतरित हुए आत्मा महान्,
   यन्त्रभिभूत युग में करने मानव जीवन का परित्राण।

   यह निश्छल भक्ति कवि के द्वारा अर्पित की गई थी। जब पन्त जी का विचारक रूप प्रकट होने लगा, वे गांधी जी के यान्त्रिकता के विरोध से किंचित् खिन्न होने लगे जो निम्नलिखित पंक्तियों से सूचित होता है :

   किये प्रयोग नीति-सत्यों के तुमने जन-जीवन पर,
   भावादर्श न सिद्ध कर सके सामूहिक जीवन-हित। →

अच्छी आवश्यकता की भी पूर्ति यदि बुरे मार्ग से की गई तो इससे मनुष्य की केवल भौतिक आवश्यकता ही पूर्ण होती है। जहाँ तक उसकी आध्यात्मिक वृत्तियों का प्रश्न है, वे तो गर्हित साधनों के प्रयोग से और भी दूषित हो जाती हैं। *युगवाणी* में संकलित 'समाजवाद-गांधीवाद' नामक कविता में कवि की यही द्विधा प्रकट होती है :

मनुष्यत्व का तत्त्व सिखाता निश्चय हमको गांधीवाद,
सामूहिक जीवन-विकास की साम्य योजना है अविवाद।

अर्थात् समाज-संगठन मार्क्स का अच्छा है और व्यक्ति वे अच्छे हैं जो गांधी को अपना नेता मानकर चलते हैं। किन्तु गांधी की व्यष्टि और मार्क्स की समष्टि का मेल कैसे हो? अनुमान किया जा सकता है कि गांधी का जनतंत्री ढाँचा कदाचित उस समष्टि का रूप ले लें जिसकी कल्पना मार्क्स ने की थी। किन्तु मार्क्स के दलवाले तो व्यष्टि का अस्तित्व ही नहीं चाहते। फिर वे व्यक्ति को व्यक्ति रहने की स्वाधीनता देंगे कहाँ से? अजब नहीं कि कुछ इसी प्रकार की चिन्ताओं से निराश होकर पन्त जी साम्यवाद की अनेक व्याप्तियों से विमुख होने लगे हों! अथवा यह भी सम्भव है कि उन पर इस बात का प्रभाव पड़ा हो कि राजनीतिक प्रयोग के परिणाम क्षणस्थायी होते हैं। मार्क्स

← *अधोमूल अश्वत्थ विश्व, शाखाएँ संस्कृतियाँ वर,*
वस्तु-विभव पर ही जनगण का भाव-विभव अवलम्बित।

[ग्राम्या]

जड़ नहीं यन्त्र; वे भाव-रूप; संस्कृति-द्योतक,
वे विश्व-शिराएँ, निखिल सभ्यता के पोषक।

[ग्राम्या]

किन्तु गांधी-विषयक उनकी इधर की उक्तियाँ अत्यन्त उत्साहपूर्ण और द्विधामुक्त हैं। यथा—

आज जगत के सम्मुख प्रस्तुत जटिल प्रश्न यह,
साध्य और साधन हों कैसे स्वर्ण-समन्वित।

[सौवर्ण]

सत्य-अहिंसा होंगे भावी के पथदर्शक।

[रजत-शिखर]

रजत-शिखर के *उत्तरशती* शीर्षक रूपक में गांधी जी का जो वर्णन आया है, वह भी उज्ज्वल और द्विधामुक्त है।

का नाम लेकर चाहे जितनी भी कड़ाई बरती जाए, अन्ततः मनुष्य कड़े बन्धनों को स्वीकार नहीं करेगा। राजनीति और अर्थनीति के प्रयोग मनुष्य की त्वचा पर किये जाते हैं। इससे अधिक श्रेष्ठ और टिकाऊ वह प्रयोग है जो मनुष्य को भीतर से जगाने को किया जाता है। अतएव राजनीति एवं अर्थनीति की उपेक्षा संस्कृति अधिक काम्य है। इस विचार की अनुभूति *युगवाणी* के बाद *ग्राम्या* में प्रकट हुई :

राजनीति का प्रश्न नहीं रे आज जगत के सम्मुख,
अर्थ-साम्य भी मिटा न सकता मानव-जीवन के दुःख।
आज वृहत् सांस्कृतिक समस्या जग के निकट उपस्थित,
खण्ड मनुजता को युग-युग की होना है नवनिर्मित।

और यही भाव 'सौवर्ण' में इस प्रकार प्रकट हुआ है :

यह केवल आर्थिक न राजनीतिक ही संकट,
आज उपस्थित जो मानव-इतिहास में विकट,
वंचित जिससे नहीं कला-साहित्य-क्षेत्र भी।

[सौवर्ण]

विश्व में जो अशान्ति तथा असन्तोष है, उसका कारण यह नहीं है कि सभी देशों की आर्थिक एवं राजनीतिक पद्धतियाँ दोषपूर्ण हैं प्रत्युत् यह कि मनुष्य किसी अत्यन्त गंभीर संकट में गिरफ्तार हो गया है और यह संकट मानवता के मौलिक प्रतिमानों का संकट है, मौलिक मूल्यों का संकट है। जब तक मनुष्य भीतर से नहीं सुधरता, राजनीतिक और आर्थिक पद्धतियाँ उसकी अशान्ति को दूर न कर सकेंगी और जब वह अन्दर से सुधर जाएगा, वह प्रत्येक राजनीतिक एवं आर्थिक पद्धति को अपने अनुकूल बना लेगा। यह अनुभूति केवल पन्त जी को ही नहीं हुई है। पश्चिमी पूँजीवादी देशों में जो आध्यात्मिक निराशा अनुभूति हुई है, इलियट की कविता उसी निराशा की कविता है। और साम्यवादी देश भीतर ही भीतर जिस निराशा का अनुभव करते हैं, उसका उल्लेख करते हुए 'जिलास' ने लिखा है कि साम्यवादी प्रयोगों से जो निराशा उत्पन्न हुई, उसके बारे में ट्राटस्की का यह खयाल था कि सर्वोच्च नेतृत्व का ढाँचा बदल जाए तो यह निराशा दूर हो सकती है। स्टालिन की मृत्यु के बाद नेतृत्व का ढाँचा तो बदल गया। किन्तु चीजें ज्यों की त्यों रह गईं। इससे ज्ञात होता है कि गड़बड़ी

ऊपर नहीं, वह कहीं भीतर में है, वह जीवन के मौलिक प्रतिमानों में है।

ग्राम्या के बाद *अरविन्द-दर्शन* के सम्पर्क ने पन्त जी के चिन्तन को परिष्कृत एवं सुदृढ़ बना दिया। वे मैटर के गुणों पर मुग्ध थे किन्तु आत्मा के अस्तित्व में विश्वास रखने के कारण भूत उन्हें सर्वतोभावेन ग्राह्य नहीं था। *अरविन्द-दर्शन* ने उन्हें बताया कि भौतिक गुण भी बिलकुल त्याज्य नहीं, एक सीमा तक ग्राह्य है बशर्ते कि इन गुणों के विकास से आत्मा के उत्थान में बाधा न पड़ती हो। निष्काम भोग भारत में सदा से त्याग का पर्याय माना जाता रहा है। अरविन्द ने भौतिक गुणों को ग्राह्य बताकर भारत की इसी परम्परा को नवयुग की भाषा में स्वीकृति प्रदान की है।

दार्शनिक होने के पहले पन्त जी सौन्दर्यवादी थे और सौन्दर्यवादी होने के कारण ही यतियों का यह उपदेश उन्हें स्वीकार्य न था कि संसार में जहाँ भी सुख और आनन्द के स्रोत हैं, वहाँ से आदमी को भाग निकलना चाहिए क्योंकि जहाँ-जहाँ सुख और सौन्दर्य हैं, वहाँ-वहाँ पाप है। *अरविन्द-दर्शन* में उन्हें अपनी इस भावना की भी पुष्टि मिली क्योंकि वह दर्शन यतीवादियों की कृच्छ्र साधना का भी विरोधी है। इसके अतिरिक्त *अरविन्द-दर्शन* के आरोहण और समदिक् संचरण वाले सिद्धान्त भी उन्हें अपने अनुकूल लगे। वे कर्म, भक्ति और ज्ञान–इन तीनों का समन्वय चाहते थे। इस समन्वय को उन्होंने आरोह, अवरोह और समदिक् गतियों को मिलाकर प्राप्त कर लिया। *अरविन्द-दर्शन* से यह तो अनुमान होता है कि आरोह कर्म एवं अवरोह भक्ति का प्रतीत है किन्तु समदिक् संचरण ज्ञान का प्रतीक है या नहीं, यह निश्चित रूप से नहीं कहा जा सकता। कदाचित् वह ज्ञान और अध्यात्म, दोनों संचरणों का प्रतीक है अर्थात् जब वह भूत की प्राप्तियों को संग्रथित करता है तब वह स्थूल ज्ञान का काम करता है और जब वह आत्मा की उपलब्धियों को संग्रथित करता है तब वह आत्मा के संचरण का प्रतीक होता है। किन्तु पन्त जी ने अपनी सुविधा के लिए उसे ज्ञान के प्रतीक के रूप में ग्रहण कर लिया जो बहुत अयोग्य नहीं दीखता है। *युगवाणी* में मार्क्स की वन्दना उन्होंने ज्ञानी के ही रूप में की थी :

धन्य मार्क्स! चिर तमच्छन्न पृथ्वी के उदय-शिखर पर
तुम त्रिनेत्र के ज्ञान-चक्षु-से प्रकट हुए प्रलयंकर!

और *उत्तरा* की भूमिका में भी उन्होंने माना है कि बहिर्मुखी समतल-

संचरण मार्क्सवाद का क्षेत्र है। "मैं मार्क्सवाद की उपयोगिता एक व्यापक, समतल सिद्धान्त की तरह स्वीकार कर चुका हूँ। किन्तु सांस्कृतिक दृष्टिकोण से उसके रक्त-क्रान्ति और वर्गयुद्ध के पक्ष को मैं मार्क्स के युग की सीमाएँ मानता हूँ। यह भी कि 'ऐतिहासिक भौतिकवाद और भारतीय अध्यात्म-दर्शन में मुझे किसी प्रकार का विरोध नहीं जान पड़ता' " (*आधुनिक कवि* की भूमिका)। इस समन्वय में विरोध अथवा अस्वाभाविकता उन्हें दिखाई देती है जो "आलोचक अपने सांस्कृतिक विश्वासों में मार्क्सवादी ही नहीं, अपने राजनीतिक विचारों में कम्युनिस्ट भी हैं" (*उत्तरा* की भूमिका)।

भूत और आत्मा के बीच पन्त जी ने अपने मन में जो समन्वय स्थापित किया है, उसका व्यावहारिक रूप उनके मार्क्स और गांधी-विषयक विचारों में खुलता है। वे गांधी जी की अहिंसा, आस्तिकता, व्यक्ति-स्वातन्त्र्य की भावना एवं साधन और साध्य की एकता आदि बातों को तो मानते हैं किन्तु गांधीवाद से यन्त्रों का जो विरोध ध्वनित होता है, उससे नर-नारी पर कठोर नैतिकता के निर्वाह का जो कठिन दायित्व आता है एवं उसके साथ यतीवाद की जो अनेक व्याप्तियाँ लिपटी हुई हैं, उन्हें स्वीकार करने में पन्त जी को हिचक है। इसी प्रकार, मार्क्स का भी वे केवल सांस्कृतिक पक्ष ही स्वीकार करते हैं। इसीलिए वे चिन्तन की हेतुवादी पद्धति को पसन्द करते हैं, विज्ञान की सहायता से मानवता की सुविधाओं में जो वृद्धि हो रही है, उसके वे समर्थक हैं एवं मनुष्य के नैतिक उत्थान के साथ-साथ वे उसकी भौतिक समृद्धि का भी विकास चाहते हैं।

काम-भावना और अध्यात्म

पन्त जी ने अपना जो नवीन जीवन-दर्शन प्रस्तुत किया है, उसमें उनका सहज सौन्दर्यवाद अपना पूरा हिस्सा लिये हुए है और इस सौन्दर्यवाद को सहारा पन्तजी के भौतिकता-विषयक विश्वासों से भी प्राप्त होता है। जीवन का भौतिक आनन्द त्याज्य नहीं, भोग्य है, यह भाव उनके विचार-काव्य में बार-बार आता है। इसीलिए दार्शनिक हो जाने पर भी वे नारियों के सौन्दर्य का गान करते हैं, अध्यात्म की प्रशंसा करते हुए नर-नारी मिलन की महिमा का भी बखान करते हैं। अन्न, वस्त्र और आवास—ये भी भौतिक आनन्द के ही साधन हैं और इन साधनों का उपयोग वैरागी भी करते हैं यद्यपि वैरागियों के यहाँ स्वादुलोलुपता

निन्द्य समझी जाती है तथा वस्त्र और आवास भी वैरागियों को उतने ही चाहिए जितने से उनकी आवश्यकता भर पूर्ण होती हो। आवश्यकता और भोग के बीच कहीं कोई रेखा है जो प्रत्येक वैरागी की दृष्टि में रहती है। किन्तु वैराग्य-साधना में जो छूट वस्त्र, आवास और अन्न के लिए रही, वह छूट सेक्स के विषय में कभी भी न दी गई, यद्यपि इस कड़ाई का अच्छा परिणाम कम, उसके बुरे परिणाम अधिक देखे गए हैं। अतएव यह अनुमान गलत नहीं है कि सभी भोगी पापात्मा और सभी त्यागी पुण्यस्वरूप नहीं होते। सत्य कदाचित् यह है कि भोगी भी पवित्र और वैरागी भी पतित हो सकता है। रज्जबजी ने कहा है :

एक जोग में भोग है, एक भोग में जोग,
एक बुड़हिं वैराग्य में, इक तरहिं सो गिरही लोग।

प्राचीन युग में इस आदर्श के सबसे बड़े प्रतीक राजा जनक थे और मध्यकाल में आकर कबीर और नानक जैसे महात्माओं ने जब विवाह गार्हस्थ्य को स्वीकार करते हुए अपना आध्यात्मिक विकास किया तब उन्होंने भी राजा जनक के ही आदर्श का पालन किया था। वह आदर्श नवयुग के सन्तों में फिर से झलक मारने लगा है। गांधी जी सपत्नीक रहे, परमहंस रामकृष्ण सपत्नीक रहे और अरविन्द-आश्रम के साधक भी बाल-बच्चों के साथ रहकर ही अपनी साधना करते हैं।

अरविन्द ने भूत को एक हद तक प्रधानता दी और कृच्छ्र यतीवाद का पक्ष समर्थन नहीं किया, इससे यह अनुमान तो निकलता है कि नारी और गृहस्थ के प्रति उनका हृदय सम्मानशील था किन्तु साधकों के लिए काम त्याज्य है या नहीं, इस विषय में उनका भी प्रायः वही मत है जो परमहंस रामकृष्ण और महात्मा गांधी का था अर्थात् नारी साथ रखने योग्य तो है किन्तु काम त्याज्य है। सावित्री के रूप-वर्णन में अरविन्द ने कहीं से भी कोई ऐसा भाव आने न दिया जिससे काम की कोई उत्कट गंध आती हो।

"उसका शरीर अति दिव्य ऊषा के समान था जो प्रच्छन्न देवत्व के विश्राम-कुंज-सा लगता था, जो उस लोक के स्वर्ण-मंदिर-द्वार-सा प्रतीत होता था, जो लोक यहाँ नहीं, यहाँ से बहुत दूर आगे है।...उसकी दृष्टि, उसकी मुस्कान स्वर्गीय चेतना को जगानेवाली थी।...उसकी प्रांशु वासना नील-निर्मल व्योम के समान संतुलित और शान्त थी।...उसकी परिखाएँ भी ज्योति की

कन्दराओं के समान थीं। ...वह उस अगाध सागर के समान थी जिसमें जल के स्थान पर निष्कम्प कौमार्य-वह्नि विराज रही हो।"

किन्तु नारी-रूप के चित्रण में पन्त जी इस संयम का पालन नहीं करते। मनुष्य के आगामी रूप की कल्पना उन्होंने बार-बार की है और उस कल्पना में अरविन्द की अतिमानसी कल्पना का स्पर्श भी प्रायः सर्वत्र दिखाई देता है, किन्तु उनकी अतिमानसी धरातल की नारी भी वैसी ही उद्दीपनमयी हो गई है, जैसी वह आज के धरातल पर पाई जाती है :

सुप्त स्वर्ण-चक्रांगों-से सुकुमार उरोजों पर स्थित
शुभ्र सुधा के मेघों की जाली उठती, गिरती नित।
ज्योति-भँवर-सी सुघर नाभि प्रिय रजत-फुहार उदर में,
स्वर्ण-वाष्प का घन लटका जघनों के माणिक-सर में।
स्वर्णिम निर्झर-सी रति-सुख की जंघाओं पर पेशल,
लिपटी जीवन की ज्वाला निज दीपन करती शीतल।

[स्वर्णकिरण; सौन्दर्य-चेतना]

'ज्योति-भँवर-सी सुघर नाभि' की प्रेरणा अरविन्द की 'इवन हर गल्फ्स वेयर द सिक्रेसीज आव् लाइट' से आई हुई जान पड़ती है। किन्तु अरविन्द ने *सावित्री* वर्णन में पवित्रता का जो वातावरण रखा है उसके कारण इस रूपक की वासना *सावित्री* काव्य में नहीं भड़कती। किन्तु ऊपर के उद्धरण की अंतिम तीन पंक्तियों से उत्कट वासना की गन्ध आती है।

और इतना ही नहीं, अन्यत्र भी पन्त जी के विचार-काव्य में नारी के जिस रूप का वर्णन मिलता है, वह अत्यन्त मादक, उत्तेजक और मन को काम की दिशा में प्रेरित करनेवाला है :

सीप-छटा-सा उदर, नाभि मुक्ताफल-सी स्मित,
पुष्प-पुलिन जघनों पर चिर लालसा तरंगित।

* * *

चिर अधखुले उरोजों पर जलते थे उडुगण,
रजस्राव के अभ्रक से ज्योतित भू-रज-कण।
वसुधा के उरोज-शिखरों से खिसका चल मलयांचल,
सरिता की जाँघों से सरका लहरा रेशम-सा जल।

[स्वर्णकिरण; मनःस्वर्ग]

और उसी कविता में मुक्ति के वक्षस्थल पर हाथ धर कर सोए हुए सत्य का यह चित्र देखिए :

अर्ध-विवृत जघनों पर तरुण सत्य के सिर धर
लेटी थी वह दामिनि-सी रुचि-गौर कलेवर;
गगन-भंग-से लहराये मृदु कच अंगों पर,
वक्षोजों के खुले घटों पर लसित सत्य कर।

यहाँ फिर *सावित्री* काव्य की एक पंक्ति याद आ जाती है। 'पावर लेड इट्स हेड अपोन द ब्रेस्ट्स आव् ब्लिस।' अर्थात् आनन्द (मयी) के वक्षस्थल पर शक्ति (मान्) अपना सिर धरकर लेट गया।

अतिमानसी धरातल की कल्पना *स्वर्णकिरण* की अपेक्षा *उत्तरा* में बहुत अधिक निखरी है और जिस मनुष्य की कल्पना *स्वर्णकिरण* में की गई है, उसके भावों और अनुभूतियों की कल्पना से सारी *उत्तरा* व्याप्त है। किन्तु *उत्तरा* में भी नारी के भोग्य रूप पर ललचाने का वही भाव है जो *स्वर्णकिरण* में था।

लिपटे भू के जघनों से घन, प्राणों की ज्वाला जन-मादन,
नाभि-गर्त में घूम भँवर-सी करे मर्म आकांक्षा नर्तन।

[भू-प्रांगण]

कब तप्त लालसा के मुख पर चापोगे तुम शीतल चुंबन?
शोभा के रहस उरोजों पर कब प्रीति धरेगी उपकृत कर?

[गीत-विभव]

वह देवों के उपभोग हेतु मिथ खोल रही निज वक्षस्थल,
उसके प्राणों का हरित तिमिर जीवन में निखर रहा उज्ज्वल।

[भू-स्वर्ग]

शृंगार के रंग में डूबे हुए इन चित्रों पर शुद्ध साहित्य की दृष्टि से कोई बड़ी आपत्ति नहीं की जा सकती। जहाँ तक शील का प्रश्न है, उसका भी इतना भर उल्लंघन प्रायः कवि करते ही आए हैं। शंका मेरी यह है कि आध्यात्मिक प्रसंगों में नारी-रूप और काम-भावना का ऐसा वर्णन किया जाना ठीक है या नहीं। कविता रचते समय कवि-कल्पना अपनी रुचि और प्रवृत्ति के अनुसार ही

काम करती है। अतएव इन शृंगारिक चित्रणों का भी मुख्य कारण तर्क नहीं, भाव ही होगा। फिर भी मुझे दो तर्कों का अनुमान होता है जो ऐसे वर्णन का समर्थन कर सकते हैं। पहला यह कि भूत जब सत्य है तब भौतिक आनन्द की व्याख्या या आख्यान दोष नहीं हो सकता। प्रत्युत ऐसे आख्यानों से ही मनुष्य का वह संस्कार क्षीण होता है जिसकी शिक्षा यह है कि आत्मा की उन्नति में शरीर बाधा उपस्थित करता है अतएव उसे दबाकर रखो। और दूसरा यह कि नारी को देखकर नर में और नर को देखकर नारी में जो ललक और आकर्षण उत्पन्न होता है, उसे दबाना नहीं चाहिए क्योंकि यौन आवेग दबाए जाने पर मन में कुंठाओं को जन्म देते हैं।

किन्तु एक दूसरी दृष्टि से विचार करने पर ये दोनों ही तर्क खंडित हो जाते हैं। उदाहरण के लिए, यह तो माना कि भूत सत्य है अतएव दैहिक आनन्द से मुँह नहीं फेरना चाहिए। किन्तु इस आनन्द का रूप क्या होगा? काम-भावना की शारीरिक अभिव्यक्ति अथवा उसका सूक्ष्मीकरण (सब्लिमेशन)? शरीर के धरातल पर काम-भावना की अभिव्यक्ति अत्यन्त साधारण मानवता का लक्षण है। उच्च मानवता का आरम्भ तब होता है जब व्यक्ति अपनी काम-शक्ति को खींचकर उसे शरीर से भिन्न किसी ऐसे धरातल पर ले जाए, जहाँ वह अपने आवेगों की अभिव्यक्ति कला, ज्ञान, विज्ञान और योग आदि क्रियाओं द्वारा कर सके। ऐसा करने से व्यक्तित्व में कुंठाएँ नहीं उत्पन्न होतीं, यह शिक्षा मनोविज्ञान से भी मिलती है और उन लोगों के जीवन से भी जिन्होंने अपनी शक्तियों का उपयोग रचनात्मक ध्येयों के लिए किया है। यहाँ यह मानने में हमें कोई आपत्ति नहीं है कि *स्वर्णकिरण, उत्तरा* आदि काव्यों में पन्त जी अपने व्यक्तित्व का सूक्ष्मीकरण करते रहे हैं।[1] किन्तु अध्यात्म के प्रसंग में इसका उल्लेख कुछ अधिक संयत रूप में होना चाहिए। विशेषतः मानस से

---

1. *स्वप्न समान बह गया यौवन पलकों में मँडरा क्षण।*
इन्द्रधनुष का बादल सुन्दर लीन हो गया नभ में उड़कर,
गरजा-बरसा नहीं धरा पर विद्युत्, धूम, मरुत, घन।

[स्वर्णधूलि]

पीकर तिक्त मधुर मधु ज्वाला रिक्त किया जीवन का प्याला,
मैं संयत, चैतन्य रहा नित, हुआ न मोह-प्रमत्त एक क्षण।

[अतिमा]

अधिमानस की यात्रा अत्यन्त कठिन प्रक्रिया है और मनुष्य के पास एक ही इंजिन है जिसका नाम काम-शक्ति है। अब चाहे वह इसे ट्रैक्टर में लगाकर खेत जोते या वायुयान में बाँधकर ऊपर उड़ जाए। और कहीं अतिमानवी स्थिति में पहुँच जाने पर भी नर और नारी शारीरिक सुखों के लिए उसी प्रकार तड़पते रहे, जैसे वे आज तड़पते हैं, तो फिर उस स्थिति की कोई अनुकूल कल्पना करने में हम असमर्थ हैं।

इन श्रृंगार-खंडों की आलोचना मैंने इसलिए की है कि उनका वर्णन अतिमानव के प्रसंग में किया गया है अथवा यह दिखाने को किया गया है कि मनुष्य जब आगे बढ़ेगा तब उसके ये लक्षण होंगे। मेरा मत है, ये लक्षण तो उसमें बहुत दिनों से मौजूद रहे हैं। वास्तविकता यह है कि इन लक्षणों के परिमार्जित हुए बिना मनुष्य की आत्मिक प्रगति नहीं होती। किन्तु यह वर्णन यदि वर्तमान मानवता के प्रसंग में पढ़ा जाए, तो फिर आपत्ति की कोई वैसी बात नहीं रह जाती।

नैतिकता

अतिमानव के प्रसंग में पन्त जी द्वारा वर्णित उद्दीपक श्रृंगार चाहे जितना भी अनुचित दिखे किन्तु अपने भूत-अध्यात्म-मिश्रित दर्शन से उन्होंने नई नैतिकता के जो सिद्धान्त निकाले हैं, उन्हें मैं समाज के लिए उपयोगी मानता हूँ और मेरा अनुमान है कि उनके प्रचलन से दम्पतियों के जीवन में सुख और शान्ति की वृद्धि होगी। *आधुनिक कवि* की भूमिका में उन्होंने लिखा है–"सामंत-युग के स्त्री-पुरुष-सम्बन्धी सदाचार का दृष्टिकोण अब अत्यंत संकुचित लगता है। उसका नैतिक मानदंड स्त्री की शरीर-यष्टि रहा है। उस सदाचार के एक अंचल-छोर को हमारी मध्ययुग की सती और हमारी बाल-विधवा अपनी छाती से चिपकाए हुए है और दूसरे छोर को उस युग की देन 'वेश्या'। यह भी कि "भारत की मध्य युग की नैतिकता का लक्ष्य ही अतृप्त वासना और मूक वेदना को जन्म देना रहा है।" लक्ष्य रहा हो या नहीं, किन्तु यह ठीक है कि वेश्या प्रथा का जन्म प्राचीन नैतिकता के ही कारण हुआ यद्यपि इस कटु सत्य को वे लोग स्वीकार नहीं करते जो प्राचीन नैतिकता के पक्षपाती हैं। पति-पत्नी के पारस्परिक सम्बन्ध में जो महत्त्व प्रेम को दिया

जाना चाहिए था, वह महत्त्व प्राचीन नैतिकता ने उनके आचरणों की शुद्धता को दे दिया। और आचरणों की शुद्धता का पालन करवाने के लिए उस नैतिकता ने नारियों से वे सभी अवसर छीन लिये जिनका उपयोग स्खलन के निमित्त किया जा सकता था। किन्तु पुरुष ऐसे सभी अवसरों से वंचित नहीं किया जा सका। परिणाम यह हुआ कि पुरुषों ने अपने मनोरंजन के लिए वेश्या-प्रथा का प्रचलन करवा दिया और नारियाँ बीसों प्रकार के छल-प्रपंचों, कुंठाओं और वंचनाओं का शिकार होती रहीं। ऊपर-ऊपर तुलसी के पत्तों का आवरण और भीतर-भीतर छल और वंचनाओं के खेल, यह स्थिति प्राचीन नैतिकता के कारण उत्पन्न हुई है।

इस नैतिकता के स्थान पर पन्त जी जिस नई नैतिकता का प्रचलन चाहते हैं, उसका प्रथम सूत्र यह है कि नर-नारी का दैहिक मिलन घृणा की वस्तु नहीं है, वह स्वाभाविक प्रवृत्ति है और उससे जो निश्छल प्रेम की धार फूटती है, वह प्रेमियों के लिए सुधावृष्टि के समान है। फिर ऐसी नैसर्गिक क्रिया से झेंपना क्या?

धिक् रे मनुष्य! तुम स्वच्छ, स्वस्थ, निश्छल चुम्बन
अंकित कर सकते नहीं प्रिया के अधरों पर?
मन में लज्जित, जन से शंकित, चुपके, गोपन
तुम प्रेम प्रकट करते हो नारी से कायर?
क्या क्षुधा, तृषा औ, स्वप्न-जागरण-सा सुन्दर
है नहीं काम भी नैसर्गिक जीवन-द्योतक?
मत कहो मांस की दुर्बलता हे जीव प्रवर!
है पुण्य-तीर्थ नर-नारी-जन का हृदय मिलन।
आनन्दित होओ, गर्वित, यह जीवन का वर,
गौरव दो द्वन्द्व-प्रणय को, पृथ्वी हो पावन!

[ग्राम्या]

और यही भाव *युगवाणी* में इस प्रकार उतरा था :

क्षुधा-तृषा ही के समान युग्मेच्छा प्रकृति-प्रवर्तित,
कामेच्छा प्रेमेच्छा बन कर हो जाती मनुजोचित।

[युगवाणी: नारी]

ऊपर मैंने कहा है कि अरविन्द आध्यात्मिक और पन्त मुख्यतः सामाजिक हैं। पन्त जी ने नर-नारी-सम्बन्धों की व्याख्या जिस रोचकता और गहराई से की है, उससे यह बात और स्पष्ट हो जाती है। अरविन्द ने *दिव्य जीवन* और *सावित्री* की रचना इस उद्‌देश्य से की है कि मनुष्य का भूत-भ्रमित मन अध्यात्म की ओर मुड़ सके। किन्तु पन्त जी ने अरविन्द से जो प्रेरणा पाई, उसका उपयोग उन्होंने अधिक सुन्दर समाज की कल्पना करने में किया है। असल में, मनुष्य के शरीर पर पन्त जी भूतवाद का शासन मानते हैं : उसके मन पर प्राणिवाद का तथा हृदय पर अध्यात्म का। भौतिक शरीर में प्राणिशास्त्रीय (बायलॉजिकल) मन और आध्यात्मिक हृदय, पन्त जी की कल्पना के मनुष्य के ये तीन लक्षण प्रधान हैं।

वही सत्य कर सकता मानव-जीवन का परिचालन
भूतवाद हो जिसका रजतन, प्राणिवाद जिसका मन,
औ, अध्यात्मवाद हो जिसका हृदय गम्भीर चिरंतन
जिसमें मूल सृजन-विकास के, विश्व-प्रगति के गोपन।

[*स्वर्णधूलि: लोकसत्य*]

उसी संग्रह की 'क्रोटन की टहनी' नामक कविता में पन्त जी ने मानव की तुलना उद्‌भिज से की है और वे इस निष्कर्ष पर पहुँचे हैं कि जैसे पौधों के सम्यक् विकास के लिए आकाश और वायु के अतिरिक्त मिट्टी की भी आवश्यकता होती है, वैसे ही, मनुष्य के लिए भी आधिभौतिक सुख आवश्यक हैं।

यह सच है, वह किरण-वरुणियों का पाता प्रिय चुम्बन,
पर प्रकाश के साथ चाहिए प्राणी को रज का तम।
पौधे ही क्या, मानव भी यह भूजीवी निःसंशय,
मर्म-कामना के बिरवे मिट्टी में फलते निश्चय।

[*स्वर्णधूलि*]

इसलिए पन्त जी नर-नारी-मिलन को आत्मा की प्रगति में बाधक नहीं मानते। बाधा वह तभी होता है जब जोड़ों के बीच निश्छल प्रेम नहीं हो। शारीरिक मिलन में जो दोष या मैल है, वह सात्त्विक प्रेम-प्रवाह से धुल जाता है। यही नहीं, प्रीति में ऐसी शक्ति है कि वह स्खलिता को भी पवित्रता प्रदान

कर सकती है। *स्वर्णधूलि* की 'पतिता' शीर्षक कविता की नायिका लुटेरों द्वारा दूषित कर दी गई थी किन्तु उसका पति केशव जब यह समाचार सुनता है तो उसे आक्रोश, ग्लानि या परिताप नहीं होता। वह कहता है, देह तो सदैव कलुषित ही होती है, उसे क्या देखना? देखना यह चाहिए कि मन में मैल है या नहीं :

मन से होते मनुज कलंकित, रज की देह सदा से कलुषित,
प्रेम पतित-पावन है, तुम को रहने दूँगा मैं न कलंकित।

शरीर और मन के इस भेद में दूर-दूर की व्याप्तियाँ दिखाई देती हैं जिनमें दो तो बहुत ही प्रखर हैं। एक यह कि समाज-पद्धति की विवशता से जो नारी रूप का व्यापार करके जीवन-निर्वाह कर रही है, पन्त जी की नैतिकता में उस अभागिनी का स्थान कहाँ बनेगा? और दूसरा यह कि पति-पत्नी यदि एक-दूसरे के प्रति प्रेमासक्त न हों तो यह नैतिकता उन्हें किस दृष्टि से देखेगी? *स्वर्णधूलि* की 'परकीया' शीर्षक रचना में पन्त जी ने इन दोनों समस्याओं का समाधान दिया है। पहली समस्या का समाधान यह है कि यदि वेश्या का मन उसके व्यवसाय में नहीं है तो उसे पतिता समझने का कोई आधार नहीं है।

यद्यपि जबाला-सदृश आपको अर्पित कर अपना यौवन-धन
देना पड़ा मूल्य जीवन को तोड़ बाह्य सामाजिक बन्धन।
फिर भी लगता मुझे, आपने किया पुण्य-जीवन है यापन,
बतलाती यह मन की आभा, कहता यह गरिमा का आनन।
पंकिल जीवन में पंकज-सी शोभित आप देह से ऊपर,
वही सत्य जो आप हृदय से, शेष शून्य जग का आडम्बर।

और दूसरे प्रश्न का भी उत्तर इसी न्याय से निकलता है। पति-पत्नी यदि परस्पर प्रेमासक्त हैं तो उनके कामाचार में कोई दोष नहीं है। अन्यथा विवाह केवल कामाचार का समर्थन मात्र है। उसे हम दो आत्माओं का मिलन नहीं कह सकते।

पति-पत्नी का सदाचार भी नहीं मात्र परिणय से पावन,
कामनिरत यदि दम्पति-जीवन, भोग मात्र का परिणय साधन।

इस नई नैतिकता का सारा जोर प्रेम पर है। जब तक प्रेम है, तब तक विवाह है। प्रेम के खंडित होते ही विवाह को खंडित हो जाना चाहिए। इसी प्रकार जो सम्बन्ध विवाह पर आधारित नहीं है, वहाँ भी यदि नर-नारी में सात्त्विक प्रेम हो तो उनका मिलन दूषित नहीं, पवित्र माना जाना चाहिए। स्वकीया और परकीया का जो परम्परागत भेद है, उसका रूप इस नैतिकता के सामने विलुप्त हो जानेवाला है।

अतः स्वकीया या परकीया जन-समाज की है परिभाषा,
काममुक्त औ, प्रतियुक्त होगी मनुष्यता, मुझको आशा।

नारी-जागरण और छायावाद

छायावाद-युग में नारी को देखनेवाली कवि-दृष्टि अत्यन्त पवित्र थी। वह नारी के रूप पर केवल विस्मित होना जानती थी। वह नारी के सौन्दर्य को महासौन्दर्य से एकाकार मानती थी। अतएव छायावादी कवि नारीरूप को दर्शन तथा चिन्तन के धरातल से नीचे लाने के विरुद्ध थे।[1]

वास्तव में छायावाद नारी-समस्या पर इस दृष्टि से विचार नहीं करता था कि नारी पुरुष के साथ समकक्षता कैसे प्राप्त कर सकती है। वह नारी को समस्त भव्य प्रेरणाओं का उद्‌गम मानता था। वह उसे जीवन पर फैली हुई चाँदनी और स्वप्नों की प्रतिमा कहता था और उसकी चेष्टा थी कि नारी कोमल, मृदुल, मोहिनी और आकर्षक बनी रहे जिससे पुरुष उसे देखकर अपनी क्लान्ति भूलने में समर्थ हो। स्पष्ट ही, यह आग्रह पुरुष की वासना की तृप्ति का आग्रह था। छायावाद के उपचेतन में नारी का मोहिनी-रूप निवास

---

1. किन्तु रजत-शिखर में पन्त जी ने स्वयं स्वीकार किया है कि नारियों के सम्बन्ध में छायावादियों की यह दृष्टि छलना मात्र थी।

मैं जाने कब, अनुभव-शून्य, मधुर तृष्णा के
हँसमुख कर्दम में फँस गया, नियति-परिचालित।

* * *

नारी की पावन शोभा को देख न पाया,
केवल निज इच्छाओं के मोहक वेष्टन से
रहा खेलता छाया को उर से चिपकाकर।

[रजत-शिखर]

करता था, केवल ऊपर वाले मन से छायावाद नारी को दिव्या के पद पर आसीन रखना चाहता था। स्पष्ट ही, यह दृष्टि उसकी दृष्टि नहीं हो सकती जो नारियों को सचमुच पुरुषों का समकक्ष बनाना चाहता हो। नारी के अनेक बन्धनों में से एक बहुत बड़ा बन्धन काम भी है और उस बन्धन का रूप यह है कि नर नारी की कोमलता पर मुग्ध है तथा इस कोमलता और मृदुलता की रक्षा के लिए वह नहीं चाहता कि नारियाँ सचमुच पुरुषों की समकक्षिणी हो जाएँ क्योंकि समकक्षता पाने के लिए उन्हें आर्थिक स्वाधीनता के लिए प्रयास करना होगा और आर्थिक स्वाधीनता तभी मिल सकती है जब वे खेतों और कल-कारखानों में काम करें। और परिश्रम करने से तो पसीना चलता है और उससे प्रसाधन घुल जाते हैं।

किन्तु *युगवाणी* के बाद से पन्त जी इस छायावादी संस्कार से निकलने लगे हैं। 'रजतशिखर' का युवक जब युवती को छायावादी शैली में अपने प्रेम की याद दिलाता है तब युवती उससे कहती है :

जो भी समझो, वह केवल कैशोर प्रणय था!
अभी नहीं छूटी क्या मुग्ध तुम्हारे मन से
मेहँदी की लाली-सी वह कैशोर भावना
जिसने निज यौवन-उन्मुख प्रच्छन्न राग से
था अजान रँग दिया कपोलों की बीड़ा को?
आज प्रेमविषयक इन मध्ययुगी शुक-जल्पित
उद्‌गारों की कीर्ति तुम्हारे मुख से सुनकर
मेरा मन अवसन्न, हृदय उद्विग्न हो उठा।

[रजतशिखर]

और तब युवक को भी यह ज्ञान होता है कि काम की शुद्धि के बिना जीवन की वास्तविक सुन्दरता नहीं निखर सकती :

काम शुद्ध कांचन की प्राणोज्वलता से ही
जीवन-शोभा की प्रतिमा हो सकती निर्मित।

[रजतशिखर]

किन्तु यह कामशुद्धि होगी कैसे? उसका एक उपाय काम को प्रेम पर आधारित करना है जिसकी अभिव्यक्ति पन्त जी के विचार-काव्य में अनेक

स्थलों पर पाई जाती है।

प्रीति-पाश में बँध सुन्दरता काम-भीति से हो अकलंकित।

* * *

स्वस्थ हृदय तारुण्य प्रणय को करें युग्म निज अर्पित।

* * *

बहता स्निग्ध स्पर्श प्राण में अमर चेतना-सा नव,
उर को होता चिर-प्रतीति की मधुर मुक्ति का अनुभव।

[स्वर्णकिरण]

किन्तु केवल प्रेम क्या यथेष्ट है? दिमागी काम (सेक्स इन हेड) का रोग प्रेमी को भी होता है। प्रेम की सार्थकता इतनी ही मानी जा सकती है कि उससे कामाचार निर्दोष हो जाता है। प्रेम भावना है और भावनाएँ अन्ततः ज्ञान का ही अंग होती हैं। किन्तु स्वस्थ जीवन के लिए ज्ञान और कर्म, प्रेम और कर्तव्य– दोनों का समन्वय चाहिए। नर-नारी परस्पर प्रेम के बन्धन में बँधे रहें, यह ठीक है, किन्तु स्वस्थ काम की स्थिति उन्हें तब भी प्राप्त नहीं हो सकती। मनुष्य का मानसिक स्वास्थ्य काम को याद रखने में नहीं, उसे भूल जाने में है, अपने जीवन में उसे गौण कर देने में है। और इसका सरल उपाय यह है कि नर और नारी श्रम का कोई काम करें, समाज को अपनी सेवाएँ अर्पित करने में लग जाएँ।, तभी काम का स्वस्थ रूप प्रकट हो सकता है। इसीलिए मेरा विचार है कि नर-नारी समस्या का जो समाधान रोमांटिक कवियों और चिन्तकों ने दिया है, वह किसी काम का नहीं है। इस समस्या का श्रेष्ठ समाधान वह है जिसकी ओर इंगित गांधी और मार्क्स अथवा गांधी या मार्क्स ने किया है। यह समाधान *ग्राम्या* की 'मजदूरनी के प्रति' कविता में झलक मारता है। काम-जनित सभी मानसिक हलचलों की महौषध कर्म है, अध्यवसाय है, मन को किसी न किसी ठोस काम में लगाए रखना है। जिस समस्या पर यहाँ विचार हो रहा है, उसकी दृष्टि से आदर्श नारी वह नहीं है जो प्रेम में डूबी और भाँति-भाँति की कल्पनाओं से सिहरती रहती है, प्रत्युत् वह, जो कोई ठोस काम कर रही है :

तुम प्रिय हो मुझे, न छूती तुमको काम-लाज।
कुलवधू-सुलभ संरक्षणता से हो वंचित,

निज बन्धन खो तुम ने स्वतन्त्रता की अर्जित।
स्त्री नहीं, आज मानवी बन गई तुम निश्चित
जिसके प्रिय अंगों को छू अनिलातप पुलकित।

[ग्राम्या]

पन्त जी का नवीन दर्शन भूत और आत्मा के संघर्ष से उत्पन्न हुआ है। जीवन के भौतिक रूप को ग्रहण करने की प्रक्रिया में वे नारी को ग्रहण करते हैं और आत्मा के विकास की प्रक्रिया में वे नर-नारी सम्बन्ध को किसी उच्च धरातल पर अवस्थित करना चाहते हैं। यह उच्च धरातल उन्हें निश्छल प्रेम में दिखाई देता है जो एक सीमा तक ठीक है। किन्तु कर्मठता के अभाव में क्या प्रेम स्वस्थ रह सकता है? फिर भी कर्मठता का समर्थन केवल *मजदूरनी* कविता में है। बाकी सभी कविताओं में पन्त जी केवल प्रेम की दुहाई देते रहे हैं। यह कदाचित् छायावादी संस्कार का अवशेष है।

व्यष्टि और समष्टि

बहुत कुछ इसी प्रक्रिया से उन्होंने व्यष्टि और समष्टि के बीच भी समन्वय स्थापित किया है। पन्त जी के अनुसार : ऊर्ध्व और समदिक्, ये जीवन की दो गतियाँ हैं और जीवन के चौकोर विकास के लिए दोनों ही गतियाँ अनिवार्य हैं। ऊर्ध्व-गति मनुष्य के निजी व्यक्तित्व की गति है और समदिग् गति उसके सामाजिक रूप की। मनुष्य अपना भी उत्थान करता है और वह पूरे समाज को भी आगे ले जाता है। यह बहुत कुछ पृथ्वी की उभय गतियों के समान है। पृथ्वी अपनी कील पर भी घूमती है और सूर्य के भी चारों ओर। यह नहीं हो सकता कि पृथ्वी सूर्य के चारों ओर तो घूमती जाए किन्तु अपनी कील पर घूमना वह छोड़ दे। कारण स्पष्ट है। यदि पृथ्वी अपनी कील पर नहीं घूम सकती तो फिर उसकी सारी गति मारी जाएगी और वह सूर्य के भी चारों ओर चक्कर नहीं दे सकेगी। इसी प्रकार समाज की प्रगति में भी सहायक वही मनुष्य होगा, जो अपने निजी व्यक्तित्व को सहायता, प्रगति अथवा उत्कर्ष दे सकता है। समाज सुखी है, इसके मानी तो यही है कि समाज में रहनेवाले व्यक्ति सुखी हैं। व्यक्ति की प्रगति से भिन्न समाज की प्रगति की कल्पना करना बिलकुल अनर्गल बात है। इसलिए पन्त जी के दर्शन में व्यष्टि और

समष्टि के बीच कोई विरोध नहीं है। ये दोनों सत्य हैं और दोनों को एक दूसरे से बल प्राप्त होता है।

ऊर्ध्व संचरण में रे व्यक्ति निखिल समाज का नायक,
समदिग् गति में सामाजिकता जनगण-भाग्य-विधायक।

[स्वर्णकिरण]

जो लोग व्यक्तिवाद का आश्रय लेकर समाज का शोषण और अपना वैभव-विकास करते हैं, उनकी और बात है। पन्त जी का दर्शन उनकी सहायता नहीं कर सकता। मुख्य प्रश्न यहाँ यह है कि व्यक्ति की रुझान आत्मा की ओर तथा समष्टि की शरीर की ओर होती है। इन दो स्थितियों का समन्वय इसमें है कि जो आत्मा के सेवक हैं, उन्हें भी शरीर-सेवा की ओर उन्मुख होना चाहिए तथा जो शरीर को सँवारने में लीन हैं, उन्हें भी यह ध्यान रखना है कि मनुष्य केवल शरीर नहीं है, उसके आत्मा भी होती है।

ऊर्ध्व चेतना को चलना भू पर धर जीवन के पग,
समदिक् मन को पंख खोल चिद् नभ में उठना व्यापक।
प्राणिशास्त्र को मानवीय बनना पीकर आत्माऽमृत,
मनःशास्त्र को ऊर्ध्व तथा नव भौतिक दिशि में विस्तृत।

[स्वर्णकिरण]

व्यष्टि और समष्टि का द्वन्द्व असल में भूत और आत्मा का ही द्वन्द्व है। जब तक भौतिक विज्ञान न बढ़ा था, व्यक्ति प्रत्येक देश में आज की अपेक्षा अधिक स्वतन्त्र था। किन्तु विज्ञान की बढ़ती के साथ शासन के लिए यह अधिक से अधिक आसान होता आया है कि वह चाहे तो राजधानी में बैठकर देश-भर के लोगों को वैयक्तिक अधिकारों से बहुत दूर तक वंचित कर दे। विज्ञान के विकास से अधिकारों को एक स्थान पर केन्द्रित करने की प्रवृत्ति बढ़ती है और विज्ञान के कारण भी आज मनुष्य अपनी मर्यादा से हीन हो रहा है। *रजतशिखर* में कवि और वैज्ञानिक के संवाद में कवि कहता है :

किन्तु पूछता हूँ मैं तुमसे, आज मनुज क्या
स्वामी है या दास प्रकृति का? वह विद्युत पर
शासन करता है या विद्युत वाष्प-यन्त्र ही
अधिकृत उसे किये हैं? हाय मनुज का अन्तर

चूर्ण हो रहा आज दर्प से, बहिर्जगत की
अंध-वीथियों में शत खोकर, लक्ष्य-भ्रष्ट हो
हृदयहीन कर दिया उसे जड़ भौतिकता ने।

किन्तु इस स्थिति से निकलने का उपाय क्या है? क्या विज्ञान का त्याग? वह असम्भव है। दोष विज्ञान का नहीं, मनुष्य का है जो मलिन भावों से युक्त होने के कारण विज्ञान का सही ढंग से उपयोग नहीं कर सकता। अतः बाह्य संगठनों से मनुष्य का सम्यक् परिष्कार नहीं हो सकता। उसे अन्तःसंगठन की आवश्यकता है। विज्ञान के साथ मनुष्य के मानवीय गुणों का भी विकास होना चाहिए, यही पन्त जी के उस दर्शन की सार्थकता प्रतीत होती है जिसके अनुसार मनुष्य की समदिक् और ऊर्ध्व, दोनों ही गतियाँ अनिवार्य हैं। रजत-शिखर का वैज्ञानिक भी अन्ततः कवि के सामने स्वीकार करता है कि :

...आज मुझे भी
महत् प्रेरणा मिली, मनुज अन्तर्जीवी है।
स्पष्ट देखता हूँ मैं, अन्तर का विधान ही
मानव है अन्तःसंयोजित, ऊर्ध्व-समन्वित।
आज मनुज मर गया; पराजित हो भीतर से
दौड़ रहा है वह बाहर व्यक्तित्वहीन हो।
व्यक्तिहीन सामाजिकता निर्जीव ढेर है।
महत् व्यक्ति चाहिए आज सामूहिक युग में।

[रजतशिखर]

चींटी से लेकर महा ग्रहों तक और पल से लेकर महाकाल तक सारा जीवन एक है। अतएव धर्म और विज्ञान, आत्मा और शरीर तथा व्यष्टि और समष्टि के बीच जो व्यवधान दिखाई देते हैं, वे ऊपरी व्यवधान हैं। वास्तव में ये व्यवधान परस्पर संघर्ष नहीं करते प्रत्युत् वे एक-दूसरे को बल पहुँचाते हैं।

महाश्चर्य है! वही सत्य है! ऊपर है जो
शिखर, वही नीचे प्रसार है! एक संचरण

मात्र! ऊर्ध्व हो अथवा समदिक्, दोनों ही पर
अन्योन्याश्रित हैं निश्चय! दोनों के ऊपर
एक अनिर्वचनीय रहस्य, हृदय-रोमांचक।

[रजतशिखर]

इसी प्रकार विद्या और अविद्या के भेद भी ऊपरी भेद हैं। वस्तुतः *अरविन्द-दर्शन* के अनुसार अविद्या का अस्तित्व नहीं है। अविद्या भी ज्ञान ही है किन्तु प्रच्छन्न। अतएव विद्या-अविद्या का विवाद भी उतना ही व्यर्थ है जितना व्यष्टि और समष्टि को लेकर चलनेवाला विवाद।

अंध तमस में गिरते वे जो मात्र अविद्या में रत,
उससे भूरि तमस में वे जो विद्या में रत सन्तत।
विद्याऽविद्या उभय एक में, भेद जिन्हें यह अवगत,
विद्यामृत पी मृत्यु-अविद्या से वे तिरते अविरत।
ब्रह्म-ज्ञान रे विद्या! भूतों का एकत्व, समन्वय,
भौतिक ज्ञान अविद्या, बहुमुख एक ज्ञान का परिचय।
आज जगत में उभय रूप तम में गिरनेवाले जन।
ज्योति-केतु-ऋषि-दृष्टि करे उन दोनों का संचालन।

[स्वर्णकिरण]

स्वर्ग और पृथ्वी का विवाह

ऊर्ध्व और समदिक् संचरणों के इसी समन्वय से पन्त जी के भीतर स्वर्ग और पृथ्वी को परिणय-सूत्र में बाँधने की वह कल्पना उद्भूत हुई होगी जिसकी अभिव्यक्ति उन्होंने बार-बार की है :

बाँधो हे, इस इन्द्रधनुष को धरती की वेणी पर,
जीवन के तम की कबरी हो स्वर्ग-विभा से भास्वर।

[स्वर्णकिरण; इन्द्रधनुष]

स्वर्ग और वसुधा का करने स्वर्णिम परिणय
इन्द्रचाप का सेतु रच रहे तुम ज्योतिर्मय!

[स्वर्णकिरण; अरविन्द दर्शन]

...स्वर्ग की वेणी से मैं
इन्द्रधनुष को छीन धरा के तिमिर-पाश में
उसे गूँथ जाऊँगा।

[रजतशिखर]

धरा-स्वर्ग को स्वप्न-सेतु में बाँध सुनहले[1]
मैं सोपान बना जाऊँगा सुर-नर-मोहन।

[रजतशिखर]

अमर कल्पना-पंख खोल रत्नच्छायास्मित
सेतु बाँध जो गए धरा को मिला स्वर्ग से।

[शिल्पी]

जब से संसार में विज्ञान का बोलबाला शुरू हुआ, दिनोंदिन आधिभौतिक प्रभावों में वृद्धि होती गई है। किन्तु इससे यह नहीं समझना चाहिए कि इस युग में अध्यात्म की प्रगति नहीं हो रही है। सच तो यह है कि साम्यवादी देशों को छोड़कर, पूर्व और पश्चिम, दोनों ही गोलार्द्धों में आध्यात्मिक चिन्तन प्रगति कर रहा है और उसके फलस्वरूप वैराग्य, संन्यास, मुक्ति और धर्म-सम्बन्धी हमारी भावनाओं में अनुकूल परिवर्तन भी घटित हो रहे हैं। यदि थोड़े में इस परिवर्तन की व्याख्या की जाए तो यह कहना चाहिए कि वर्तमान युग धर्म के औपचारिक अनुष्ठानों में विश्वास करना नहीं चाहता। आज के आस्तिक-जगत का अन्तर्मन धर्मों को छोड़कर धर्म को पकड़ना चाहता है। इसका दूसरा पक्ष यह है कि संन्यास और गार्हस्थ्य के बीच की दूरी दिनोंदिन क्षीण हो रही है। संन्यासी का जो महत्त्व पहले के युगों में था, वह घट रहा है और गृहस्थ संन्यासियों से पहले जितना हीन समझा जाता था, उतना हीन अब वह नहीं समझा जाता। धर्म पर से संन्यासियों, वैरागियों, पंडितों और पुरोहितों का एकाधिकार उठता जा रहा है और

---

1. यह चित्र अरविन्द की भी एक कविता में बड़ी विशदता के साथ आया है :
   I had hoped to build a Rainbow Bridge
   Marrying the soil to the sky,
   And sow in this dancing planet midge
   The moods of Infinity

   [A God's Labour]

बड़ी ही क्षिप्रता के साथ यह विचार प्रगति कर रहा है कि धर्म रविवार, मंगल या शुक्रवार की चीज नहीं है, वह प्रत्येक दिन बरता जाना चाहिए। इसी प्रकार मन्दिरों और मस्जिदों की महिमा क्षीण होती जा रही है क्योंकि नवयुग का अन्तर्मन यह साक्ष्य देता है कि धर्म केवल मन्दिर और मस्जिद की ही वस्तु नहीं है, वह खेतों की आड़ पर, व्यापारी की दुकान और राजनीतिज्ञों के महासम्मेलनों में भी बरता जा सकता है। मध्ययुगीन सन्तों ने तीर्थ-व्रत, पूजाविधि और धर्म के बाहरी आडम्बरों के विरुद्ध जो कुछ कहा था, वह विचार अब अधिक विश्वसनीय हो रहा है। और महात्मा गांधी ने तो संसार को यह विश्वास पूर्ण रूप से दिला दिया है कि कोई चाहे तो राजनीति समेत जीवन के सभी क्षेत्र और अवसर धर्म-साधना के अत्यन्त अनुकूल अवसर और क्षेत्र हो सकते हैं। धर्म की संगति से केवल सभा ही प्रार्थना-सभा नहीं हो जाती, प्रत्युत कर्कश-कुटिल राजनीति भी मक्खन-सी मुलायम और तुलसी-दल के समान पवित्र बन सकती है।

आगामी मनुष्य

पन्त जी ने धरती और स्वर्ग के परिणय की जो कल्पना की है, वह नवयुग की आध्यात्मिक भावनाओं के अत्यन्त अनुकूल है। यदि हम कवि की कल्पना का विश्वास करें तो मनुष्यता के निराश होने का कोई कारण नहीं है। यह शीतयुद्ध की तनातनी, यह देशों का परस्पर का अविश्वास, यह शस्त्रीकरण की होड़ और प्रभाव-क्षेत्रों के प्रसार के लिए रचे जानेवाले ये विविध षड्यन्त्र, शोषण, छीनाझपटी और धूर्तताओं में संलग्न ये सारे वर्ग, व्यक्ति और समाज तथा उद्‌जन बमों के ये भयानक विस्फोट–इनसे कवि तनिक भी भीत नहीं है। ये बाह्य क्रान्तियों के विस्फोट हैं, ये मानवता के समदिक् प्रसार की वेदनाएँ हैं। इनकी ओट में अथवा इनसे परे मानवता की ऊर्ध्व गति भी अपना काम कर रही है। मनुष्य प्राचीन रूढ़ियों को पहचान गया है। वह उनसे मुक्ति पाने के प्रयास में है। उसके भीतर एक नया स्वप्न आकार ग्रहण कर रहा है। यह स्वप्न जब पूर्ण रूप से साकार होगा, मनुष्य सारी क्षुद्रताओं से ऊपर उठ जाएगा। उसके भौतिक शरीर के भीतर आध्यात्मिक मन का साम्राज्य होगा। उसकी नैतिकता नई, उसका धर्म नया एवं उसके मानवीय सम्बन्ध भी नवीन हो जाएँगे।

यह रे भू का निर्माण-काल, हँसता नव जीवन अरुणोदय,
ले रही जन्म नव मानवता, अब खर्ब मनुजता होगी क्षय।

धू-धूकर जलता जीर्ण जगत् लिपटा ज्वाला में जन-अन्तर
तम के पर्वत पर टूट रही विद्युत्-प्रपात-सी ज्योति प्रखर।
संघर्षण पर कटु संघर्षण, यह दैविक-भौतिक भू-कम्पन,
उद्वेलित जन-मन का समुद्र, युग रक्त-जिह्वा करता नर्तन।

[उत्तरा]

और यही आशा *अतिमा* में कुछ और स्वच्छ होकर बोलती है :

सोच रहा मैं नहीं, स्पष्टतः देख रहा मैं,
महत् युगान्तर आज उपस्थित मनुज-द्वार पर।
बदल रहे मानव के भौतिक, कायिक, प्राणिक,
सूक्ष्म मानसिक स्तर, आध्यात्मिक भुवन अगोचर।
जैवी स्थिति से उच्च भागवत स्थिति तक संप्रति
घूम रहा युग-परिवर्तन का चक्र अकुंठित।
इस अणु-उद्जन के विनाश के दारुण युग में
सृजन-निरत हैं सूक्ष्म-सूक्ष्मतम अमर शक्तियाँ।
कवि-कपोल-कल्पना नहीं, अनुभूत सत्य यह,
घोर भ्रान्तियों के युग का निर्भ्रान्त सत्य यह,
आरोहण कर रही मनुज-चेतना निरन्तर
शिखरों से नव शिखरों पर अब उठती-गिरती
संघर्षण करती, कराहती चिर अपराजित।
निश्चेतन, उपचेतन, अन्तश्चेतन के जग
परिवर्तित हो रहे नये मूल्यों में विकसित।

[अतिमा]

पन्त जी की इस आशा का स्रोत कहाँ से फूटता है? क्या वे यह देखकर आशावान् हुए हैं कि उनका देश स्वतन्त्र होते ही शान्ति और सद्भाव के प्रचार में लग गया है? अथवा यह देखकर कि धनी देश निर्धन देशों का स्तर ऊँचा करने के निमित्त मुक्त हृदय से ऋण और दान दे रहे हैं? अथवा यह देखकर कि स्टालिन की मृत्यु के बाद से रूस कुछ उदार होने की चेष्टा में है? अथवा इन सारी आशाओं का केन्द्र पांडिचेरी के प्रति उनका अटूट विश्वास है?–इन प्रश्नों का समाधान देना कठिन काम है और संकटपूर्ण भी। विश्वसनीय केवल इतना

ही दीखता है कि यदि युग उसी मार्ग से गया जिसका सन्धान पन्त जी ने किया है, तो निश्चित रूप से आगे की पीढ़ियाँ उन्हें अवतारी, सन्देशवाहक कवि के रूप में याद करेंगी। और यदि युग किसी अन्य मार्ग से गया तो भी इतना तो है ही कि पन्त जी ने मनुष्य की आध्यात्मिक प्रवृत्तियों के उत्थान की कविता लिखी है : 'रीझिहैं जु रसिक तो जानौं कबिताई, ना तो राधा अरु स्याम सुमिरन को बहानो है'। फिर भी इतना तो कहना ही पड़ता है कि अणुभीत सभ्यता के भीतर विश्व में आज एक ऐसा भी कवि है जो अत्यन्त आशामय और अभीत है तथा जिसे समस्त विनाश के भीतर भविष्य का दिव्य जीवन लहराता हुआ दिखाई दे रहा है।

जहाँ तक नैतिक एवं सामाजिक व्याप्तियों का प्रश्न है, पन्त जी का नवीन जीवन-दर्शन पूर्ण रूप से समझ में आने योग्य एवं व्याख्येय है। किन्तु *उत्तरा* तथा *अतिमा* का धरातल सामाजिक नहीं है। *स्वर्णकिरण* तक पन्त जी व्यष्टि-समष्टि, धर्म-विज्ञान तथा आत्मा और भूत के पारस्परिक समन्वय की चेष्टा में थे। *उत्तरा* और *अतिमा* की विशिष्ट कविताओं का स्वर वह स्वर है जो इस समन्वय के धरातल पर से आगे उठता है। अतएव जब वे किसी अनिर्वचनीय आशा के शिखर से आगामी विश्व का आख्यान अथवा मानवता की सम्भावित प्रगति का गान करने लगते हैं तब पाठकों का हृदय उनका साथ नहीं देता। कठिनाई यह है कि पाठकों के सामने तो अभी जीवन की विभीषिकाएँ उल्लंग होकर नाच रही हैं। फिर वह उस जगत् के चित्र में विश्वास कैसे करे, जो इन विभीषिकाओं के शमन के बाद प्रकट होनेवाले हैं? यही कारण है कि जब पन्त जी यह पुकार करते हैं कि :

गरज रहा उर व्यथा-भार से, गीत बन रहा रोदन,
आज तुम्हारी करुणा के हित कातर धरती का मन।

[उत्तरा]

तब तो पाठक उनके साथ अपनी सहमति प्रकट करता है किन्तु जब वे जो अभी होनेवाला है, उसे हुआ मानकर यह कहने लगते हैं कि—

कैसी दी स्वर्ग-विभा उँड़ेल तुमने भू-मानस में मोहन?
मैं देख रहा मिट्टी का तम ज्वाला बन धधक रहा प्रतिक्षण।
ज्यों उषा-प्रज्वलित सागर में डूबता अस्तमित शशिमंडल,
चेतना-क्षितिज पर आभा-स्मित भूगोल उठ रहा स्वर्णोज्ज्वल।

[उत्तरा]

अथवा

जलते तारों-सी टूट रहीं अब अमर प्रेरणाएँ भास्वर,
स्वप्नों की गुंजित कलिकाएँ खिल पड़तीं मानस में निःस्वर।

[उत्तरा]

तब पाठक चकित रह जाता है कि पन्त जी यह कौन-सी झाँकी दिखला रहे हैं। किन्तु साहित्य में एक यह शैली भी प्रचलित रही है। पाश्चात्य देशों में इसका नाम शायद फ्युचरिज्म है। हिन्दी में यह भविष्यवाद की शैली कही जा सकती है। इस शैली का उपयोग वहाँ किया जाता है जहाँ भविष्य का वर्णन वर्तमान के समान करना अभीष्ट हो। उत्तरा और अतिमा की कई कविताओं में इसका प्रयोग किया गया है। यह शैली उस शैली का ठीक प्रतिलोम है जिसमें भविष्यपुराण लिखा गया है।

उत्तरा और अतिमा में ऐसी कविताएँ भी हैं जिन्हें हम आध्यात्मिक कोटि से अलग रख सकते हैं। किन्तु सब मिलाकर इन दोनों पुस्तकों का धरातल अध्यात्म का धरातल है, यद्यपि, यह स्मरण रखने की बात है कि पन्त जी के अध्यात्म में भौतिक स्पर्श भी समाहित रहता है। इन कविताओं की भाषा रन्दे और रुखान के यथेष्ट प्रयोग से अत्यन्त निखरी हुई है तथा उनके अन्दर जो भाव हैं, वे बराबर हमें परिचित विश्व से निकालकर अपरिचित की ओर ले जाना चाहते हैं।

चीर बुद्धि के फेन, विचारों के बुदबुद
जानें कब कूद पड़ा आकुल मन
नील झील के जल में।
आः! यहाँ हो रहा अरुणोदय
अन्तर के निःस्वर शिखरों पर,
मन खोल ज्योति-चेतना-पंख
खो गया, रह गया केवल मैं।

[अतिमा]

अथवा

कौन स्रोत ये?
ये किन स्वच्छ अतलताओं की मौन नीलिमाओं में बहते?

किस सुख के स्पर्शों से स्वर्णिम हिलकोरों में कँपते रहते?
श्रद्धा औ, विश्वास रुपहले राजमरालों के-से जोड़े
तिरते सात्त्विक उर-सरसी में शुभ्र सुनहली ग्रीवा मोड़े।

[अतिमा]

या

रजत-प्रसारों में उड़ नूतन
प्राण मुक्त करते आरोहण,
शुभ्र नील में बज उठता कल-कूजन।

[अतिमा]

ये पंक्तियाँ चिन्तन के जिस उच्च धरातल से उतरती हैं, उस पर खड़ी बोली हिन्दी कविता के पाँव बहुत बार नहीं पड़े हैं। ये कविताएँ रहस्यवाद-सी लगती हैं किन्तु यह जायसी अथवा कबीर का रहस्यवाद नहीं हैं । इन्हें हम शुद्ध धार्मिक कवि की भी अनुभूति नहीं कह सकते। इनकी विशेषता किसी अपरिचित चिन्तन को व्यक्त करने की बेचैनी से आक्रान्त भाषा में है। 'नील झील का जल' किस अतीन्द्रिय स्थिति का व्यंजक है? 'निःस्वर शिखर' मन के किस उच्च शृंग की ओर संकेत करता है? 'स्वच्छ अतलताओं की मौन नीलिमा' से समाधि की किस गहराई का बोध होता है? मन से हम भी उस स्थिति का धूमिल आभास पा रहे हैं जिसका संकेत इन शब्दों में है। किन्तु उसे प्रत्यक्ष करने योग्य भाषा का अभाव हम भी वैसे ही अनुभव करते हैं, जैसे वह कवि को अनुभूत हुआ है। इन कविताओं का स्वाद बहुत कुछ अरविन्द के *सावित्री* काव्य के समान उज्ज्वल, कठोर और कुछ-कुछ अकथनीय है। भाषा की शक्ति वहीं प्रशंसनीय नहीं होती जहाँ सब कुछ सुस्पष्टता के साथ वर्णित हो जाता है। भाषा जब अरूप चिन्तन को लिबास पहनाने में पसीने-पसीने होने लगती है, उसका सौन्दर्य, वास्तव में, वहीं देखते बनता है। *उत्तरा* और *अतिमा* को देखकर यह अनुमान होता है कि समर्थ कलाकार के हाथ में हिन्दी भाषा वही चमत्कार दिखला सकती है जो विश्व की बड़ी से बड़ी भाषाओं ने दिखलाया है।

मानस से अतिमानस की यात्रा अत्यन्त दुरूह है। अतिमानसी धरातल की झाँकी किन्हीं-किन्हीं कविताओं में पहले भी उतरी थी किन्तु मानस से

निकलकर अतिमानस में जाने की राह किसी ने पहले नहीं बनाई। उस मार्ग के सर्वप्रथम प्रयोक्ता अरविन्द हुए हैं और हिन्दी में यह कार्य केवल पन्त जी कर रहे हैं। किन्तु यह भूमि अभी सर्वथा अपरिचित भूमि है। इस मार्ग में जो अनुभूतियाँ मिलती हैं, उनका सही वर्णन करनेवाली भाषा धीरे-धीरे विकसित होगी। पन्त जी फूलों के देश से निकलकर स्फटिक-भूमि में तो पहुँच गए हैं किन्तु इस भूमि की कथा कहते-कहते वे यह भी अनुभव करने लगते हैं कि बात सफाई से नहीं कही जा सकी। विचारों की जो ज्वाला उनके भीतर धधक रही है, वह वास्तव में किस वह्नि की ज्वाला है, इसका ठीक विवरण भाषा में अभी नहीं आ सकता।

एक आग है, हाँ, निःसंशय एक आग है।
राग-विराग-रहित, फिर भी यह एक राग है।
भौतिक आग नहीं यह, कायिक आग नहीं यह,
प्राणिक आग नहीं, न मानसिक आग सही यह।
आत्मिक आग? नहीं पर, फिर भी, एक आग यह!

[अतिमा; सृजन-वह्नि]

जो आग पन्त जी के हृदय में उद्वेलित हो रही है, वह न तो भौतिक है, न आध्यात्मिक। वह ठीक-ठीक बौद्धिक भी नहीं है। तो यह आग है क्या चीज? वह सुविकसित जीवन-कमल का पराग है। किन्तु इस पराग से हमारा परिचय नहीं, अतएव जिस सृजनवह्नि से कवि हमें परिचित कराना चाहता है, वह वह्नि अपरिचित की अपरिचित रह जाती है। कवि जिस ईमानदारी के साथ बोल रहा है, उसके भीतर हम अभिव्यक्ति के लिए जो अधीर खुजलाहट देखते हैं, उससे यह तो प्रतीत होता है कि वह वर्तमान जीवन को अयथेष्ट मानकर किसी अधिक पूर्ण एवं भव्यतर जीवन की कल्पना से सिहर उठा है, किन्तु यह कल्पना है क्या, इसका समाधान नहीं मिलता। कारण शायद एक नहीं, दो हैं। कुछ तो यह कि मानस की भाषा अधिमानस के धरातल तक अभी विकसित नहीं हुई है। और कुछ यह कि अधिमानस की कल्पना ही अभी स्पष्ट नहीं है। इस दूसरे कारण का अनुमान पन्त जी की निम्न पंक्तियों से होता है जिनमें वे यह संकेत देते हैं कि अधिक सुस्पष्टता से बोलनेवाले लोग पीछे आएँगे।

मैं रे केवल उन्मन मधुकर भरता शोभा-स्वप्निल गुंजन,
कल आएँगे उर-तरुण भृंग स्वर्णिम मधुकण करने वितरण।

[उत्तरा]

किन्तु इससे इस बात का खंडन नहीं होता कि जैसे उन्होंने छायावाद का नयन किया, जैसे उन्होंने छायावादोत्तर काल में प्रगतिवादी धारा को पथनिर्देश दिया, वैसे ही अब वे अध्यात्म की भूमि में भी अग्रणी कवि का काम कर रहे हैं। और इस अनुभूति से उनका पुलकित होना स्वाभाविक भी है।

मैं प्रकाश का रहा दूत नित, नव प्रकाश-सन्देश-वाह स्मित,
नव विकास-पथ में मुड़ मैं अब क्यों न भोर बन फिर मुसकाऊँ?

[अतिमा]

और इन प्रयोगों से उनके आत्मविश्वास में भी अपरिमित वृद्धि हुई है जिसकी अभिव्यक्ति इधर वे बार-बार कर रहे हैं।

यदि मरणोन्मुख वर्तमान से ऊब गया हो कटु मन,
उठते हों न निराश लौह-पग, रुद्धश्वास हो जीवन।
तो मेरे गीतों में देखो नव भविष्य की झाँकी,
निःस्तर शिखरों पर उड़ता गाता सोने का पाँखी।
दिव्य गरुत रे यह उड़ता सत्-रज-प्रसार कर अतिक्रम,
पैने पंजों में दबोच नत काल-सर्प-सा भू-तम।

[अतिमा]

अतिमा में ही एक कविता है जिसका नाम 'विज्ञापन' है। इस कविता में कवि अपने-आपसे प्रश्न करता है कि मैं जो कुछ लिख रहा हूँ, वह क्या कोरा सच है? मेरी कल्पना सुवर्ण की थी किन्तु सुवर्ण क्या गलकर पानी बन सकता है? ये आक्षेप फालतू हैं। यह ठीक है कि गीत गल गए किन्तु झंकार तो अभी कायम है। हुआ यह है कि फूल गन्ध में विलीन हो गया और गन्ध मेरे अस्तित्व में व्याप्त हो गई है। कल्पना में जो सात रंग अलग-अलग चमक रहे थे, वे अब एक किरण में समाहित हो गए हैं; अर्थात् मैं जो समन्वय चाहता था, वह मुझे प्राप्त हो गया है।

बस, अब रचना शेष सृजन-उन्मेष काव्य बन जाता,
सातों रंग घुल गए, किरण का शुभ्र हास मन भाता।

पाठक पन्त जी से अब भी इन्द्रधनुष चाहते हैं किन्तु कवि अब इन्द्रधनुष की अपेक्षा सूर्य के प्रकाश का अधिक प्रेमी बन गया है। उसकी नवीन रचनाएँ इन्द्रधनुष नहीं, सविता की साक्षात् किरणें हैं।

इन्द्रधनुष? क्या इन्द्रधनुष स्थायी रहता अम्बर में?
वह छाया-केतन फहराता मेघों के खँडहर में।
तब क्या मोहक वाग्विलास यह या विकास कविता का?
शशि का बिम्बित हास न समझो, यह प्रकाश सविता का।

[अतिमा]

इन्द्रधनुष और सविता का प्रकाश तथा फूल और स्फटिक, इनमें से सामान्य पाठक की रुचि प्रायः इन्द्रधनुष और फूल की ओर होती है। किन्तु इन्द्रधनुष और फूल, कविता की सारी पूँजी इतनी ही नहीं है।[1] कविता उपनिषदों में भी है और गीता में भी तथा अरविन्द की कृति *सावित्री* भी दर्शन नहीं, काव्य ही है। श्री नलिनीकान्त गुप्त ने एक स्थान पर लिखा है कि "यूनानवाले कलाकार मनुष्य की मानवता का गीत गाते हैं और भारतवासी उसके देवत्व का। यह यूनानी प्रवृत्तियों का प्रभाव है जिससे हमारी रुचि में परिवर्तन आ गया है और हम यह भूल गए हैं कि पार्थिव जीवन और उसकी मिठास में जो कविता है, वैसी ही कविता अध्यात्म के कठोर धरातल पर भी लिखी जा सकती है। मनोरंजन और उद्वेलन कविता के ये ही दो कार्य नहीं हैं। कविता प्रेरणा भी भरती है, मनुष्य में नवजीवन भी डालती है और वह उसे उठाकर ऊपर भी ले जाती है।" *उत्तरा* की भूमिका में पन्त जी ने भी इससे मिलती-जुलती बात कही है। "*स्वर्णकिरण* में मैंने अन्तर्जीवन-अन्तश्चेतना आदि को इतना अधिक महत्त्व इसलिए भी दिया है कि इस युग में भौतिक दर्शन के प्रभाव से हम उन्हें बिलकुल भूल ही गए हैं।"

---

1. एक कविता में पन्त जी ने अपने नवीन चिन्तन को काँटे का व्रण कहा है और इस कँटीले चिन्तन की सार्थकता यह कहकर बताई है कि केवल मकरन्द का चुम्बन ही भ्रमर का धर्म नहीं है, उसके गुंजन में गहराई भी होनी चाहिए।

माना, इन डालों में काँटे, गहरे चिन्तन के जिनके व्रण,
मर्म गूँज के बिना मधुप क्या होता सुखी चूम मधु के कण?

[अतिमा]

आधिभौतिकता यदि एकमात्र सत्य नहीं है तो उस धरातल का भी अनुसन्धान आवश्यक है जिसे आत्मा का धरातल कहते हैं। मनुष्य अपनी जिस संस्कृति पर नाज करता है, वह अधिकांश में उन सन्तों, चिन्तकों और कवियों की कृति है जो आत्मा के धरातल पर काम करते थे। आज से कोई दो सौ वर्ष पूर्व तक यही धरातल मनुष्य की दृष्टि में सबसे आदरणीय धरातल था। आधिभौतिकता का धरातल विज्ञान के उत्थान के साथ उभरा है, किन्तु इस नये धरातल की प्रसिद्धि से पहले का अध्यात्मवादी धरातल खंडित नहीं हो जाता। आवश्यकता इस बात की है कि इन दोनों धरातलों के बीच की खाई पाट दी जाए। अब तक पश्चिम की विशेषता आदर्श समाज की रचना और पूर्व की विशेषता आदर्श व्यक्तियों का निर्माण था। किन्तु अब सर्वत्र यह अनुभव किया जा रहा है कि आदर्श व्यक्तियों से परिपूर्ण समाज ही आदर्श समाज हो सकता है। पन्त जी आदर्श व्यक्तियों के इसी आदर्श समाज को सम्भव बनाना चाहते हैं। वे धर्म और विज्ञान, स्वर्ग और पृथ्वी तथा भूत और अध्यात्म के बीच समन्वय खोज रहे हैं और इस प्रयास में वे जीवन से भागे नहीं हैं, प्रत्युत में सिद्धि का फल लाने को वे शिखर से शिखर पर घूम रहे हैं।

मैं स्वर्गिक शिखरों का वैभव हूँ लुटा रहा जन-धरणी पर
जिसमें जग-जीवन के प्ररोह नव मानवता में उठें निखर।
देवों को पहना रहा पुनः मैं स्वप्न, मांस के मर्त्य वसन,
मानव-आनन से उठा रहा अमरत्व ढँके जो अवगुंठन।

[उत्तरा]

नई दिल्ली

मार्च, 1958 ई.

पुनश्च

युगवाणी के समय पन्त जी ज़िस समस्या से आक्रान्त थे, उसका समाधान उन्हें अरविन्द में मिला और अब इस समाधान में वे पूरे मन से विश्वास करते हैं। *उत्तरा* और *अतिमा* की कविताएँ इसी विश्वास की कविताएँ हैं। किन्तु अरविन्द क्या ठीक हैं? भौतिकता की विजय के बाद मनुष्य की मनोभूमि में ऐसे कितने स्थान हैं जहाँ इस विजेता की सेना के पाँव अभी नहीं पड़े हैं? अणु और उद्‌जन बमों के विस्फोट, नास्तिक दर्शन का दर्पयुक्त गर्जन और हिंसक राजनीति के भयानक दाँव-पेंच–ये क्या मात्र बाहरी उपसर्ग हैं? इनसे परे मनुष्य का मन क्या सचमुच ही भीतर-भीतर अध्यात्म की ओर बढ़ रहा है? और क्या विज्ञान इस आध्यात्मिक चिन्तन को सहारा देगा या वह मुँह पर रूमाल देकर ऐसे चिन्तकों पर हँसेगा, जैसे विज्ञान का नाम लेकर लोग पहले के चिन्तकों पर हँस चुके हैं?

विज्ञान और दर्शन में से मैं किसी का भी विशेषज्ञ नहीं, अतएव इन विकराल प्रश्नों के उत्तर खोजने का काम मेरे लिए दुस्साहस का काम है। किन्तु स्वयं विज्ञान अब जिस राह पर आ रहा है, उससे आशा बँधती है कि अरविन्द शायद गलत नहीं हैं। कम-से-कम, वे उस राह से बहुत दूर नहीं हैं जो कदाचित् मानवता की अगली राह बनने जा रही है।

आगस्ट कामटे (जन्म 1798 ई.) ने कहा था कि प्रत्येक विज्ञान विश्वास की तीन अवस्थाओं से गुजरता है। पहली अवस्था वह होती है जब मनुष्य यह मानता है कि सृष्टि का संचालन देवी-देवता किया करते हैं, जैसे भारतवासी

यह मानते थे कि वायु के देवता पवन, वृष्टि के देवता इन्द्र और समुद्र के देवता वरुण हैं। तब वह अवस्था आती है जब ये देवता हट जाते हैं और उनकी जगह पर हम गुरुत्वाकर्षण और शक्ति के सिद्धान्तों में विश्वास करने लगते हैं। यह अवस्था विज्ञान के उद्‌भव के बाद आई और आइंस्टीन के उद्‌भव के पहले तक अक्षुण्ण रही। 'सृष्टि भी यन्त्र है', 'परमात्मा भी गणितज्ञ है', 'मशीन के पुरजों के समान हम सृष्टि के समस्त पुरजों को समझ सकते हैं' आदि घोषणाएँ इसी अवस्था की देन थीं। किन्तु इन दोनों अवस्थाओं के बाद एक तीसरी अवस्था आती है जब मनुष्य का द्वितीय-अवस्था-जनित अहंकार खर्व होने लगता है और वह विनम्रता के साथ यह मानने लगता है कि सृष्टि क्यों बनी, कैसे बनी, इसमें विचित्र घटनाएँ क्यों घटती हैं? इन प्रश्नों का अन्तिम समाधान हम नहीं जान सकते। हमारे बस की इतनी ही बात है कि सृष्टि में जो कुछ घटित होता हो, हम उसका अध्ययन करें, उसे जानने और समझने की चेष्टा करें। और इस प्रक्रिया में जो जानकारी हमें प्राप्त हो, उसे हम अन्तिम ज्ञान मानकर निश्चिन्त न हो जाएँ।

आज का पदार्थ-विज्ञान इस तीसरी अवस्था में आ गया है। एक समय धर्म के ठेकेदार अपनी दुकान लगाते थे। जब विज्ञान आया, लोगों ने धर्म की दुकानदारी खत्म कर दी और वे विज्ञान की दुकान लगाने लगे। अपने समय में धर्मवाले कहते थे कि अमुक सिद्धान्तों में विश्वास करो क्योंकि वे धर्म-ग्रन्थों में लिखे हुए हैं। तब विज्ञान के पक्षपाती कहने लगे, अमुक बातों को मत मानो क्योंकि वे विज्ञान से सिद्ध नहीं की जा सकतीं। किन्तु आज का उच्चतर विज्ञान इतना दुराग्रही नहीं है। विज्ञान जब ज्ञान की दिशा में जोर से बढ़ रहा था, तब उसमें अहंकार था। अब वह प्रायः ज्ञान की अन्तिम चौहद्दी पर पहुँच गया है और यहाँ से वह जब भी आगे झाँकता है, निश्चितता के बदले उसे अनिश्चितता का बोध होने लगता है। वर्तमान शताब्दी भी भौतिकी अनिश्चितता की स्थिति में काम कर रही है। आरम्भ में भौतिक विज्ञानी पंडित मानते थे कि सृष्टि की प्रत्येक घटना के पीछे कारण और कार्य का न्याय चल रहा है। आज वे मानते हैं कि यह न्याय सर्वत्र चलता है या नहीं, कुछ ठीक कहा नहीं जा सकता क्योंकि प्रकृति की सारी क्रियाओं का अध्ययन हम उन क्रियाओं में विक्षेप डाले बिना नहीं कर सकते। और विक्षेप डालना चूँकि कठिन है इसलिए अध्ययन अपूर्ण रहेगा। और अध्ययन पूर्ण नहीं, इसलिए सृष्टि रहस्य बनी रहेगी, चमत्कार बनी

रहेगी जिसकी कोई कैफियत नहीं दी जा सकती।

तो फिर रहस्यवादी सन्त और क्या कहते थे?

सृष्टि केवल कारण-कार्य-न्याय से नहीं समझी जा सकती, यह रहस्यवादियों का मत था और रहस्यवादी लोग इस निर्णय पर गणित और प्रयोग से नहीं, संम्बुद्धि और सहज ज्ञान (इनटुइशन) से पहुँचे थे। आश्चर्य है कि अब बुद्धि (विज्ञान) भी उसी धरातल से टकराने लगी है जो धरातल संबुद्धि का था और जिसे बुद्धि ने सन्तों और कवियों की बहक कहकर तिरस्कृत कर दिया था।

'स्पेस, टाइम एंड डिटी' के लेखक अलेक्जेंडर ने कल्पना की है कि देश, काल और देवत्व, वास्तव में ये तीन ही अनादि तत्त्व हैं। उनमें भी सारी सृष्टि देश और काल, इन्हीं दो तत्त्वों से निकली है। प्राण भूत से निकला है और धीरे-धीरे वह चेतना के सोपान पर ऊपर उठता जा रहा है। इसी ऊर्ध्व-गति से वह देवत्व तक पहुँचेगा।

यह अरविन्द का आरोह सिद्धान्त नहीं तो और क्या है?

आइंस्टीन ने देश और काल-विषयक धारणाओं में जो क्रान्तिकारी परिवर्तन किया, उससे विज्ञान में विनम्रता की वृद्धि हुई है। सृष्टि को चलानेवाले सारे नियम पूर्णरूप से नहीं जाने जा सकते, यह स्वीकार करके विज्ञान ने रहस्यवादियों के सहज ज्ञान की परम्परा को अपनी चाप से बाहर निकाल दिया है और यह सम्भव दीखने लगा है कि तर्कसम्मत बुद्धि एवं सहज-ज्ञान-संवलित संबुद्धि के बीच परिणय का सम्बन्ध स्थापित किया जा सकता है, यद्यपि यह परिणय कब होगा, कैसे होगा, आदि जिज्ञासाएँ अभी मात्र जिज्ञासाएँ ही दीखती हैं।

सत्य अनेकान्त होता है। "जो सत्य है वह तो मेरे पास है; बाकी लोग असत्य के पीछे दौड़ रहे हैं", ऐसा वे ही लोग कहते हैं, जो सत्य नहीं, सत्यवादिता से मिलनेवाले सुयश की ओर दौड़ रहे हैं। सत्य के चाहे जितने भी लक्षण होते हों किन्तु सत्य की राह पर आए हुए व्यक्ति की केवल एक पहचान होती है और वह यह कि ऐसा व्यक्ति किसी भी बात के लिए दुराग्रह नहीं करता। सन्त वह नहीं है जो अपने मन की खिड़कियाँ बन्द किये हुए है, प्रत्युत् वह जो अपने चारों ओर किसी विरल शंका को मँडलाने देता है, जो यह मानता है कि सम्भव है, सत्य मेरे शिखर पर हो अथवा यह भी सम्भव है कि

वह पासवाले शिखर पर मँडला रहा हो! उन्नीसवीं सदी का विज्ञान दुराग्रही था क्योंकि वह दृढ़ता से विश्वास करता था कि सृष्टि के सारे रहस्य उसे ज्ञात हैं। बीसवीं सदी का विज्ञान विनम्र है क्योंकि उसने पहले से अधिक जाना है और इसीलिए अब वह मानता है कि उसे कुछ भी ज्ञात नहीं है।

नई दिल्ली

अप्रैल, 1958 ई.

●●●